人文素养概论

高长江　主编

ZHEJIANG UNIVERSITY PRESS
浙江大学出版社

图书在版编目(CIP)数据

人文素养概论 / 高长江主编. — 杭州：浙江大学
出版社,2021.8(2024.10重印)

ISBN 978-7-308-21625-8

Ⅰ. ①人… Ⅱ. ①高… Ⅲ. ①人文素质教育－高等职
业教育－教材 Ⅳ. ①G40－012

中国版本图书馆 CIP 数据核字(2021)第 153886 号

人文素养概论

高长江　主编

责任编辑	马海城
责任校对	柯华杰
封面设计	周　灵
出版发行	浙江大学出版社
	（杭州市天目山路 148 号　邮政编码 310007）
	（网址：http://www.zjupress.com）
排　　版	杭州晨特广告有限公司
印　　刷	杭州高腾印务有限公司
开　　本	787mm×1092mm　1/16
印　　张	12.25
字　　数	283 千
版 印 次	2021 年 8 月第 1 版　2024 年 10 第 7 次印刷
书　　号	ISBN 978-7-308-21625-8
定　　价	49.00 元

前　言

　　浙江旅游职业学院是中国唯一一所由文化和旅游部及浙江省人民政府省部共建的旅游类高职院校,学校一直致力于培养"中国品牌""中国服务"的高素质旅游人才。2018年在国家提出"文旅融合"战略后,学校对师生的人文素养教育进行了广泛而深入的调查研究,并于2019年10月开始实施人文素养教育专项行动。经过一学期的试行,在经验总结、理论反思和科学论证的基础上,2020年4月,学校下发了《人文素养教育工程实施方案》,正式启动浙江旅游职业学院"人文铸旅"工程。工程方案在以"人的全面发展"教育理念和"文旅行业工匠铸造"职教目标的导引下,形成了知识设计系统化、系统运行调节化以及信息摄入生态化的系统模式。学校专门成立了浙江旅游职业学院"人文素养教育专家委员会"和"人文素养教育中心",邀请了北京大学、浙江大学、浙江理工大学、浙江省艺术研究院等单位的近20位知名专家、学者组成专家指导委员会,指导学校的人文素养教育顶层设计,并参与提升师生人文素养教育的教学实践。

　　在"人文铸旅"工程设计中,"2＋4＋X"核心课程体系是其最大亮点。"2"即全校开设两门通识必修课——系统介绍人文知识和素养生成规律的"人文素养概论"和培养学生在旅游职业活动中表现优雅气质和人文涵养的"旅游职业礼仪";"4"即配合学校四个主要专业群开设哲学、国学、艺术、美学四个模块的人文课程——旅行服务与管理学院为培养学生的传统职业伦理和职业技能开设"旅游与国学修养"课程;酒店服务与管理学院为培养学生的"家感亲情"开设"旅游生活美学"课程;厨艺学院为培养学生的"自由创造"之人文灵性开设"旅游与艺术修养"课程;旅游规划与设计学院为培养学生掌握"诗化美化"大地的法度与智慧开设"旅游哲学"课程;"X"即在全校铺开人文素养方向的,第一课堂的公共选修课、第二课堂的"人文铸旅"大讲堂、第三课堂的校园文化活动实践的延展课堂。这本教材正是为适应我校"人文素养概论"课程的教学需要而组织编写的。

　　根据学校"人文铸旅"工程的总体设计,这部教材编写的基本原则是,力求理论的时代性、知识的系统性和使用的适宜性。理论的时代性即尽可能吸纳近年来理论界人文科学和人文知识教育的最新成果,尤其是"上篇"对于人文文化的本质及意义、"下篇"对人文科学经典的阐释都力求与人文科学研究的时代精神相同步;知识的系统性即尽可能做到所介绍的知识系统全面,根据国际理论界对人文知识范畴的界定做到全面覆盖;使用的适宜性即教材的知识难易深浅度尽可能贴近高职院校学生的思维水平、知识储备的实际。满足他们基础构筑、灵性培养的需要,做到简明易懂,学而致用。

本书第一稿于 2020 年 9 月完成,并于 2020—2021 学年以"校本教材"的形式在课堂教学中试用。经过一学年的教学实践,我们在广泛征询各方面意见的基础上重新进行了修订。本次修订的基本方案是,上篇以"人文素养概论"视频课程内容为基本框架,以笔者论著《人文动物:人类存在的精神秩序》一书为理论模版;下篇对原录文献重新选辑,并编写了学习案例——"阅读与思考",以便于学生课后阅读参考。

本书由高长江负责总体规划,对各章进行统稿、修改以及定稿,人文素养概论教研室集体参与编写,具体分工如下:上篇由崔一贤编写第一、二、三、四章,孙得川编写第五、六、七、八章,于勇成编写第九、十、十一、十二章;下篇由高长江、余小平、张泓、孙得川、崔一贤、于勇成共同编选(写)。

由于时间紧、任务重,加之编者编写经验不足,书中难免存在疏漏之处,恳请读者多多指正。

高长江

2021 年 6 月于杭州

目 录 CONTENTS

上篇

人文素养基本知识

第一章 什么是人文主义

> 有两样东西,我们愈经常持久地加以思索,它们就愈使心灵充满日新又新、有加无已的景仰和敬畏:在我之上的星空和居我之上的道德法则。
>
> ——康德[①]

(一)知识目标

1.初步理解"人文"概念的内涵。

2.掌握自然科学、社会科学与人文科学三大学科的具体内涵和区别。

3.明晰本课程的学习目标并掌握本课程的学习方式。

(二)知识导图

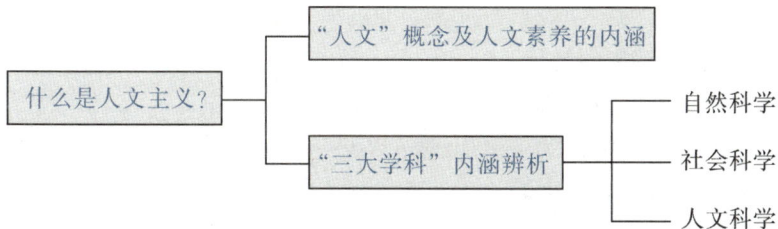

(三)知识要点

1."人文"概念及人文素养的内涵

人文素养概论是一门有关人文知识与素质理论介绍的课程。在本课程学习过程中,我们将探寻关于人文精神的内涵、人文主义的缘起与发展、人文素养教育的理论及现实意义等系列问题。很显然,这是一个宏大的理论课题,也可以说是一次思想的旅

---

① 康德.实践理性批判[M].韩水法,译.北京:商务印书馆,1999:177-178.

行。为了完成这些任务,我们将带领大家穿越人类文化发展的几千年时间隧道,跨越东西南北不同文明世界的空间,认识人文文化的基本图谱,梳理个体生命的发展脉络,最终到达本次思想旅行的终点:作为这颗小行星上的高级哺乳动物,我们应当有尊严、有价值地在世。

当然,作为一门概论性课程,我们无法深入地与同学们探讨系统性问题,在知识传授上也只能为大家展示关于"人文"问题的冰山一角。可以说,这门课程只是一个路标,具体的行走路径留待同学们在日后的学习与生活中探寻。

学习"人文素养概论"这门课程,我们首要也是最基础的任务就是把握"人文素养"这个概念的内涵。

"人文素养"究竟指的是什么呢?

将"人文素养"这个词语分开来看,它是两个概念的合成词:人文素质和人文教养。其基本内涵也可以概括为:通过人文知识的修养而形成个体的自尊与自律、信念与追求、德性与美感、人格与品位。

更具体地讲,我们可以将"人文素养"这个概念分为三个层面:第一,指我们对于具体的人文知识的掌握,例如哲学、艺术、文学、历史等具体人文知识的修养;第二,指在现实社会生活中个人行为品质的修养,例如在社会生活中我们养成的自尊、自律、自信、自强、诚信、友好等完善的基本人格和良好品质;第三,指个人人生境界的修养,主要包含个人对于人生意义与价值的理解与思考。

通过对"人文素养"概念内涵的分析,我们可以发现,人文知识修养是人文素养的基础。

2."三大学科"内涵辨析

那么,"人文知识"指的是什么?

按照国际知识界的通识[①],人们通常把人类所创造的知识系统划分成三个不同的系统:一是自然科学;二是社会科学;三是人文科学。这三种知识的分类标准其实是以人类和世界的互动关系为依据的。在人类学意义上,人和世界的关系大体上可以分为三个层面:第一,世界作为一个客体,纯粹展现物理或自然现象,我们将之称为自然世界;第二,世界在我们面前是一个由各种关系、制度、习俗、规范所构成的秩序化的世界,我们将之称为社会世界;第三,人类借助与客观世界的互动而形成一个适应性内心世界,其中包括心理、精神、需求的文化,我们将之称为人文世界。这"三个世界"分别概括了人类存在与世界体系的三种不同关系:人和客体之间的关系;人和人之间的关系;人和自己灵魂之间的关系。人们为了对这"三个世界"进行描述、分析、解释而建立了不同的知识体系,由此形成了自然科学、社会科学、人文科学这三种不同的知识系统。

---

① 我们所说的国际知识界的通识指的是国内外知识界对于"人文知识"这个概念的普遍认同的观点。

自然科学所研究的对象是自然实在,也就是在前文中提及的自然世界。通过学习自然科学知识,我们可以认识、把握自然规律,以满足人类最基本的物质生活需要,提高物质生活水平。根据自然科学的这一特点,我们可以将天文学、地理学、地质学、数学等学科列入其中。这些学科研究的是自然界中纯粹的自然实在。

此外,自然科学当中还包含了另一类知识,例如心理学、生理学、医学。说到这里,很容易令人产生误解:以上我们所列举的几门学科的研究对象并不是自然界中的事实。其实,前文中所说的自然实在不单指外在物理世界中的非生命体,同时还包括生命体中的自然存在现象。我们看到,这些后列出的学科都是关于人的知识,但我们不要忘记,人的存在具有两个不同的维度——一个是自然维度,另一个是文化维度。从生物进化学的角度来说,人也是一种动物,我们和黑猩猩、狗、马、牛等这些动物属于同一个动物家族。而人类在进化中能够从动物世界中分化出来的主要原因就是人类发明创造了文化。在人类发展的过程中,文化不断地传递、继承,成为我们身体中相对于自然基因的文化基因,于是形成了人类存在的文化维度。所以人是自然和文化的合一体。而研究这种"合一体"中自然维度的知识,就可以归于自然科学。

社会科学主要研究社会现象。通过对社会现象的研究,人们总结、把握社会运行的规律,从而创造社会生活的良好秩序。最近几年,学界逐渐显现出将社会科学和人文科学界限模糊的这样一种趋势。这是可以理解的。随着现代科学的发展,很多学科同时兼容了两种知识,人们无法将其清晰地定位于一个具体的知识范畴中,于是就将其通称为社会科学。但是,我们还是要看到,社会科学与人文科学的差别还是很大的。社会科学研究的主要是社会现象。社会是由人与人交往互动所形成的一个空间系统,在社会中人是主体,但这个主体不是孤立的人,而是交流互动的群体。人际交往必须要以一套最基本的规则、制度、习俗进行规范。如果没有秩序和规则,社会就无法运行甚至无从产生。故社会科学关注的是社会结构体运行的问题,其中包含政治学、经济学、管理学、法学、社会学、人类学等学科。我们以经济学为例做一简单解析:经济学表面上看起来研究的是经济现象,而实质上则是研究人的现象。经济现象只能发生在人和人之间的交往过程当中。一个人从事最简单的自给自足的生产劳动,不能被称为一种经济现象,而只属于一种物质现象。而经济学研究的是人类如何进行生产、消费、分配,以及市场交换规则的问题。因此,经济学属于社会科学。

人文科学主要研究的是人文现象。人文现象涵盖的范围极为广阔,从通常意义上说,包含了社会世界所有经过人参与改造的现象。但在这里我们所讲的人文现象主要指的是人的精神现象,比如说思维、心理、精神、灵魂。它具体包含哲学、艺术学、文学、历史学、语言学等学科。通过学习和研究这些人文知识,人类的关注点开始由外在的物理世界而转入内在的精神世界;我们开始探讨美、信仰、灵魂这些不在场存在的重要意义。也就是说,通过对人文知识的学习,认识人类存在的本质,把握人类精神活动的规律,从而提升人类存在的境界。

梳理三种知识系统之后,我们可以做一个综合性概述:自然科学研究的是自然现象,或者我们也可以把它叫做无生命现象[1];社会科学研究的是整个社会机体运行、社会组织建构、社会活动展开的问题;人文科学所关注的是人类最深层的维度,例如人的意识、精神和灵魂这类生命内在性的存在。

从知识论的角度出发,我们无法评定哪种科学或者说哪种知识体系对于人类的意义更为重要;因为不同的知识体系适用于不同的对象,解决不同的问题,给我们提供不同的人生指南。但如果从发展的角度来分析,那么我们应当这样来理解三者的关系:自然科学是基础科学,主要解决人的基本生存问题;社会科学是中介,主要解决个体与个体、个体与集体、集体与集体间的联结问题;人文科学是根本,因为它所要解决和解答的都是人最本质的问题,即人文科学引导我们去探寻关于如何建构我们的信仰体系、价值体系、人格境界、生命境界等问题。所以人文科学也被视为人存在的终极知识。

(四)知识延展

瑞士著名的心理学家让·皮亚杰在论及"人文科学在科学体系中的地位"时,谈到了"社会科学与人文科学的区别"问题。他指出,有许多人坚持这一区分(即区分社会科学与人文科学),他们倾向于把先天的东西同在物质环境下或社会环境的影响下所获得的东西对立起来。这样,"'人性'就全部建立在遗传特性上了。"皮亚杰不同意这种观点。他认为:"……在人们通常所称的'社会科学'与'人文科学'之间不可能作出任何本质的区别,因为显而易见,社会现象取决于人的一切特征,其中包括心理生理过程。反过来说,人文科学在这方面或那方面也都是社会性的。只有当人们能够在人的身上分辨出哪些是属于他生活的特定社会的东西,哪些是构成普遍人性的东西时,这种区分才有意义。"而事实上这种区分是很难的。这就说明,即使作为著名的提出"发生认识论"的心理学家的皮亚杰也强调人的个性、修养、素质的后天生成的社会性特征。在他看来,人的先天性的心理结构,只是提供了交流和"发生认识"的"功能的可能性","并没有什么现成结构的遗传(同本能的情况正好相反,它有很大一部分是被遗传编码的)"。这无疑也是肯定了作为人文学科的艺术和艺术学的教育意义和功能。

德国美学家伽达默尔在其《艺术与真理》一文中论及西方人文主义传统的意义时,按照其拒斥自然科学方法的需要,考察了四个"人文主义的基本概念":"教化""共通感""判断力""趣味",并从艺术与真理的角度作了逐一的考察。他认为教化描述了一种深刻的精神转变,这个转变的具体内涵就是由个别性上升到普遍性。教化使人能和异己者融为一体,使人能在其中见出自身;教化的过程就是对"共通感"的培养和教化。共通感即是一种在具体情形中达到共同性的感觉。判断力的活动就是在个别中见出一般的活动。趣味则不是依据某个普遍准则,而是内在地以反思判断力的方式完成

---

[1] 这里我们所说的"无生命现象"不是指生物学层面上的"生命",而是建立在人文科学基础上的或哲学意义上的生命,也可以指拥有意识、灵魂精神活动的生命体。

的……

从伽达默尔的论述我们至少可以概括出两点重要思想：首先，西方人文主义传统的重要精神就是"教化"，就是人的可教育性和必须教育性。这教育的重要内容就是对类的共同的感觉、普遍能力、"判断力""趣味"的培养。而人的人文精神培养的重要途径则是审美，是对艺术作品的经验和理解。因为，艺术经验中的欣赏和理解活动与自然科学的方法不一样，它不是依据某个抽象概念进行的，而是在对单个事物的感觉中，在具体的情形中发生的。也就是说，艺术经验活动如同美学的鼻祖鲍姆嘉登把审美学界定为"感觉学"一样，也始终是一种充溢主体性精神的、感性的、具体的、活生生的生命精神活动。"艺术的万神庙并不是一个向纯粹审美意识呈现出来的永恒的现在，而是某个历史地积累和会聚着的精神活动"，而且，"无论如何我们不是从审美意识出发，而只是在人文科学这个更广泛的范围内，才能正确对待艺术问题"。这或许是伽达默尔作为一个哲学家和美学家尤重艺术问题的真正用心所在。正如论者指出，"无论是对人文主义传统的阐述，还是对康德及其后继者的美学思想的分析，伽达默尔最深层的目的就是要揭示，感性的具体的艺术经验活动的重要性。"

（选自陈旭光：《艺术的意蕴》）[①]

（五）推荐阅读

1.肖锋.科学精神与人文精神[M].北京：中国人民大学出版社，1994.

2.苏国勋.理性化及其限制[M].上海：上海人民出版社，1988.

思考与练习

1.请简述自然科学、社会科学、人文科学的特点及内涵。

2.请简析人文科学对于人文修养提升的重要意义（也可以具体人文学科为例进行简述）。

3.完成下列练习：

（1）人文素养是＿＿＿＿和＿＿＿＿两个概念的合成词。

（2）人文素养的内涵：通过人文知识的修养而形成＿＿＿＿、信念与追求、德性与美感、＿＿＿＿。

（3）根据现代国际知识论通识，将人类创造的知识划分为＿＿＿＿、社会科学、＿＿＿＿三个层面。

（4）以下学科中不属于社会科学的是（　　）。

A.政治学　　　　　　B.经济学　　　　　　C.心理学　　　　　　D.人类学

[①]　陈旭光.艺术的意蕴[M].北京：中国人民大学出版社，2000：37-38.

（5）以下学科中全都属于自然学科的是（　　　　）。

A. 地理学、医学　　　　　　　　　　B. 艺术学、天文学

C. 地质学、伦理学　　　　　　　　　D. 心理学、文学

第二章 人文主义的源起

> 一个社会要是没有这样的信仰,就不会欣欣向荣;一个没有共同信仰的社会,就根本无法存在,因为没有共同的思想,就不会有共同的行动,这时虽然有人存在,但构不成社会。
>
> ——托克维尔[①]

(一)知识目标

1.了解人本主义、人道主义与人文主义三个概念的内涵并能辨析其区别。
2.了解人文主义发展的第一阶段——古希腊的时代背景。
3.掌握古希腊人文七学科。
4.掌握古希腊时期人文主义思想发展的主要特征。

(二)知识导图

人文主义的源起
- 人文主义及相关概念辨析
  - 人本主义
  - 人道主义
  - 人文主义
- 人文主义发展的第一阶段——古希腊
  - 语法学
  - 修辞学
  - 逻辑学
  - 算术学
  - 几何学
  - 天文学
  - 音乐学

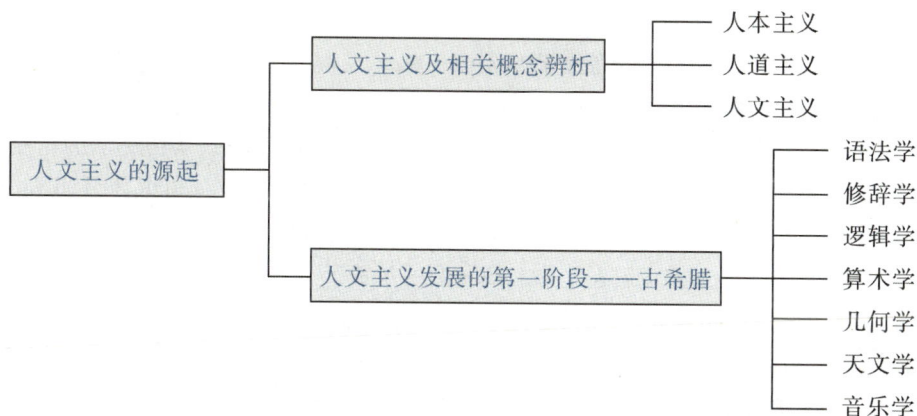

① 托克维尔.论美国的民主(下卷)[M].3 版.董果宗,译.北京:商务印书馆,2003:524.

(三)知识要点

1. 人文主义及相关概念辨析

人文主义的发源与发展经历了漫长的历史时间。在即将踏上这段溯源旅程之前，我们首先需要解决一个根本问题:到底何为人文主义? 人文主义的内涵究竟是什么? 为了便于同学们理解，我们引入两个与人文主义密切相关的概念——人本主义与人道主义，以进行对比解析。

人本主义这个概念最初属于哲学范畴，后逐渐应用于心理学、政治学等多门学科之中。如果剥开层层诠释的外衣，我们就可以看到这个概念的实质是以人为本，它所强调和凸显的是人存在的主体性维度。我们可以将人本主义的内涵分解为两层不同的含义:第一,"人本"意味着我们对人的生命与生存价值的肯定，在当代中国话语里它更意味着以人为本、以人为善、以人为重。党的十九大报告提出"中国特色社会主义进入新时代"，并指出"我国社会的主要矛盾，已经转化为人民日益增长的美好生活需要和不平衡不充分的发展之间的矛盾"。为了满足人民对于美好生活的需要，我国持续大力地发展经济、发展科技、完善法律……然而，各领域完善发展的最终目的绝不仅仅是为了发展，而是为了提高人的生活质量，肯定人的存在价值。第二，它强调的是人类的主体价值观，其内涵就是强调和肯定人居于世界万物之上、居于各种存在之首的主体地位。尽管近年来人类逐渐重视自然环境保护，提出要"去人类主体化"，但是，无论我们如何强调动物与植物存在的重要性以及生物链各环节之间的高度复杂的关联性，人处于世界的主体地位这一信念都是无法动摇的。其原因很简单，人是整个地球上唯一具有主观能动性与高级自我意识的种系。

人道主义是源于欧洲文艺复兴时期的一种思想，泛指一切强调人的价值，维护人的尊严及权利的思潮和理论。它提倡关怀人、尊重人，以人为中心的世界观。可以看出，人道主义更多属于伦理学范畴，它所强调的是人存在的伦理学向度。

人文主义指的是从古至今贯穿于人类文化当中的一种思想。从历史学的角度看，人文主义最早源于古希腊。2000 多年前，古希腊人从世界的所有知识体系里划分出了七门学科，以解释关于人类本身的现象，也就是后人所说的"人文七学科"。这就是人类人文主义发生的起点，也是人文主义发展的源头。

经过 2000 多年的发展，人文主义已成为一个内涵广阔、意味丰富的概念，在很大程度上甚至包含了人本主义与人道主义的相关内容。并且，不同时代、不同的人对于人文主义含义的理解也不尽相同。在这里，我们只依据本门课程的侧重点与目标，将其内涵概括为:

对人的价值、尊严、意义的肯定，对人的创造性、自由性、主体性的张扬。

从内涵上看，人文主义与人本主义、人道主义极为相似。但我们只要稍加辨析，就能发现三者的不同之处。人本主义更侧重承认人的主体性价值，人在世界万物中处于主体地位；人道主义侧重关注人的存在的伦理学向度，提倡人应作为"人"存在，也应以生命的观点去对待其他的人和物；而人文主义则侧重关注人存在的历史-美学维度。我们应在人本主义和人道主义的基础上，在首先肯定自我存在主体性和价值性的基础上，成为这个世界上具有个性、拥有自由、享受幸福的存在。

2. 人文主义发展的第一阶段——古希腊

人文主义，或者说人类的人文思想，是伴随着整个人类文化进化的历史发展起来的。自从人在地球上出现并由一种普通的地球生物进化成智人开始，"人文"就在人的身上一点点滋生起来。但是，人文文化形成以前的"人文"与我们现在所论说的"人文"并不是同一层次的概念。准确来说，它应该表述为"人文属性"或"人文意识"。

从历史学角度看，"人文主义"起源于古希腊。我们将其称为人文主义发展的第一阶段——古典时期。

希腊地处欧洲东南角、巴尔干半岛的南端。由于古希腊临近众多海湾良港，从而形成了一个以工商航海业为主要生产生活方式的民族。商品经济的繁荣、民主政体的建立，培育了古希腊人开拓与求索的民族精神，使其在哲学、艺术、文学、数学、体育等诸多领域都取得了辉煌的成就。

要培养人的开拓探索精神，就要培养人的高级品质。于是，古希腊人将人类世界所形成的知识体系划分为人文知识与非人文知识两类，并将人文知识具化为七门学科。这就是我们今天所说的人文七学科。它们分别为：语法学、修辞学、逻辑学、算术学、几何学、天文学和音乐学。

按照现今的知识类型学，人文七学科中的部分学科，如算术学、几何学、天文学并不属于人文知识，那么古希腊人的划分依据究竟是什么呢？要理解这个问题，我们首先要理解古希腊人对于"人文"这个概念的内涵界定。按照古希腊人的观点："人文"主义或"人文"品质的塑造过程，就是通过人文知识教育塑造人的个性、培养人的自由性以及在公共生活中所具备的基本品质的过程。

理解了古希腊人界定的"人文"内涵，我们就可以理解他们为什么如此划定"人文七学科"了。接下来我们就具体剖析古希腊人文七学科对于塑造人的个性、培养人的自由性以及在公共生活中所具备的基本品质的重要意义。

语法学是一门关于语言运用规律的科学。虽然古希腊不是一个统一的国家，但其文化的一致性十分明了。所有古希腊人都说同一种语言。希腊语是属于印欧语系的一种语言，这个语系包括了古印度语、波斯语、亚美尼亚语、斯拉夫语、波罗的海诸语、阿尔巴尼亚语、拉丁语、日耳曼诸语等多种语言以及一些曾在地中海地区使用而后来失传的语言，如赫梯语、弗里吉亚语和伊利里亚语①。在世界上所有的语言体系中，印欧语是一门形态高度发达的语言，特别重视词与词的组合安排。可以设想一下，我们

---

① 这三种语言都为印欧语系中已消失的语言。

在学习英语的过程中,如果不懂语法知识,就无法形成清晰、准确的表达,那么也就无法掌握进入公共生活的最基本的能力。古希腊人认为,培养进入公共社会生活所必需的基本品质,语言是一个必过的关口,因此语法学是古希腊人文七学科中最基本的一门学科。

其实,即使在与印欧语有较大差异的汉语语境下,语法学的意义依旧重大。在汉语语境下,语法尽管不能完全决定我们的语言表达能力,但是仍旧为我们提供了一套语言表达的基本规则、知识和技能。掌握了一定的语法规则,我们就可以更加规范清晰地表达我们的思想。在语言心理学意义上,语法学还培养了我们的个人思维能力,有助于我们形成更为条理性、秩序性和结构性的思维习惯。在语言哲学意义上,语言还给予人以世界——我们通过赋予具体事物以名称来拥有它。试想一个事物如果没有名称,我们就不可能对它产生记忆。所以我们说,掌握最基本的语言能力,是我们进入世界的必要的基本能力。

修辞学是一门关于语言使用技巧的科学。修辞学主要关注两类问题:一是词语组合的美学问题;二是语言使用的语境问题。修辞是加强言辞或文句效果的艺术手法。自语言出现后,人类就有修辞的动机。如修饰自己的言辞以吸引别人的注意力,加深别人的印象以更好地抒情达意。在我们日常生活、工作中与他人沟通交流、表达自己的观点时,修辞学知识能起到极为重要的作用。如果没有修辞学,那么我们很多的表达都可能不合适、不恰当、不妥切。尤其是在古希腊,修辞学与古希腊人最擅长的社交活动——演讲紧密相连。演讲,可以分为两个部分:讲,是就某个主题发表自己的观点;演,则是利用身体与语言表演将自己的观点包装得更具说服力。演讲就是一个通过灵活调动各种词句、组成片段,来表达观点以说服对方的过程。而这就需要相应的修辞能力。因此,古希腊人认为修辞学也是人进入公共生活必备的基本品质。

逻辑学是哲学的一个分支学科,是一门研究思维规律的科学。逻辑学作为一门科学,既拥有悠久的历史,又在时代演进中持续发展。古希腊的形式逻辑、中国先秦的名辩逻辑、古印度的因明学[①]是现代逻辑学的源头。逻辑学有广义和狭义之分:狭义的逻辑学,指研究推理的知识,即只研究如何从前提必然推出结论的知识;广义的逻辑学,指研究思维形式、思维规律和思维逻辑方法的科学知识。清晰、条理性的思维逻辑是演讲和辩论的基础条件。将丰富的知识储备甄选排列从而形成思想观点进行表达,逻辑能力在其中就起到了重要作用。逻辑律的问题若再向外延展则成了语言表达律的问题。若违反了逻辑律,就等于违反了最基本的思维规律,也违反了语言表达的最基本的规律。因此,古希腊人认为,逻辑修养是一个人在社会公共生活当中的基本修养。

算术学与几何学是性质相近的两门学科。算术学与几何学相较,则更具抽象性特点。古希腊人痴迷于对数学的研究,同时将研究成果创造性地应用于哲学、建筑、音乐等各个领域之中。然而,尽管数学的实用性很强,但古希腊人仍就将目光聚焦于其对

---

① 因明学:因明,音译西先都费陀,在古印度发展的逻辑学,是一种思考方法,也是探索真理的工具之一,为五明之一。

人深层能力的培养方面——算术学不仅仅培养人的计算能力,更培养人的抽象思维能力,使人的思维更加严密。几何学可以培养人的抽象思维能力、逻辑思维能力与空间思维能力,也是培养一个合格公民必须具备的基本品质,以及培养人的个性、自由性的最基本知识。

　　天文学是研究宇宙空间天体、宇宙的结构和发展的学科,内容包括天体的构造、性质和运行规律等。天文学是一门古老的科学,自有人类文明史以来,天文学就具有重要的地位。古希腊人之所以将天文学纳入人文科学的范畴,主要是因为他们看到了天文学在教导人类认识宇宙空间之外,还可以让人类打开地球之外的世界,使人跳出地球的空间,从而感受自身的渺小,去思考更为广袤无垠的空间,进而形成一种开阔的世界意识。

　　音乐学在这七门学科之中是最符合现代人人文认知的学科。古希腊人热爱音乐,并从各个方面开始对音乐进行理论探讨。古希腊的阿里斯提得斯·昆提利安[①]在《论音乐》的著作中试将音乐分为理论、技术及演出三大部分,为现代音乐学的发展奠定了基础。古希腊人的人文认知,具备了最基本的音乐欣赏能力,能在音乐中获得浅层的感官快乐与理性的愉悦。而从深层意义上来看,音乐与数学具有很高的相似性:音乐运用抽象的音符组成旋律和节奏,善于欣赏音乐的人就能透过浅层的欢愉感受到音符排列的节奏性美,这种人被古希腊人认为是高雅的人。

(四)知识延展

　　人文主义不是一个哲学体系或者信条,而是一场曾经提出了非常不同的看法而且现在仍在提出非常不同的看法的持续的辩论。这是一点也不奇怪的。具有不同的看法,同样也是基督教、佛教、伊斯兰教——还有马克思主义的特点。当然,什么可以算是人文主义,或者什么可以自称是人文主义,还是有一定的限制的。例如,我本人就不会把那种在人生和意识的问题上具有决定论或简化论观点的看法视为人文主义,或者把权威主义的和偏狭不容异见的看法视为人文主义。但是在这种限度之内,辩论是自由的和连续的:它并不产生可以解决问题的最终答案。

　　为了同样的原因,没有人有权利可以说他对人文主义传统的看法是最后的定论,它只能是个人的看法。这一点明确以后,那么我认为人文主义传统的最重要和始终不变的特点,似乎有以下几点:

　　第一,神学观点把人看成是神的秩序的一部分,科学观点把人看成是自然秩序的一部分,两者都不是以人为中心的,而与此相反,人文主义集中焦点在人的身上,从人的经验开始。它的确认为,这是所有男女可以依据的唯一东西,这是对蒙田的"我是谁"问题的唯一答复。但是,这并不排除对神的秩序的宗教信仰,也不排除把人作为自

　　① 阿里斯提得斯·昆提利安(约活动于公元 2 世纪至公元 3 世纪前后),古希腊作家,他著有一篇音乐论文《论音乐》,是现代有关古希腊音乐知识的主要来源。

然秩序的一部分而作科学研究。但是这说明了这一点：像其他任何信仰——包括我们遵循的价值观，还有甚至我们的全部知识一样，这都是人的思想从人的经验中得出的。

人文主义信念的第二个特点是，每个人在他或她自己的身上都是有价值的——我们仍用文艺复兴时期的话，叫人的尊严——其他一切价值的根源和人权的根源就是对此的尊重。这一尊重的基础是人的潜在能力，而且只有人才有这种潜在能力：那就是创造和交往的能力（语言、艺术、科学、制度），观察自己，进行推测、想象和辩理的能力。

这些能力一旦释放出来，就能使人有一定程度的选择和意志自由，可以改变方向，可以进行创新，从而打开改善自己和人类命运的可能性——我强调可能性，不是比这更多的东西，不是肯定性。

为了解放这些能力，使男男女女都能发挥他们的潜力，有两件事是必需的。一是教育，教育的目的不是具体任务或技术方面的训练，而是唤醒对人类生活的可能前景的认识，引发或者说培养青年男女的人性意识。有的人生来就具有这种意识，他们的潜力就自然得到发挥。但是大多数人需要唤醒他们这种意识。因此人文主义者不仅对教育寄予中心地位的重视，而且他们也在总体上主张打下全面教育的基础，目的在全面发展个性和充分发挥个人才能。

要解放人的能力的第二个先决条件是个人自由。18世纪的哲学家用理性这武器除去了由世俗的和宗教的习俗、过时的法律、权威主义的制度所加的限制和禁忌，驱散了教会和整个天启宗教的机器所利用的恐惧和迷信。他们想用改革后的法律制度和世俗化国家来代替。这个法律制度建立在法律面前人人平等、思想自由和意见自由的基础上；这个国家则由代议制来治理，对于个人自由和个人创业，尽可能少地予以干涉和立法。……

人文主义的第三个特点是它始终对思想十分重视。它一方面认为，思想不能孤立于它们的社会和历史背景来形容和加以理解，另一方面也不能把它们简单地归结为替个人经济利益或阶级利益或者性的方面或其他方面的本能冲动作辩解。马克斯·韦伯关于思想、环境、利益的相互渗透的概念，是最接近于总结人文主义关于思想的看法的，即它们既不是完全独立的，也不是完全派生的。……

人文主义当初在14、15世纪的意大利开始时，就是抱着这样一个目的，深入和恢复遥远的希腊和罗马的古人世界。4个世纪以后，歌德重复了这个经验，从中得出灵感，重新塑造自己的生活和艺术。古代希腊思想、文学和艺术的活力远远没有耗绝，这可以从俄狄浦斯神话对弗洛伊德和斯特拉文斯基仍旧有着魅力看出来。我们可能感到遗憾，因为古典文明已不再是许许多多受过教育的人所熟悉或所能接触到的了。但更为重要的是，通过学习其他国家人民的语言，他们的历史、他们的艺术和他们的信仰，把自己投入其他国家人民的思想和感情中，不论他们是古代希腊人，还是中国人、西班牙人，或者美洲印第安人，或者投入我们自己社会的早期阶段中，这样的努力不应该让它消失。这种移情的艺术，狄尔泰叫做Verstehen（理解），对人文主义教育是极其重要的，而且在打破那种除了自己这一时代和文化以外对其他时代和文化都一无所知的愚昧性方面，有极大的价值。语言和通过谈话，通过文学、戏剧、演讲、歌曲进行交往的力量,是人文主义传统中核心的东西。幽默也是,从希腊的瓶瓮画家到查利·卓别林,这是最有特点的交往形式之一,是只有人才掌握的笑自己和笑别人的能力,也是除了看到人生所处的困境的悲剧一面以外也看到它的喜剧一面的能力。

艺术与人文主义有着一种特殊的血缘关系,这除了适用于文学和戏剧以外,也适用于音乐、舞蹈以及其他非口头艺术如绘画、雕塑、陶瓷,因为它们有着越过不同语言的障碍进行交往的力量。在17世纪,维柯曾经指出,象征和神话表达了一个社会的信念和价值观,这可以从有关诞生、婚姻、死亡的普遍经验的风俗和习惯中看出,也可以从一个社会的有关财产和家庭的法律和制度中看出。这里又是一个极其丰富的泉源,人文学的研究和人类学社会学的研究可以为此提供途径,人文主义传统也可由此吸收营养。

(选自阿伦·布洛克:《西方人文主义传统》)①

(五)推荐阅读

1. 狄金森. 希腊的生活观[M]. 上海:华东师范大学出版社,2006.
2. 柏拉图. 理想国[M]. 北京:商务印书馆,2003.

思考与练习

1. 人本主义、人道主义、人文主义三个概念内涵的区别是什么?
2. 请完成下列练习:
(1)古希腊的人文七学科分别是语法学、_____、逻辑学、_____、几何学、天文学、音乐学。
(2)古希腊人将天文学纳入人文七学科的主要原因在于天文学不仅仅使我们了解宇宙空间知识,更在于培养我们的一种_____。

---

① 布洛克. 西方人文主义传统[M]. 董乐山,译. 北京:生活·读书·新知三联书店,1997:232-240.

第三章　人文主义的发展

充实的当前允许我们立足于永恒的起源。借由历史超越一切的历史而进入统摄，这是我们最终的目的地

——卡尔·雅斯贝斯[①]

(一)知识目标

1.掌握人文主义发展的第二阶段、中世纪文艺复兴时期的历史背景及其人文主义特征。

2.掌握 16 世纪宗教革命与 18 世纪启蒙运动这两个具体事件的历史背景及其人文主义特征。

3.掌握人文主义发展的第四阶段——20 世纪 90 年代中国"人文精神大讨论"的时代背景及其人文主义特征。

(二)知识导图

人文主义的发展
- 人文主义发展的第二阶段——文艺复兴
- 人文主义发展的第三阶段——欧洲近现代社会
- 人文主义在中国：20世纪90年代中国"人文精神大讨论"

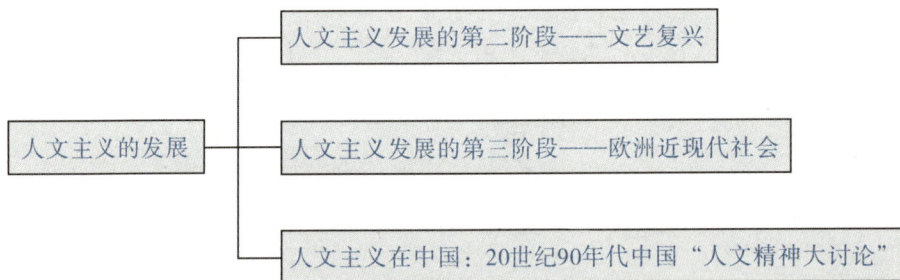

① 雅斯贝斯.历史的起源与目标[M].李夏菲,译.桂林:漓江出版社,2019:2.

（三）知识要点

1. 人文主义发展的第二阶段——文艺复兴

人文主义自古希腊人创立之后，经过中世纪漫长的蛰伏，到了 14 世纪，在北欧开始了第二个发展期。这就是 14—16 世纪的文艺复兴运动。它发源于意大利，然后在西欧各国得到广泛传播和高度发展。

文艺复兴发生与发展的时代背景是欧洲的中世纪。中世纪，指从公元 5 世纪后期到 17 世纪中期，是欧洲历史的一个中间时期，持续了 1000 多年。从历史学的角度来说，西方的中世纪被称为一个黑暗的时代。战争、瘟疫、饥荒使人民生活在毫无希望的痛苦中，尤其宗教大一统的文化局面在更深层造就了中世纪的黑暗。中世纪时期经常被描绘成一个"无知和迷信的时代"，"宗教的言论置于个人经验和理性活动之上"。天主教①在欧洲中世纪时被奠立为西方宗教思想体系的代表。它使得欧洲人的思维、思想、观念、信仰以至于行为，都要以《圣经》为准则，以上帝的戒律为标准。这使其对科学技术、艺术和文学等文化领域的发展造成了禁锢。故长达 1000 多年的中世纪，被史学界称为人类思想史上一段漫长的黑暗时期。

在长达 10 个世纪的黑暗时期过后，文艺复兴首先在意大利开始萌芽。从文化史的角度看，文艺复兴是一种文艺思潮，但这种文艺思潮恰恰带来了人的精神复兴。

文艺复兴运动，主要包括古典文化的复兴、人的重新发现和世界的重新发现三个层面。复兴古典文化主要指对亚里士多德思想的重新诠释。亚里士多德的思想并不仅仅包含伦理学和政治学，其可被视为整个古希腊文化的主体。对它的重新发现实际上意味着向古希腊人重新学习，也就意味着重新再复习人文主义这门课程。

对于人的重新发现和对于世界的重新发现是紧密联系的。文艺复兴之前，人根本没有形成独立的地位，仅是作为上帝的摹本而存在于世。在文艺复兴运动中，人的独立存在意义被特别强调，从而使人增强了对于自身尊严、意义的认同感。当时出版的一些著作，例如《神曲》《十日谈》，都在侧面表现着文艺复兴时期人们对于个性、自由的追求。人拥有了相对独立的自我意识之后，便开始不再将目光投注于虚无的来世，而是更多地开始了对于现世生活的关注。意大利文艺复兴对于世界的发现绝不能仅仅被理解为对外在世界的征服和冒险，对意大利人而言，最重要的就是发现了世界存在的客观性，继而发现了自然之美。在文艺复兴之前，自然是一个神秘之地，往往被人联系为未知与邪恶。所以在当时，无论人们看到多么美丽的自然环境——大海、山峦、森林、野花——都会产生一种恐惧感。文艺复兴之后，人们开始重新转变，认识了自然本身的价值与美感。这就是文艺复兴在当时所带来的重大影响。

---

①　基督宗教发端于公元 1 世纪罗马帝国统治下巴勒斯坦地区的犹太团体。至公元 395 年时，基督教随着罗马帝国的分裂也分裂为罗马天主教和东正教。

文艺复兴的这三个发现,恰好与我们所追求的人文主义精神内核完全吻合。所以荷兰著名历史学家彼得·李伯庚在他的《欧洲文化史》中,对意大利文艺复兴的人文主义性质做了这样一个总结。他说意大利文艺复兴,之所以是一种人文主义运动,是因为它对于人生的态度渐渐地倾向于世俗,倾向于人间多于倾向于神,倾向于现世多于倾向于来世。如果我们用通俗一点的语言来表达,也就意味着通过文艺复兴,人们不再把人生的意义、人生的目的指向于神圣、神秘,而是指向于现实。人们不再把此生的幸福寄托于来世,而是就立足于现世。这是意大利文艺复兴,也是整个西欧乃至北欧的文艺复兴所形成的一种基本意向。

尽管文艺复兴仅仅是一个开端,但是也正因为文艺复兴,才推动了西方近代的思想革命和文化转型。文艺复兴之后,马丁·路德的宗教改革、地理大发现乃至于18世纪的工业革命才能够不断地发生,并且完成了人类人文主义传统的完善。

2. 人文主义发展的第三阶段——欧洲近现代社会

文艺复兴之后,16世纪的宗教革命和18世纪的启蒙运动从某种意义上来说,也是文艺复兴的余波,也可视为人文主义的一个新阶段。

15世纪后半叶,随着欧洲资本主义的产生和发展,封建主义走向崩溃,作为中世纪封建统治精神支柱的罗马教廷亦开始衰落。1517年10月31日,马丁·路德在威登堡教堂门前贴出反对销售赎罪券的《九十五条论纲》,从而揭开了宗教改革的序幕。马丁·路德在《九十五条论纲》中提出了三个主要观点:反对偶像(教皇)崇拜;反对"赎罪券";提倡因信称义①。马丁·路德的这三点倡议打破了传统基督教依靠绝对遵循繁琐严格的礼仪、制度、传统来寻求救赎的唯一途径,主张信徒可以通过内心直接和上帝对话,通过"信"以达到自我的救赎,为教徒们提供了一种对于信仰的新的理解与追寻方式。社会学家马克斯·韦伯在他的著作《新教伦理与资本主义精神》中,曾经给予新教革命充分的肯定:正是新教伦理,培养了西方人的理性精神、自由探索意识,以及近代资产阶级的一代新人。所以我们说,新教革命是人文主义的一道潜流。

正如韦伯所说,经过宗教改革,一批新生资本主义精英崛起,为18世纪的工业革命和启蒙运动奠定了基础。启蒙运动,指发生在17—18世纪的一场资产阶级和人民大众的反封建、反教会的思想文化运动。启蒙运动是继文艺复兴后又一次伟大的反封建的思想解放运动。从孟德斯鸠、伏尔泰、洛克、卢梭、康德、狄德罗等代表人物的思想中我们看出,启蒙运动的核心思想就是"理性崇拜",提倡用理性之光驱散愚昧的黑暗。这场运动不仅有力批判了封建专制主义、宗教愚昧及特权主义,宣传了自由、民主和平等的思想,也将人类思想史的发展快速地从古典阶段拉入现代阶段。康德曾在《何为启蒙运动》这篇文章中这样肯定启蒙运动:启蒙,也就是用理性开化民众,使其摆脱不成熟的状态。我们需要注意康德这句话的两个关键词:一个是"理性",再一个是"不成

---

① 因信称义:是新教三大教义之一。

熟"。人无理性则不为人,尽管我们说人未必全都是理性的,但是理性是人的基本品质之一。不成熟则意味着我们的理性不健全,我们的心智系统甚至还停留在野蛮、原始、粗糙的阶段。启蒙运动所倡导的种种理念恰恰能够使我们摆脱这种状态,从而进入成熟状态。所以我们才说 18 世纪的启蒙运动本质上是人文主义的一种新的表达方式。

经过 18 世纪的启蒙运动,人文主义在整个世界如火如荼地发展起来。尽管距今已经几百年了,但我们仍然能够从 18 世纪启蒙运动那里继承人类很多优质的文化遗产。例如对自由、理性的尊重,这些品质和理念无论在任何一个时代都是人类进步发展成熟的基本准则。

3. 人文主义在中国:20 世纪 90 年代中国"人文精神大讨论"

*20 世纪被称为一个文化多元的世纪。人性的勃发与泛滥、思想的激进与迷茫成为 20 世纪的重要文化特征。*我们不得不承认,在整个 20 世纪尤其是 20 世纪 90 年代,人性当中的很多元素,例如价值观、信仰等遭遇了一场劫难。*丹尼尔·贝尔曾如此评论道:20 世纪是一个信仰溃败的时代。*丹尼尔·贝尔所说的信仰指的主要是人类的精神价值取向,包括人类对于理性、进步、自由等这些普遍价值观的追求。

20 世纪的中国同样没有逃脱这场世界范围的文化巨变。很多思想家、知识分子敏锐地意识到这种精神浩劫,于是在 *20 世纪 90 年代*,中国知识界掀起了一场持续长达十年之久的人文精神大讨论。从 90 年代初期到 90 年代末,各种著作、论文相继发表和出版,人们对于中国当时的人文状况进行了广泛而深层次的讨论,疾呼全体国民人文精神、人文理想的回归。

我们首先来回顾一下当代中国人文精神嬗变的时代背景。20 世纪 80 年代的中国,通过改革开放成功地实现了中国社会由传统向现代的转型。这种转型表现为三个层面:在经济层面上由传统的自然经济、计划经济转向了商品经济、市场经济;在政治层面上由权威政治转向民主政治;在文化层面上由文化政治一体化转向大众、通俗化、市场化。这些转型也被我们称为由传统社会向现代社会、由农业文明向工业文明、由自然经济向市场经济的全面转型。通过这种转型,中国人的生活面貌、生活观念、生活哲学、生活信仰也逐渐开始转化,但与之相伴的则是一系列社会问题的萌生。我们反思一下就能发现,西方从 18 世纪工业革命开始,至进入 20 世纪的后工业社会足足用了将近 300 年的时间,而中国社会从农业文明向工业文明乃至后工业革命的过渡则被压缩至不到 30 年。中国传统的农业文明是在 2000 多年间的儒家文化思想土壤里面一点一点地发展起来的,中国人的传统观念拥有极为深厚的文化根基。而 20 世纪的快速转型将很多人被动地卷入一个陌生的环境之中,很多中国人的思想并没有来得及随时代发展进行及时调整。市场经济虽然改变了人的生活状态,使得我们能够脱离过去自然经济的那种人身依附存在而具备了主体性,但这一种新型高效的市场经济模式在当时并没有足够成熟的新文化体系做支撑,为其提供文化养料和约束力。这就使得在转型初期文化与市场二者的关系与方向出现了短暂的混乱与迷茫。尤其是文化的市场化,如果没有足够强力的文化约束与引导,市场大都是以娱乐消费为主要方向的,这就容易造成很多人满足于盲目地追求经济利益与世俗享乐,而遗忘对意义、价值与信仰的追求。当然,世俗化并非绝对之恶,但它应有一个合理的边界,英雄主义、道德主义、理想主义、终极价值是在任何时代都必须受到敬畏和追寻的。

正是在这种背景下,上海的一批青年学者首先发起了人文精神大讨论。这场人文精神大讨论所呈现出来的特点与之前西方人文主义思潮所呈现的特点有很大差别,即90年代中国的人文精神大讨论强调的是人应当重新追寻生命的神圣意义和价值:我们不能生活在一个没有英雄主义、理想主义、价值诉求的时代,如果没有这些,那么我们如何能称自己为人?当时围绕着这些世俗化的问题,很多学者发表了观点。编者在1996年发表的文章《神圣的价值》,就集中论述了对当时种种社会问题的思考。文章提出了三个基本的观点:第一,人不能在世俗化的泥潭里面越陷越深,我们之所以是人,是因为我们还保有做人的神圣尊严;第二,尽管意义、价值、理想、道德看似与现代市场经济相违,但市场的规律绝对不仅仅等于经济规律,还包含着人文规律,市场交换绝对不仅仅是利益的权衡,还应是良知的权衡;第三,重建中国人的精神信仰,引导大众从目前这种无意义的混沌当中摆脱出来,重构我们失落的意义世界。①

通过以上对东西方人文主义思潮的回溯,我们可以对人文主义的本质做出概括,那就是:关注人的存在,关心人的价值,肯定人的尊严,张扬人的自由性、自主性、主体性,追求人性真、善、美的境界。此乃人文主义亘古不变的品质。

(四)知识延展

古典文化的继续存在和人文主义的开始出现

人们通常以为西欧对希腊罗马古典文化的再度热情,是迟到15、16世纪才出现的。其实不然。从查理曼宫廷时代,希腊罗马文化便曾再度兴起。更为明显的是自从12世纪以后,学术界再度兴起对希腊罗马文化的浓厚兴趣。甚至我们可以说,从公元3、4世纪罗马帝国衰亡以后,这种兴趣始终存在着。这样的看法可能更符合历史的实际。虽然许多古代的文献被毁坏或被故意弃置一旁,但罗马公教会对古典文化中与基督教信仰没有冲突的部分,与这方面有关的文献手稿,还是用心保存了下来。因此西欧受过教育、有文化素养的少数人得以和古代的地中海文化保持联系,构成前面所说的"大传统"。

但丁可以被看为这种"大传统"的一个实例。他是十字军武士的后代,过的却是佛罗伦萨市民的生活;在文字素养上,他对古典拉丁文和后期拉丁文都同样娴熟;在诗歌传统上,他对普罗旺斯的诗歌如《玫瑰之歌》(*Romance of the Rose*)和法国北部的诗歌也同样熟悉;在绘画上,他既欣赏文艺复兴时期画家乔托(Giotto,1266?—1337年,

---

① 高长江.神圣的价值:迈向21世纪的人文理性之沉思[J].宁夏社会科学,1998(2):3-7.

意大利画家、雕刻家、建筑家）把新的生活气息带入绘画，又同样浸润于拉温那（Ravenna，意大利东海岸北部城市，在 4 世纪到 7 世纪间曾为拜占庭帝国首都）的希腊拜占庭壁画的古老传统。他既耳闻教皇和国王为争夺权力而发起的政治和神学辩论，又目击他们虚浮的宫廷，还卷入了教皇和国王两党在佛罗伦萨的现实斗争。带着这样的背景，他在临终的 1321 年完成了《神曲》，其中描绘了他耳闻目睹的当代历史。在《神曲》里，但丁在空间和时间里漫游，其中既有真实的历史人物，又有神话中的人物。最后，他到天堂漫游，默想创造的完美，从中领会神是欢乐的创世主（lieto fautore）；世人正是因为有神赐的灵魂，才能领略神创造的世界。在但丁心目之中，人的全部生命经验，包括生和死，都要通过基督教信仰的解释，才显示出它的意义和重要性。就这方面说，但丁是基督教世界观的一个典型代表。但是在其他方面，他是城市中产阶级市民的代表，而不是神职人员、有土地的贵族的代表。他所代表的市民阶级在此后几十年里以其对事物的新思想、新观点创立了一种新文化，后人称之为"人文主义文化"。

13 世纪到 15 世纪这 300 年间，意大利由于地中海贸易和发达的制造业，成为欧洲最富庶的地区。意大利的许多城邦，以佛罗伦萨、威尼斯、曼图阿（Mantua，即现 Mantova，在意大利北部，米兰东南）、乌比诺（Urbino，意大利北部，以文艺复兴时期艺术著名）和归属教皇的罗马为首，都是由富商、银行家、公爵、伯爵、教皇和枢机主教在政治和文化上统辖，他们都住在豪华的皇宫、别墅里，享受着一切用钱能买到的奢侈品。他们对人生的态度，渐渐倾向于重视世俗；也就是说，倾向人间多于倾向神，倾向现世多于倾向来世。从当时的文献以生活中的新事物为中心，就充分说明了这一点。

在这段时期，在意大利城邦里，富翁为抬高身价，而要结交文人雅士，学术和艺术由此受到人们的尊崇，以个人为中心的人文主义思想开始发展成为体系。个人不再是被神创造、顺服于神的芸芸众生一分子，而被看作独特的、有理性、有创造性的个人。在过去的世代里，人是依附于神的；现在，已经由神转到以个人为中心，个人的发展成为人生的目标和价值。人们把这种个人的觉醒和基督教信仰结合起来，认为每个人的特性都是神所赐的，每个人充分发挥自己的特长才是对神最高的尊崇。

为发展这些品质，就要研读人文学科（studium humanitatis），其中包括文法、修辞、诗歌、历史和道德哲学。这几个学科远不足以包括当时大学里的全部课程，但和当时经院教育的狭隘内容相比，已经远远突破了。经院教育强调的是对概念进行分析，没有任何实际意义。当时的人文学者还认为，人文学科有更为重要的意义就是，它是发展个人创造潜力所必需的。这种个人创造潜力被概括成一个词就是"品德"。人靠"品德"，可以在社会里，以服侍他人为自己的道德责任，这样充分发挥人生的意义。这样的人生体现了神造世人的心意。这些人文主义思想家、作家、艺术家都仍然保持着基督教信仰，但更强调个人的意义，也肯定地更世俗化了。

人文学科的研习需要读古典文献，以求帮助人更透彻地了解这些理想。但是古典文献有两种：最容易找到的是基督教会的经院哲学著作，这种著作只能起限制人思想的作用;因此,要找的是更早的古典文献,能够使人接触到古代罗马的文明。人文主义者便去找这样的文献,结果找到了大量著作,它们就埋在被当时人轻蔑的教会和修道院尘封的藏书中间;还令人出乎意料的是,在阿尔卑斯山那边的落后国家里竟有许多这样的著作。在德国南部,竟找到了西塞罗(Cicero,前106—前43年,罗马哲人)、皮楚尼乌斯(Petronius,约死于公元66年,罗马讽刺作家)的佚失作品和昆体良(Quintilian,约35—95年,罗马修辞学家)的《雄辩术原理》(*Institutes of Oratory*)。当时的人文学者为宣传他们的思想,正需要演讲术一类的书,因此,这些古罗马著作成了人文学者的一份宝贵遗产。

这种人文主义文化在13到15世纪传入西欧,还有另一条渠道就是来自罗马公教会控制不到的地方。在8到12世纪是伊比利亚半岛的穆斯林向西欧介绍了古代人文主义文化,给了西欧基督教国一个新的文化动力。13到15世纪间则是东南欧东正教国的拜占庭文化起了这样的作用。这些东南欧国家本来和西欧有共同的希腊罗马文化渊源关系,同时又有自己的文化。到13至15世纪间,才和西欧结合在一起。这又是由于穆斯林的活动而间接促成的。

在15和16世纪,学者、艺术家、建筑师、音乐家和作家等塑造人文主义文化的人都逐渐感到,社会在进入一个新时代,它是在先前那个黑暗时代之后的新生,它是"复兴"。如果就这个时代的思想究竟"新"到什么程度和当时的物质文明水平来看,认为它是全新的,未免有夸张的成分。但是不可否认的是,这一时期的确形成了一种对人(包括妇女)的新看法。这种"新人"被认为是世界的主人,他有理性和创造性,有能力参透任何奥秘,创造出新的东西。

15、16世纪的人们,在发现古代文献的同时,也热衷于发掘地下的古代文物;由此产生了考古学。从古罗马的遗址里发掘出无数艺术品。这些艺术品也支持了14世纪以后对人的新看法。具体说来,中世纪雕刻的人像都是头小身体长,不符合人的正常身体比例。而考古发掘出的古代希腊罗马雕刻的人体比例都非常匀称,例如"掷枪的人"和"受伤的武士"。此后,画家、雕刻家都制作出体态完美的人形,代表一种新"理想"的新人类。这是自此以后,西方人梦寐以求的"新人类"。它不仅仅是纳粹德国生育计划的目标,也支持了好莱坞的明星崇拜和时装行业。

这个新生代(或文艺复兴运动)不仅把人文主义的个人观念、世俗观念结合起来,它还包含了一种现实主义精神。从绘画中可以看出,极力要表达事物的本来面貌。过去的绘画里,所要表达的是宗教信仰的观念,因此无论人、动物或植物的细枝末节是不受重视的。从14世纪起,即人文主义文化的初期,画家们就力图撇开道德上、宗教上的先入之见,使现实本身再现出来。于是,凭眼睛能够观察测量的距离、透视深度、颜色甚至丑恶,都被表现出来了。这是欧洲绘画艺术中开始运用透视法的时代。在雕塑中也一样,过去1000年里,首先,雕刻只是建筑上附属的装饰,并不是要表现一个真正站着的人;其次,所表现的只是人的类型,男的或女的,神职人员、贵族或农民。现在,要表现的是已经取得独立地位、可以自由行动的人。人个体化了,如果需要,就表现在走、在跑、在打仗的人,而且要表现具体的人的面貌。

(选自彼得·李伯庚:《欧洲文化史》上卷)①

(五)推荐阅读

1.哈伊.意大利文艺复兴的历史背景[M].北京:生活·读书·新知三联书店,1988.

2.克拉克.艺术与文明[M].北京:东方出版中心,2001.

思考与练习

1.中世纪文艺复兴的人文主义特征是什么?

2.意大利文艺复兴即"人文主义"运动的三大发现及要点是什么?

3.人文主义或人文精神的标准定义是什么?

4.请完成下列练习

(1)20世纪80年代,中国社会的文化层面实现了由_____向_____的转型。

(2)关注人的存在,关心人的价值,肯定人的尊严,张扬人的自由性、_____、主体性,追求真、善、美的人生境界,这就是人文主义亘古不变的品质。

(3)"启蒙就是用(　　)开化民众,使其摆脱不成熟的状态。"——康德。

A.古典文化　　　　B.理性　　　　　C.科学技术　　　　D.宗教

(4)16世纪宗教改革运动被认为具有人文主义倾向的最主要原因是(　　　)。

A.打破陈规戒律,倡导思想自由　　　B.造成了基督教的分裂

C.创立了新教　　　　　　　　　　D.建立了一种新的宗教信仰

(5)中国20世纪90年代人文精神的指向是(　　　)。

A.提倡世俗化　　　　　　　　　　B.反对市场经济

C.复兴古典文化　　　　　　　　　D.倡导人生意义的神圣性

(6)文化世俗化的含义是(　　　)。

A.文化贴近生活　　　　　　　　　B.文化缺乏形而上的品质

C.文化的民主与自由性　　　　　　D.文化从宗教控制下被解放

(7)彼得·李伯庚在《欧洲文化史》中评价说:"对于人生的态度,渐渐倾向于世俗,倾向于人间多于倾向于神,倾向于现世多于倾向于来世。"这段话是对哪个时期人文主义运动性质的评价?

A.古希腊时期　　　　　　　　　　B.14世纪意大利文艺复兴

C.16世纪马丁·路德的宗教革命　　D.18世纪启蒙运动

---

① 李伯庚.欧洲文化史(上卷)[M].赵复三,译.上海:上海社会科学出版社,2004:231-248.

第四章 人的本性及人文本质

> 人应尊敬他自己，并应自视能配得上最高尚的东西。
>
> ——黑格尔[①]

(一)知识目标

了解各种关于人的定义并理解其内涵。

(二)知识导图

```
柏拉图：人是灵魂的存在                        马克思：人是社会的动物

亚里士多德：人是政治的动物                     海德格尔：人是语言的动物

孔子：人是伦理的动物                          卡西尔：人是使用符号的动物
                        人的本性及
                        人文本质
笛卡尔：人是思想的动物                        克尔凯郭尔：人是分裂式的存在

康德：人是理性的动物                          弗洛伊德：人是精神病理式的存在

黑格尔：人是精神的动物                        加缪：人是荒谬的存在
```

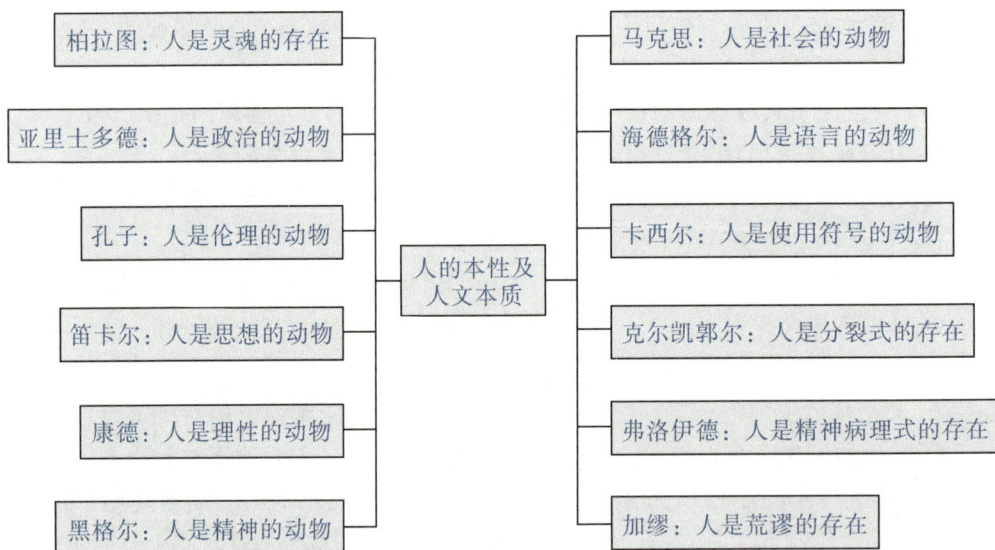

① 黑格尔.小逻辑[M].贺麟,译.2版.北京:商务印书馆,1998:36.

（三）知识要点

1. 人文素养教育的理论背景——人的本质探析

在前几节我们基本解决了两个问题：一个是人文素养的内涵；一个是人文主义发展的历史。接下来，我们即将进入本课程最重点也最庞大的问题群——推进人文素养教育工程的背景。对这个问题的讲解我们将涉及三个层面：

第一，人文素养教育工程的实施意义；

第二，人文素养教育的现状问题；

第三，推进人文素养教育工程的可能性问题。

通过将这三个问题进行整合，我们从两个角度展开研讨：第一，在理论层面，我们之所以推进人文素养工程，是因为在知识论层面它具有合理性和合规律性；第二，在现实层面，当代中国发展中的很多实际问题，例如社会文化发展状况、高等教育发展的状况等给我们提出了很多严峻的问题。如果这些问题没有得到很好的解决，那么将来对我们的民族振兴、社会发展会带来极大的负面效应。综合以上两个视角，我们认为人文素养教育工程是一个具有丰富的理论意义以及现实意义的人类学工程。

我们之所以提出推进人文素养教育工程，是因为我们在理论上认定这是合规律性和合目的性的一种人的培育方式与人的存在方式。正像我们在前几章一直表述的那样：人文主义关心的是人，着眼点是人，聚焦点还是人，根本要解决的仍然是人。那么人到底是什么？人是动物吗？是。那么人和动物之间是同一种系吗？不是。人和动物之间的区别是什么，我们可以用一句话来概括——人是一种人文动物。关于人这种人文动物，我们想要更为深入地去了解他，深入地分析冠以人性之上的"人文"这个概念的具体内涵，从而让人类对自己有更为清晰的认知，我们首先要明晰人的本质究竟是什么。

人是什么？这是一个古老的哲学命题。古往今来，不知有多少思想家为它耗费了大量的脑蛋白。过去我们说了很多，将来还会一直说下去。如今，即使简单梳理一下，我们也能够勾勒一个宏大的轮廓。

关于人的本质问题的思考，几乎是与古希腊哲学的诞生同步的。古希腊思想家柏拉图认为，人是一种灵魂的存在。所谓灵魂的存在，就是说对于人来讲，灵魂存在才是一种至高存在。在柏拉图的观念里，人生的根本目的就是寻找到摆脱肉体的桎梏的方法，让灵魂超越肉体的束缚从而达到自足的境界。所以，灵魂成为柏拉图关于人的本质的一个定位点。

与柏拉图不同，亚里士多德将人定义为一种政治动物。在《政治学》这本书中，亚里士多德写道："人主要依靠参加公共社会生活以增长理性，所以人是一种政治动物。"但是我们必须知道，亚里士多德所说的"政治"这个概念，和我们今天政治学意义上所讲的"政治"和"政治学"还不完全相同。对于古希腊人而言，尤其是对于处于公民阶层的这些古希腊先哲而言，充分地参与国家事务，并在参与国家事务的过程中建立与他们的交往、充分表达自己的观点，这些都是政治的内涵。亚里士多德也是依此将人定义为一种政治动物的。政治性成为亚里士多德定义人的一个关键词。

对于人的本质问题的思考不仅仅限于西方先哲，中国哲学对这个问题也给予了充分的关注。比如，中国的儒家学派代表人物孔子谈"仁者爱人"，人的本质乃为仁也。中国古老而经典的儒家文化认为君子应恪守"仁、义、礼、智、信"这五字箴言，实质也就意味着遵守基本的社会伦理制度是人的本分。因此，孔子认为人是一种伦理动物。

到了近代，关于人的本质的思考进一步延伸。法国哲学家、数学家笛卡尔认为人是思想的动物。他的名言"我思故我在"，就清晰地表述了笛卡尔关于人的本质的意识。"我思故我在"这个极具影响力的哲学命题可以说影响了西方人学 1000 多年，以至于在他之后，比如帕斯卡尔所说的"人是一支会思想的芦苇"也不过是笛卡尔"人是思想的动物"的另一种翻版而已。另一位伟大的思想家康德则提出"人是理性的动物"的命题。康德的三大批判书，从《纯粹理性批判》到《实践理性批判》再到《判断力批判》，始终把人定位为一种理性的动物，即使是在《判断力批判》这部美学著作中，他依然延续表达了这一观点。我们知道美学这门学科也可以说是一种感性人类学，但在康德的眼中，人在审美过程中仍然存在着理性的维度。此外，还有黑格尔所说的"人是一种精神动物"、马克思所说的"人是一种社会的动物"等观点。

进入 20 世纪，西方哲学虽发生了重大转向，但这种转向在关于人的本质的界定这个问题上并没有产生太大的影响。20 世纪最伟大的哲学家之一海德格尔就认为："人是语言的动物。"海德格尔将人的本质定义为语言，这个观点远远超越了前人。但仔细分析一下，我们可以发现海德格尔的这个命题的大背景仍然还是西方传统哲学。人是语言的动物，那也就意味着人通过言说、通过语言的加工而进入世界、把握世界。海德格尔屡次重申"语言是存在的家园"这个命题，认为语言之外无世界存在。人使用语言进行社会交流，通过语言进行社会合作，通过语词走近世界，这些都是人类高级的理性活动。当人的理性意识没有健全之前，这种秩序化的语言生活不可能存在；又或者说，当人的意识还没有完全清晰之前，语言不可能产生。人类的语言和人类的意识几乎是同时向前发展的。所以说人是语言的动物实际上仍然代表着人是理性的动物。还有一位我们比较熟悉的著名哲学家恩斯特·卡西尔，他在《人论》这本书里面提出一个极具个性的观点："人是使用符号的动物。"卡西尔所说的符号包括历史、语言、神话、宗教、艺术这几大类文化。所谓使用符号的动物其实也就意味着人正是通过这些符号建构了人的世界。

除了上述这些经典命题，我们再来看一组稍微极端的表达，某种程度上我们甚至可以认为这些观点是与主流哲学思想不相容的。丹麦著名哲学家克尔凯郭尔认为，"人不过是一种分裂式的存在"，即人是肉体和精神的分裂、自我和社会的分裂。首先，我们可以将肉体和精神的分裂理解为人类无限的精神与有限的肉体的矛盾。每个人都拥有一个生物学的身体，这个生物学的身体是一个有限的存在物；但是人的精神具有无限性，因此无限的精神不甘于被这个有限的生物学身体所限制，所以在固有性和超越性之间产生了矛盾，并造成人的各种困惑与痛苦。其次，人的另外一种分裂存在于自我和社会之间。举例来说，一个人完全熟悉社会规则，在社会生活当中能游刃有余、从容自如，能够融入不同的社会团体、结成不同的社会联盟，成为社会公认的一个好人。这个人表面上看来很合格，但实际上他却丧失了他自己：人在成为一个合格的社会人的时候却往往会丧失自我人格。正如西班牙哲学家加塞特曾经表达过的："在社会当中根本无所谓人性，只有人在独处时人性才是正常的。"对克尔凯郭尔这种人学理论稍做分析就可以看出，克尔凯郭尔并不是想要否认人是理性的，他反而在重申理性在人的生存、生活、生命历程当中占有重要的位置。

我们再来看"精神分析学之父"弗洛伊德的观点。弗洛伊德把人理解为"一种精神病的动物"或者说是"精神病理式的存在"。在弗洛伊德看来，我们这个社会上的大多数人都是一种精神病理式的存在。弗洛伊德认为人是意识和无意识的合成体，意识是我们清醒的、清晰的、清明的思想；无意识则是在我们意识之下的心理生成的那些各种各样的情结、各种各样的思想残余。意识和无意识的矛盾在人性中尖锐对立、不可弥合。在正常情况下，我们始终保持着清晰的意识、清晰的自我，所以我们能够像一个正常的人那样按照社会的规则去行事；但是当我们意识突然懈怠了、疲惫了的时候，就给无意识留下了活跃的空间，这时它就会窜出来进入我们的大脑和心理空间，摧毁我们的意识，其中最典型的表现就是梦。每个人都会做梦。梦是什么？我们平时常说昼有所思夜有所梦，但其实梦中的信息来源于我们长期思考却没有想透、想要表达却又被压抑下来、注意过却又没有进行细加工的信息。虽然我们没有有意识地去提取这些信息，但它们并没有消失，而是随着人的注意力的转移而转移至大脑的深层变成了无意识。在我们意识清晰坚定的时候这些无意识被压抑着，但在我们的意识松懈的时候，这些无意识的信息就会蠢蠢欲动，突然间冒出来形成各种各样的表征。所以我们发现人晚上会做各种各样的梦，有的梦浮想联翩，有的梦怪异恐怖，还有的梦不堪入目。这就是因为我们在梦里被无意识所控制。人的存在其实就是一场意识和无意识间的无情斗争，尤其是无意识有的时候会突然冒出来摧毁我们的理性，让我们感到羞愧、窘迫，让我们焦虑和不安。因此弗洛伊德认为人终究是一种精神病理式的存在。

法国的一位思想家加缪则从另一个角度为"人"下了一个定义："人是荒谬的存在。"荒谬，就意味着在个体生活进程中，我们并不能按照我们所预定的这种规则和预察来行事。现实状况通常以一种荒谬的方式改变我们自认为设计得非常合理、理想的行为方式，这就叫荒谬。比如，一个浪荡子不务正业多年，但是一次机缘巧合，使他突然觉悟，认识到人应当追求高尚的理想，于是他下定决心要成为一个有价值的人，要为崇高的理想而献身。可当他准备付诸实践时，却突然发现他得了一种不治之症，命不久矣。这不就是荒谬吗？我们之所以感觉到荒谬，是因为我们的理想和现实之间撕开了太大的裂缝。在现实生活中，生活常常跟每个人开这种或大或小的玩笑，所以加缪说人总是在和荒谬打交道，因此人是一种荒谬的存在。

除此以外，还有很多关于人的本质的表述，这里我们仅仅列举了一些最具代表性也最经典的例子。梳理这些观点并不是为了展示古今中外是如何言说人的，我们的目的只有一个，就是寻找到这些观点的共性，从而剥茧抽丝挖掘到人最具代表性的特质。我们再重新回顾和反思一下刚才列举的种种人的定义。可以发现，这些表述尽管句法形式不同、修辞方式不同，但它们的深层语义却是相同的，即人是一种理性的动物。我们对于理性、灵魂、思想、精神的追求不就是我们的人文追求吗？我们通过语言和符号来组织生活、组构世界，所组构的也正是一个人文世界。甚至包括克尔凯郭尔、弗洛伊德和加缪对于人所下的定义都可以归结为一点：人是一种人文动物。

(四)知识延展

从"人"谈起

在大学生辩论赛中，有过这样一个论题："人类最大的敌人就是人类自己"。

这论题真有点禅宗"当头棒喝"的味道，令人震惊而又发人深省，不能不让人反躬自问：人类最难认识的是什么？人类最难控制的是什么？人类最难战胜的是什么？给人类造成最大危害的是什么？人类面对的最大难题是什么？

经过认真思考，首先我们就会承认，人类最难认识的正是人类本身。

古希腊哲学有一句脍炙人口的名言——"认识你自己"。20多个世纪过去了，人类创建了灿烂辉煌的人类文明，然而人类对自己的认识又是如何呢？在本世纪(指20世纪，编者注)50年代，我国著名学者梁漱溟先生曾感慨万千地说："科学发达至于今日，既穷极原子电子种种之幽渺，复能以腾游天际，且即攀登星月，其有所认识于物，从而控制利用乎物者，不可谓无术矣。顾大地之上人祸方亟，竟自无术以弭之。是盖：以言主宰乎物，似若能之；以言人之自主于行止进退之间，殆未能也。"[①]

古往今来，无数智慧的头脑在追问人的本质，探索人的本性，寻找人生的意义与价值；每个正常的普通人也总是以"像不像人""够不够人"乃至"是不是人"来反躬自问和评论他人。"不是人"，这大概是最刻薄的骂人语言。然而，究竟什么是"人"？

《辞海》和《词典》给"人"下的定义是："能够制造工具并使用工具进行劳动的高等动物"。学过形式逻辑的人都知道，这是一个所谓"属加种差"的标准定义，即：人"属"动物，与其他动物的"种差"则在于"能够制造工具并使用工具进行劳动"，因而是"高等动物"。显然，这个定义表述的是把"人类"与其他"动物"区别开来的"类特性"。在"类"的意义上，这个定义或许是无可非议的(迄今为止，似乎还没有更为恰当的关于"人类"的定义)。

然而，"人类"的特性是每个"类分子"所共有的，即使是那些仅仅"使用工具"而并不"制造工具"的"类分子"，以至那些"丧失劳动能力"或"不劳而获"的"类分子"，也不会因为不符合这个关于"人"的定义而被视作"非人"。人们扪心自问或指斥他人"是不

---

① 梁漱溟.人心与人生[M].上海:学林出版社,1984:1.

是人"的问题,似乎与关于"人类"的定义并无关系。"人"的问题另有深意。

"人"总得有"人性""人情""人格""人味"。"泯灭人性""没有人情""丧失人格""缺少人味",这大概才是所说的"不是人"。然而,人究竟有哪些"性"(性质、特性)?人到底有哪些"情"(情欲、情感)?怎样品评人的"格"(做人的资格)?如何鉴别人的"味"(不是与禽兽为伍的感觉)?这大概已经是不大容易讲清楚的。

进一步说,人是"性本善",还是"性本恶",抑或"非善非恶"?人的"情欲"和"情感"该抑,该扬,或是任其自然?人的"品格"乃至"资格"是亘古不变的,因时而异的,还是"万变不离其宗的"?人的区别于禽兽的"味"是逐步"进化"的,还是不断"异化"的,抑或是没有变化的?这大概更是众说纷纭了。

再进一步,每个人的"性""情""格""味"总是在与他人的关系中比较鉴别出来的,因而又提出"人群""人伦""人道""人权"的问题。然而,人究竟何以为"群"?人到底怎样成"伦"?人之"道"何在?人之"权"何义?这恐怕更是"见仁见智"了。

如果不是抽象地谈论人之"性""情""格""味",而是具体地考虑到人的"历史性""民族性""时代性"等,"是不是人"的问题就会更加错综复杂,扑朔迷离了。

人类最难认识的是自己,因而人类最难控制的也是自己。

人类曾经是自然的奴隶。"征服自然""做大自然的主人",一向是人类的理想和追求。近代以来,特别是本世纪中叶以来,这种理想在某种程度上变成了现实。然而,准备"跨世纪"的人类却面对着空前严峻的"全球问题":环境污染,生态失衡,人口爆炸,粮食短缺,资源枯竭,能源危机,毒品泛滥,性病丛生,南北分化加剧,地区战争不断,恐怖主义嚣张,享乐主义盛行……于是:"治理环境污染""保护生态平衡""与大自然交朋友"之声不绝于耳;"缉拿毒品走私""防止性病蔓延""惩治恐怖主义"之举遍及全球。然而,这些呼唤与"举措"是否能够解决日趋严峻的"全球问题"呢?

1992年,我国著名社会学家费孝通先生曾在《读书》杂志发表《孔林片思》一文认为"全球问题"是人类能否"共存共荣"的问题,其中"共存"是"生态"问题,"共荣"则是"心态"问题,共存不一定共荣,所以"心态研究必然会跟着生态研究提到我们的日程上来"。

"心态"问题似乎难于"生态"问题。这是因为,"生态"问题本身属于"形下"问题,其是非曲直、善恶美丑大体可以给出或"是"或"否"的回答。比如,环境污染是否必须治理,奇珍动植物是否应该保护,人类自身生产是否需要控制,核战争是否必须制止,人们从自身的生存与发展出发,总有一个判断的根据和评价的尺度,因而也就有控制自身行为的准则。然而,人们却并不因此就按照"应该"的行为准则去解决包括"生态"问题在内的全球问题。这其中的重要根源,就在于"生态"问题并非仅仅是采取哪些行动去治理环境污染和保护生态平衡的问题,而是无孔不入地渗入了制约人类全部行为的"心态"问题。

"心态"问题之难,难在它是"人"的问题,是"人心"的问题。中国有句成语叫作"人心叵测"。这倒并非说人人各自"心怀鬼胎"。不过,人人总有"心照不宣"的"心想事成"甚至"痴心妄想",因而总是难以"以心比心""推心置腹""心心相印"。那"心有灵犀一点通"所"通"的也往往是"心照不宣"的"各揣心腹事"。倘若人们以这种"心态"去对待"生态"问题,就会以局部利益牺牲整体利益,以暂时利益牺牲长远利益,甚至以一己私利牺牲人类利益。因此,"心态"问题之难,首先是难在它包含着遮蔽"良知"的利益冲突问题。

"心态"问题之难,又难在它不是"生态"的"形下"问题,而是牵涉着混沌"良知"的"形上"问题。所谓"形上"问题,总是人类实践、人类生活和人类历史中的"二律背反"的问题,因而使人感到困惑难解和深不可测。比如在知识界中热了又热的文化问题。人类的历史本是"文化"或"人化"的过程,即把"自然的世界"变成"属人的世界"的过程。而"文化"或"人化"就是"人为"即"伪"的过程,也就是愈来愈远离"自然状态"的过程。在这个过程中,既有马克思所说的人在"神圣形象"中的"自我异化",也有马克思所说的人在"非神圣形象"中的"自我异化"。盛行于当代的所谓"后现代主义",就把"科学技术""意识形态""主人话语""权力隐含""基础主义""中心主义"等统统指斥为当代人"自我异化"的"非神圣形象"。因此,当代人极力探讨"文化"的正、负效应问题。可这"文化"的正、负效应又总是"剪不断,理还乱"。只从"负"效应去看,那就只好是什么也别做;只从"正"效应去看,那"负"效应又无可逃避地危及人的生存与发展。这正如一首歌里所说的,人们总是"得不到想要的,又推不掉不想要的"。然而,人们又总是费尽心机地去争"想要的",千方百计地去推"不想要的"。人类最难控制的,莫过于人类自己的行为。

人类要控制自己,就要战胜自己。巴金先生曾经译过德国革命作家鲁多夫·洛克尔的一本书——《六人》。这部书为我们展现了人类心灵的搏斗和战胜自我的艰难。

在这部有如"一曲伟大的交响乐"的著作中,洛克尔以其独到的思想和凝炼的文笔"复活"了六个文学形象,这就是:歌德的诗剧中的"浮士德",莫里哀的话剧中的"唐·璜",莎士比亚的诗剧中的"哈姆雷特",塞万提斯的小说中的"唐·吉诃德",霍夫曼笔下的"尚麦达尔都斯"以及18世纪德国名诗《歌人的战争》中的歌者"冯·阿夫特尔丁根"。

在这六个文学形象中,对于中国读者来说,浮士德、哈姆雷特和唐·吉诃德曾经使几代青年浮想联翩,激动不已。而在洛克尔的笔下,似乎是凝聚了人们的感慨、联想与沉思,并升华为对"人"和"人性"的反思。

(选自孙正聿、李璐玮:《现代教养》)[1]

(五)推荐阅读

1.库利.人类本性与社会秩序[M].北京:华夏出版社,1989.

2.朱光潜.朱光潜美学文集:第二卷[M].上海:上海文艺出版社,1982.

***

[1] 孙正聿,李璐玮.现代教养[M].长春:吉林教育出版社,1996:3-8.

思考与练习

1.为什么人对人的本质定义如此多元?

2.弗洛伊德说"人是精神病理式的存在"为什么具有人文向度?

3.请完成下列练习

(1)孔子认为人是_____的动物。

(2)人是一种人文动物。康德认为人是理性的动物;海德格尔认为人是_____动物;卡西尔认为人是_____动物。

(3)亚里士多德认为人是( )的动物。

A.政治 B.语言

C.符号 D.社会

(4)克尔凯郭尔认为人是( )的存在。

A.荒谬的 B.精神病理式的

C.分裂式的 D.灵魂的

(5)古今中外的哲学家尽管句法形式不同、修辞方式不同,但它们的深层语义都指向人是一种人文动物。其中,"人是思想的动物"是( )的表述?

A.亚里士多德 B.笛卡尔

C.康德 D.黑格尔

第五章　人文动物与人文修养

> 我相信不朽,不是个人的不朽,而是宇宙的不朽。我们将永垂不朽。我们的肉体死亡之后留下我们的记忆,我们的记忆之外留下我们的行为,留下我们的事迹,留下我们的态度。
>
> ——博尔赫斯[①]

(一)知识目标

1.了解人存在基础,即人的生物性和文化性;并在深入了解人文知识与人文修养的关系后,理解为什么人作为一种人文动物,在人自身、社会及历史范围内依然存在非人文因素。

2.充分了解自然动物、社会动物与人文动物的内涵与区别。

(二)知识导图

人文动物与人文修养

- 人文性并非人类生命的全部实体,人是生物性和文化性的合成体
- 人文知识不等于人文修养
- 人存在的三种状态
  - 自然动物
  - 社会动物
  - 人文动物

---

① 博尔赫斯.博尔赫斯散文[M].王永年,译.杭州:浙江文艺出版社.2001:93,99.

（三）知识要点

1. 人文性并非人类生命的全部实体，人是生物性和文化性的合成体。

人的生命到底是什么？

现代生命科学越来越清楚地意识到这一点：所谓生命，也不过是以特殊而复杂的形式结构起来的物质。不论是人的生命还是动物的生命都是如此。这一发现对于人类和关于人类生命研究的所有科学来说都具有十分重要的意义。尽管这可能令人类——这个自诩为地球上最高贵的物种——有些失尊，即我们从中得到了这样的信息：人在生物学意义上说，和其他生命体一样，属于一个家族共同体，在我们身上，具有永远不可泯灭的动物性。

从自然科学的角度而言，物理运动与生物性秩序自然是无所谓善恶美丑的，价值评判体系应该仅是人类社会的臆想。但作为一种精神动物，我们不仅拥有真实的物理世界，我们的精神世界也是真实存在的。甚至在某种程度上，我们更加依赖我们的精神世界，我们在世的幸福与慰藉总是由知觉与情感补给，而不是那些冰冷的物理秩序和理性逻辑。

虽然生物性不等于非人文性，但在某种程度上，生物性不可避免地成了非人文性的诱因。我们可以用弗洛伊德的精神分析理论中的"生本能"来简析生物性。简单来说，生本能（生物性）可以分为自我本能（自我保存）和性本能（繁衍），整体表现为一种生存的、发展的、爱欲的驱动力量，它代表潜伏在生命自身内的一种进取性、建设性和创造性的动机性内容。这种本能的力量对于普通生命而言是排山倒海般的，唯有拥有坚强意志力的人才能战胜生物本能的支配，这也表明人必然是不可避免地终身缠绕在欲望与克制之间。

人的在世首先是一种物质性的存在，而不是天上飘过来的"灵魂"落到一个木偶身上。物质是精神产生的必要条件，人在世的基础也是身体而非思想。对于人来说，身体绝不仅仅是一坨肉、一堆骨头；它还是生命，也是灵魂的寓所、生活的基源。心灵、灵魂、精神这些所谓高级的生命机能，不过是我们身体感觉状态的一种映射："心灵之所以存在，是因为有身体给它提供内容。"①人类的哲学、美学、伦理、宗教等形上之生活，也都是繁衍在身体这块丰沃的机体之上的，所以，人的生物性的根基仍然是不可动摇的。

综上而言，人是生物性与文化性的合成体。在人类身上，意识和无意识、善和恶、人性和非人性的东西，始终是混杂在一起的，即人文性和非人文性始终是相互杂糅的。当人文性在个体身上占据上风时，其身上所表现出来的则更具人文色彩；当非人文性

---

① 达马西奥.寻找斯宾诺莎：快乐、悲伤和感受着的脑[M].孙延军，译.北京：教育科学出版社，2009：127.

在个体身上占据上风时,其身上所表现出来的则更具非人文性。

2. 人文知识不等于人文修养

我们都知道人文知识是人文素养教育的重要内容,但这不代表拥有丰厚人文知识的人必然就是具有人文精神、人文情怀和人文关怀的。知识是可以传递的,它仅以一种中立的文化形态存在,我们对它的加工、使用、开发和再分配取决于我们的"心理图式"(个体通过信息加工、编码、储存而建构起来的心理空间,如概念系统、意义体系、人格理想、价值信仰等)。

文化心理学研究告诉我们,个体早期的心理图式以及人格结构的形成并非源于个体有意识的精神修炼和理论教育,而更多的是个体在各种感性信息刺激下无意识形成的一种心理/精神倾向,即个体通过有意或无意地接受其认知水平允许接受的信息体式——感性、形象信息,并通过无意识地模仿、想象、幻想、移情而形成。从人格心理学意义上说,信息就像一块人格模板,影响着人们像马雅可夫斯基所说的"照着谁的样子来生活"。正是通过对艺术品和历史中的人物、场景、意境等信息的知觉与表征、意义编码与建构,人的心理图式构造成型。经常聆听莫扎特的音乐,会使我们变得平和乐观;经常聆听舒伯特的乐曲,会使我们变得沉郁内向;经常阅读卡夫卡的小说,会使我们变得以荒诞的视角审视生活与世界;经常阅读冰心的散文,则会使我们变得纯净圣洁。

信息对群体人格的影响也是如此。盎格鲁—撒克逊民族早期那种乐观开朗、开拓向上的精神风貌,是和惠特曼的诗歌、爱默生的散文的影响分不开的;20世纪60年代"垮掉的一代"的畸形人格,同这个时期美国文化中流行的荒诞艺术、怪诞艺术、颓废主义等对青年人的心理、人格模塑有着十分密切的关系。正如丹尼尔·贝尔所分析的那样,这一时期的艺术主题是反理性,表现形式是狄奥尼索斯的情绪冲动与幻想放纵,展现的人类生命与生活是荒诞、怪诞、虚无、精神分裂以及龌龊得令人恶心的生理现象。正是这种艺术,造就了"垮掉一代"的群体人格特征。近代中国乡土社会流行的忠孝节义、豪侠仗义的戏曲、小说、故事,也同样塑造了近代中国农民忠厚仗义、豪爽侠气的群体文化心理。

上述分析给我们的启示是:人类创造的人文知识只是为人的人文素养提供了信息环境,但它并不能决定人的人文素质的形成。人文素质是人文知识教养的结果。

3. 自然动物、社会动物、人文动物

(1)自然动物:以大自然嵌套自动化生命管理装置系统维系存在,只遵循最基本的生物本能。

(2)社会动物:遵循社会规则、规律,以组织、制度形式维系存在。

(3)人文动物:按照伦理、审美、信仰准则智慧而诗性地存在。

我们可以把这三种动物简单地理解为人存在的三种状态或境界。

自然动物往往指那些只是顺着本能做事的人,他的生命活动只是按照大自然给予他的生物指令做事，用神经生物学的语言来表述，也就是他只是在"核心自我"意识的指导下进行生命活动。这种生命存在状态是人与动物共有的，所以我们称之为"自然动物"。在社会结构中，纯粹的处于"自然动物"层次的人并不存在。它只是那些"自传体式自我"没有发展起来的孩童的一种生命实相，或我们维系生命存在与延续而不断涌现的元初状态。

社会动物即随着个体生命活动的展开，人与环境的互动，个体的"自传式自我"开始产生，人开始接受社会符号学秩序的规训，遵循社会的制度和规则而逐渐适应社会，成为弗洛姆所说的"社会组织人"。严格来说，"社会动物"这一层级人的生存境界，还不能算是理想的存在，而是一种"高级生物本能"活动。通过社会生物学的研究，我们在许多动物群体中也都能见到这种"社会性"行为的低级版本，或者说"社会性"并不能成为区分人与动物的清晰界限。

人文动物则标志着人与动物的根本区别。也正是这样的区别，我们才说人文动物不仅是我们的一种属性，也是我们人之为人的根本追求。我们过去往往把人文追求、人文信仰、人文目标、人文理想等，当作我们的一个奋斗的方向来努力，当作一种精神的乌托邦来追求。在如今看来这样的理解是有偏差的，它不仅仅是我们的一种目标和理想，更是我们的品质和属性，是我们人之为人的最基本的元素。换言之，我们之所以是人，而且成为这个地球上高于其他物种的智慧生命，就是因为我们的生命里面有着人文基因，流淌着人文血液，贯穿着人文信息。也正是它们，才使我们能够跨越自然的栅栏，跨越时间的屏障，跨越空间的阻隔，形成了人类共有的精神。我们来自不同的地域，有着不同的文化传统，但我们都有着共同的信念——博爱、自由、创造、尊重。也正是这些信念，构成了人类最基本的美德、最基本的品质、最基本的人文性。正是这种人文性的存在，我们这个世界才是一个人的世界，才是一个有意义的世界，才是一个可以供人的灵魂自由遨游的世界，我们才能像荷尔德林所说的那样，诗意地栖居在大地上。

(四)知识延展

人类的状况

人类，就其身体及其生理机能而言，属于动物王国。动物的活动受一定的行为模式的支配，而这些行为模式又是由其遗传的神经构造所决定的。动物所处的发展等级越高，其行为方式就越具有灵活性，其生来具有的结构的适应性也就越不完全。在较高级的灵长目动物中，我们甚至发现它们具有相当高的智力水平，那就是运用思维来达到既定的目标，从而使动物能够远远超越由本能所控制的行为模式。但是，尽管它们在动物王国中有巨大的发展，一些固有的生存因素依然是不变的。

动物按照自然界的生物法则而"生活"，它是自然界的一部分，从未超越于自然之上。它没有一个有道德的自然的良知，没有自我及自我存在的意识，没有理性，如果理性是指具有透过由感觉控制的表象从而理解表象背后的本质的能力的话。所以，动物没有真理的概念,即使它们或许有关于什么东西有用的概念。

在动物进化的某个特定的点上,出现了一个独特的突破,这一突破的意义可与物质的首次出现、生命的起源以及动物的第一次出现相提并论。在进化的过程中,当行为不再受本能控制,对自然的适应失去其强制的特性,当行为不再受遗传机能的支配,当动物超越自然,超越纯粹的生物消极作用,从生物学角度而言,当它成为最无助的动物时,人类便诞生了。这时,这种"动物"依靠直立行走把自己从自然中解放出来,他的大脑发育远远超过了最高等的动物。人类的诞生可能持续了几十万年,但是更重要的是一个新的物种诞生了,超越了自然,生命开始意识到了自我的存在。

自我意识、理性与想象打破了动物存在的特征:和谐。他们的出现使人类成为怪异之物,宇宙的畸儿,他是自然的一部分,臣服于他的物理法则而不能改变他们,在其他方面他却能超越自然。他是自然的一部分,却又与自然分离;他无家可归却又与其他动物分享共同的家园。在偶然的地点与时间他被抛入这个世界,同样偶然地,他又被迫离去。由于具有自觉的意识,他认识到自己的无能与存在的极限,他预见到他的归宿——死亡。他从来不曾能够摆脱自身存在的两难境地。他不能摆脱他的思想,即便他想这样做;只要他活着,他就不能摆脱自己的肉体——他的肉体又使他想要活下去。

人的进化基于这样一个事实,那就是,他失去了原初的家——大自然,而且永不能返回,永不能再变回动物了。他只有一条路可走:从自然家园中走出来,去寻找一个新家——将世界改造为一个人类的世界,将自己变成一个真正的人,他创造了一个新家。

人类一旦产生,人类及个体就被迫离开了原先那种像本能一样确定的生存境况,而被抛入了一个变幻无常的、开放的状态之中。这里只有过去和死亡的未来是确定的,而死亡确乎是回到了过去,回到了物质的无机状态。

因此,人类的生存问题在整个自然界中是惟一的,如他过去那样,他与自然分离,却又在其中;他有几分神性,亦有几分兽性;他是无限的,却又是有限的。人必须去寻求解决其生存矛盾的新的方法,寻求人与自然、人与其同类之间更为高级的融合方式。正是这种需要成为人类一切精神力量的源泉,它促使人类产生情欲、情感和焦虑。

从我们对人类进化的认识可知,人类的诞生可以被理解为个体的诞生,当人超越了哪怕是最低限度本能地适应性时,他就不再是动物了。但他就像一个刚出生的婴儿一样无助,完全不具备生存的能力。人的诞生开始于人类家族的第一批成员,人的历史也是这一诞生的整个过程。人类花了几十万年的时间才迈出了人类生活的第一步,人类经历了巫术万能的阶段,图腾、自然崇拜的阶段,直到形成良知、客观性及友爱。在人类历史过去的几千年中,人类社会已经形成了关于真正诞生及真正觉醒的人的观念。古埃及、中国、印度、巴勒斯坦、希腊及墨西哥的古代哲人们以区别不大的方式阐述了这一观念。

(埃里希·弗洛姆:《健全的社会》)[1]

---

[1]　弗洛姆.健全的社会[M].蒋重跃,译.北京:国际文化出版公司,2003:18-22.

（五）推荐阅读

1. 米德. 心灵、自我与社会[M]. 北京：华夏出版社，1999.
2. 高长江. 艺术人类学[M]. 北京：中国社会科学出版社，2010.

思考与练习

1. 人文知识和人文修养的关系是怎样的？
2. 我们说"人是人文动物"，但是在人身上永远有着不可泯灭的动物性。人是生物性与人文性的合成体，那么人是如何调节自身的人文性与生物性二者之间的关系的呢？

第六章　人类生命的人文基质

> 　　我，一个过着我自己生活的人，与这些外化的结果相遇，且将这些外化的结果用作对我个人文化建构的输入，我将建构的结果外化，并因此成为别人集体文化的参与者。
>
> ——J.瓦西纳①

(一)知识目标

1.学习人类人文生命的生物学原理、人文生命的人类学-古生物学原理和人文生命的个体生命过程原理，把握人类生命的人文基质。

2.学习弗洛伊德的人格结构理论和马斯洛的需求层次理论，了解人类人文生命的文化-心理机制。

(二)知识导图

```
                          ┌─── 人文生命的生物学原理

                          ├─── 人文生命的人类学—古生物学原理

  人类生命的人文基质 ──────┼─── 人文生命的个体生命过程原理

                          ├─── 关于弗洛伊德的"本我、自我、超我"
                          │    三个概念的人文学解读

                          └─── 马斯洛需求层次理论
```

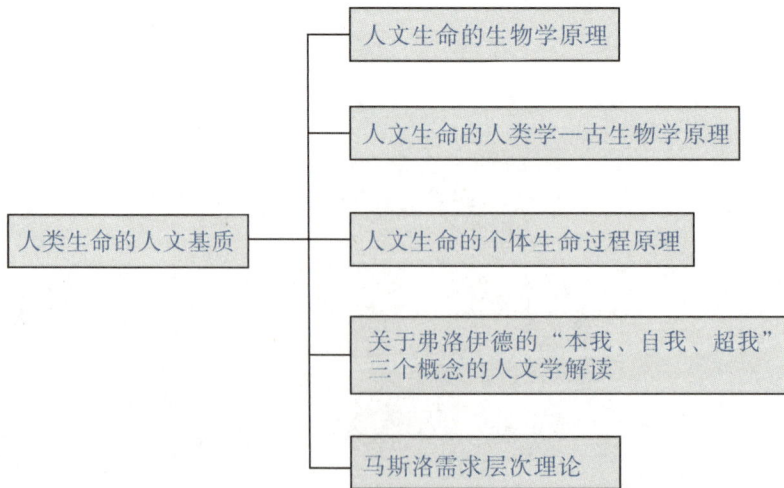

①　瓦西纳.文化和人类发展[M].孙晓玲,罗萌,等译.上海:华东师范大学出版社,2007:80.

（三）知识要点

1. 人文生命的生物学原理

从社会生物学的意义上说，生命就是由核酸-蛋白质组成的有机体。新陈代谢、生长、运动、生殖、遗传构成了生命与非生命的区别。生命本身充斥着一种生气和活力。

自然哲学家莫里茨·石里克曾说："生命为一些特殊的具有复杂结构的系统，它们被包含在物理世界图像的完美和谐秩序之中。"他所说的物理世界图像的完美和谐秩序主要指生物运动的规律和秩序。不过石里克的这个生命理论是普遍性的，适用于所有的生命。但人类生命的特殊性在于，人类的生命不仅仅被物理规则、生物秩序所支配，更重要的是它还受心理规律的支配，即人类的生命为意识、思维、想象等一系列心理活动所支配。

按照"新活力论"①的观点，这种心理规律被解释为灵魂的运动。灵魂对于我们每个人而言总是显得新奇又陌生，在我们的文化传统里，灵魂总是让人感觉神秘、难以捉摸。灵魂一直被宗教、神学所把控，成为了宗教和神学最宝贵的文化资源。但灵魂显然被神秘化，它并非我们所说的那种不可把握、不可理解的神秘物。灵魂其实就是人的生命活动现象，是人的意识、心理范畴的核心内容。简单地说，灵魂就是深度的精神，它是人的生命区别于动物生命的本质。从生命力论的角度来说，人类的生命之所以区别于普通动物的生命，是因为我们拥有灵魂，而普通动物仅仅拥有简单的意识。

在精神分析学上，人的精神一般分为三个不同的层面：第一层面是意识，指的是大脑的神经活动，即神经系统的规则运动；第二层面是心理，通过大脑复杂的信号加工、编码，形成心理经验；第三层面就是精神，它在意识、心理水平之上形成，表现为认知、意志、情感、信念等。

在精神运动方面，精神活动分为两个维度：一是向外扩张的维度，我们向外拓展，如探索、奋进、创造等精神活动；二是向下沉落的维度，即精神在沉静、反思中向自我的回归。第二个维度在心理学家特别是西方深度心理学家那里被指称为"灵魂"。

故我们也可以这样来理解，人因为灵魂而成为一种人文动物。灵魂就是精神的后花园，当人的精神向外扩张、向上逾升时，它给精神提供助力；当精神扩张遭遇挫折时，这个美丽的后花园把"精神"收留入内，静静地和它厮守在一起，温馨的气息使疲惫的精神得到怡养。正是因为这个"后花园"，精神才具有了它的韧度和深度，精神才不至于颠沛流离，无所依托。正是由于灵魂，精神才变得圆润与和谐，人类的生命才配得上"高贵"一词。

---

①　指关于生命本质的一种唯心主义学说。又名生机论或生命力论。生物体与非生物体的区别就在于生物体内有一种特殊的生命"活力"，它控制和规定着生物的全部生命活动和特性，而不受自然规律的支配。它主张有某种特殊的非物质的因素支配生物体的活动。

2. 人文生命的人类学—古生物学原理

从人类进化史的角度来说,自人类意识诞生的那一天起,人类就形成了清晰的自我意识以及自我与世界的关系意识。

曾获诺贝尔物理学奖的著名物理学家薛定谔在《生命是什么》一书中给生命做了一个简单的定义,即"人类有意识的生命,必然是一场不断地反对原始自我的斗争。"也就是说,人类的生命,自从意识发生以后,就产生了一种新的向度,即不断地反对原始自我。那么什么是原始自我?在神经学家、生物学家的理论里,原始自我指人靠最基本的遗传本能,靠大自然嵌套给我们的生命管理系统来维系整个生命的存在。当代神经科学界的领袖美国著名神经学家达马西奥把人的自我分为三个不同的层次:原始自我、自传体自我和文化自我。

原始自我是指推进生命运动的最基本的原始本能的那个"我"。比如,我们日常的睡眠、饮食、繁衍等。自传体自我则是人类陈述性的自我,指的是我们通过意识对环境信号的加工编码所形成的"我"的经验,包括如我是谁、我的父母、家庭成员、成长历程等一系列关于我的经历和社会情况的一种自我意识,它维系着关于"我"的一个最基本的认知坐标。很多失忆症患者并非没有发展起来的自传体自我,而是大脑中相应的神经组织在特殊情况下受到了病理性损伤,致使自传体自我的残损。还有一些阿兹海默症患者会出现不知道自己是谁、不知道自己的家庭住址等基本症状,主要是随着年龄的增长,身体机能的老化,大脑神经系统的退化,部分神经细胞的死亡带走了他的一部分记忆信息,造成其自传体自我的部分性缺失。

文化自我是我们在这个社会空间通过各种各样的社会文化符号建构起来的一种自我。它带有某种超越性甚至带有某种假设性、想象性。比如,我是某神灵、英雄或圣贤的后代。我们也可以将其视为通过文化想象构建起来的自我。

薛定谔所说的"反对原始自我"中的"原始自我"意即英国著名社会生物学家威尔逊所说的"利己主义"的生物性的"我"。"利己主义"是所有生物自我保存的本能,原始社会早期的人类也自然如此。由于"原始自我"对人类存在具有很大的破坏性,所以早期人类在反对"原始自我"的斗争中就发展出来"利他主义"。早期人类出于对自我与种系的保护,必然要牺牲一部分自我利益以维系团体的稳定与强大,即通过"利他主义"的发展,使自我获得更好的生存条件。利他主义即我们今天所说的伦理道德,其最基本的内涵是对他人负责,也就是列维纳斯所说的——我们对他人负有责任。

从古生物史和人类进化史的角度来看,自人类这一种系成为"人类生命"之日起,人文活动就成为其生命活动的主流——不仅仅是利他主义战胜了利己主义,还包括想象、希望,以及对自由、创造和美的追寻。

法国著名古生物学家德日进在《人的现象》一书中,详细考察了人类进化的历史。

按照他的观点,早在尼安德特人①的时代,人类就存在着生命的理性之火。尼安德特人与我们现代人的区别很大,虽然他们具有简单的"理性",但他们的理性只限于自我的生存,维系家庭、延续后代、满足于最基本的生殖需要。而在同时期的智人那里则发生了艺术与宗教。我们在山洞的岩壁上或墓葬里都曾发现晚期智人所刻画的各种各样的符号,即原始艺术。尽管我们大多认为这些符号可能是为了满足早期人类巫术活动的需要,但其实不止如此。这些原始艺术作品在满足基本生命需要的同时也给生命带来了审美、创造和自由的快感。此外,语言、神话、巫术等也都随着人类意识的清醒而成为人类对世界进行秩序化的符号。事实证明,在人类文化的童年,人类的生命就充满了人文气息。

因此,我们也可以得出这样的结论:自人类意识清醒的那一天起,人就开始不断地反对原始自我,即反对利己主义,扩张利他主义。人类的利他主义的出现在生物学上切切实实的是一个奇迹。所以说,人类的生命一开始就具有人文气息,尽管这里的人文意识和我们今天所说的人文主义、人文精神、人文关怀还有很大的距离,但是这种利他主义伦理向度的萌发已经将人类的生命导向人文的轨道。

3.人文生命的个体生命过程原理

当我们把视野从人类种系进化层面拉回到我们个体的生命历程,也会认为,人类的生命是人文性的。

当我们出生的时候,从来到这个世界的第一天起,我们首先接收到的信息就是人文信息,虽然此时我们并没有明晰的自我意识,但已经浸润在人文精神的洗礼之中。家里为我们举行诞生庆典,这是我们所接触的第一次人文性的活动。我们在母亲的怀抱里、在摇篮里,听着母亲唱诵的摇篮曲,慢慢地进入梦乡。

当我们成长之后,我们早期的社会化活动将个体抛入人文环境,比如在家庭、社区、学校里参加的各种各样的活动。这一过程被社会学家称为人的社会化。其实社会化所"化"者也正是人文文化。唱儿歌、表演历史剧、听社区的老者讲述社区的历史等。这些人文文化不断地在我们心里面灌输滋润,不断地生根成长,使我们形成了最基本的世界观和伦理意识。美国新精神分析学派的代表人物埃里克森用一个特殊的概念指称这一过程——"人的第二次诞生"。所谓第二次诞生,即通过各种各样的仪式化(游戏),使我们由自然人变为一个社会人,让我们逐渐蜕去原始的生物外衣,变成一个人文动物。

当我们成熟之后,比如说青年时代,我们开始接受各种校园教育和社会教育,不断地塑造我们理性的世界观。通常而言的教育往往指体制内的校园教育,其实人的一生都是不断地接受教育并完善自我的过程。我们在工作之余阅读小说、观看戏剧、聆听歌曲,也都是在接受教育。正是通过各种社会教育形成了我们的世界观、人生观、价

---

① 尼安德特人是一种在大约 12 万到 3 万年前居住在欧洲及西亚的古人类,属于晚期智人的一种。

值观。

到了老年阶段,我们的生活则需要艺术化。此时,我们的世界观基本成型,人生观基本稳定,而我们的生命也即将走向一个新的阶段。这个时候,我们需要人文来照料我们的灵魂。伟大的心理学家荣格曾经说过,一个年过六旬的老人,如果还不能聆听树上的鸟叫和身边小溪的水声,那么他就是个精神的木乃伊。他的意思是说,人到老年应当把对外的欲力撤回,转向自身,回归自我,如此才能保证老年人心理的健康和灵魂的安慰。

当人的生命接近大限即走向死亡的时候,他的亲人举行各种各样的礼仪把他送上永恒之路,播放安魂曲、哀乐,进行葬礼演说等,本质上都是一种人文文化。比如在藏传佛教地区、汉传佛教地区,人们会为死者举行临终关怀,通过诵念佛经,让死者安详地踏上永恒之路。在西方世界,基督教也有临终关怀仪式,在死者或临终者面前诵念《圣经》和赞美诗等。

综上所述,我们个体的生命过程贯穿着一条清晰的脉络,这就是人文精神、人文情怀、人文灵性。

4. 关于弗洛伊德的"本我、自我、超我"三个概念的人文学解读

人类生命之所以区别于自然生命,是因为人类生命中内含着人文元素。那么,人类生命的人文性在哪里呢?

我们就从心理学的角度对此做一解释。

精神分析学家弗洛伊德曾将人的精神结构分为三个部分:本我、自我和超我。

"本我"位于人格结构的最底层,是由先天的本能、欲望所组成的能量系统,包括各种生理需要。它与前文所说的原始自我有一定的相似性,指按照自己基本的生物本能来推动生命的运动,遵循快乐原则。它是潜意识和非理性的。人的"本我"本质上是一种生物学水平的"我"。

"自我"类似于我们之前所说的"自传体自我",指的是人的社会生命。它位于人格结构的中间层,是从"本我"中分化出来的。其作用是调节本我和超我的矛盾。也可以这样说,"自我"即指有意识的"自己",或者说"自我"是一个人出生之后,生命早期通过父母的训练和与外界打交道而形成的人格的一方面。在生命活动中,自我主要执行思考、判断的功能,使生命按照现实原则和逻辑、常识来行事,以符合社会需要。

"超我"则是一种人文生命,或者说叫文化自我。它指的是泛道德、伦理水平的那个"我"。超我是个体在成长过程中通过内化道德规范、社会及文化价值观而形成的,其机能主要是监督、批判及管束自己的行为,遵循道德原则,成就非凡人格。

按照弗洛伊德的理论,我们的生命就是"自我"和"超我"不断斗争的过程。"自我"力求最大限度地满足自己的欲望,但是"超我"又给我们提出了各种各样的限制和条件,比如宗教、伦理、社会规则和制度等。这些社会性的要求是强制性的,意味着人们必须要压抑和克制自己的一些原始本能。弗洛伊德精神分析学对于心理学的最大贡献就在于,他揭露了人的生命本身就是个矛盾体,不仅仅是意识和无意识,还有"自我"

第六章　人类生命的人文基质

与"超我"的斗争和对立。也正是因为自我被超我所压抑,所以很多人成了精神病患者。弗洛伊德在其晚期完成的《文明及其缺憾》一书中指出,我们的生命就是一场无穷的反对自我、消灭本我的斗争。文明的发展并不一定能够给个人的生命体验带来幸福。随着文明的发展,这个社会要求有一种高度的智慧,来平衡人类的"超我"和"自我"之间的矛盾。如此人才会有幸福而言,否则就会出现一种集体性的精神分裂症。

　　长期以来,弗洛伊德的精神分析学说一直被认为是一种唯心主义心理学。其实并非如此,如今我们看到,弗洛伊德对人性中三个"我"之间关系的深入探讨与分析,对于人类未来如何发展自我,形成健康自我的人格有着很大的启发。尽管我们说精神分析学不是真正的科学,它难以进行理论验证,但并不意味着它是伪科学,它不仅建立在大量的临床试验基础上,还融入了一个心理学家独特的想象和智慧。通过弗洛伊德的三个"我"的理论我们也了解到这至关重要的一点:人之所以出现各种各样的心理问题,是因为我们生命系统之中有大量的文化、人文元素。正是这些人文元素对我们的原始本能进行压抑、克制和削减,使人成为合格的社会公民;但这种人文社会理性也使一些人尤其是缺乏人文教养者付出很大的代价。不过,我们仍然可以说,这种代价是必要的,如此我们才获得了属人的"存在"。

5. 马斯洛需求层次理论

　　美国人本主义心理学家马斯洛的需求层次理论,因为是从现实社会中的个体的心理情境分析入手展开的研究,所以较精神分析学派以精神病患者的临床试验为样本所得出的结论而言,更容易被人们所接受。按照马斯洛的观点,人的生命需求基本上可以划分为五个层次,亦即生命需求层次理论。

　　第一是生理需要,指我们本能的生理需求,以维系我们最基本的生命保存与延续。生理需要的满足是人类一切活动的基础。

　　第二是安全需要,是每一个动物都具备的最基本的存在意识。如果说生理需要是生物机体本身的内在性需求,那么安全需要就是动物对于外在环境的基本需求,这种安全需要也可以看作生理需要的外延性需要。

　　第三是社交需要,亦即归属与爱的需要,比如在家庭、组织、社团等中寻求归属感。如果按照人本主义哲学,则每个个体都希求自由与个性,但是我们在社会生活中却难以脱离团体而独自生活。当今社会很多人都缺乏归属感,陷入空虚和孤单,原因就是在当今原子化社会的时代背景下,大部分人都疏于自觉构建日常生活中的归属感,如参加宗族、兴趣俱乐部、社区等的集体活动。

　　第四是尊重需要,即自尊和希望受到别人尊重的需要。这是我们维持自我人格稳定而有效地展开社会活动的基础。

　　第五是自我实现需要,即对自我价值实现的追求。它是人的最高级需要,是对自我价值和意义的肯定。马斯洛指出,人达到自我实现的时候,往往是一种极度狂喜的状态,我们瞬间似乎忘记自我与世界,灵魂直抵存在的本质。按照马斯洛的观点,世界上并不存在没有满足过自我实现需求的人,因为不能感知自我意义价值的人乃身处虚

043

无之中;无法肯定自我价值的人也无法建构自我人格,注定走向疯狂。这也就是说,自我实现并非可望而不可即的。在日常生活中,只要某一个细节能够打动我们,我们只要在这里面找到了自己的位置与意义,就都可以是自我实现需要的满足。

通过简单的梳理与分析,我们可以发现,在马斯洛的需求层次理论中,生理需要属于人的自然生命;安全需要、社交需要和尊重需要属于人的社会生命;而自我实现的需要则是人的人文生命。这是一个层层递进的阶梯,正是有了自我实现需要,正是人文性对我们的建构与驱动,我们才能够不断地探索、进取、创造,而这也是人之为人的根本品质。

综上所述,结论如下:人的生命是一种人文生命,是由人文元素所构造起来的;固然有人一生都没有什么人文追求,也不需要人文关怀,沉沦于世俗的快感而消磨一生,但这样的人生是枯萎、平庸、可怜的。他遗失了造物赋予人类的最宝贵的东西——感受存在的意义。

(四)知识延展

生命之根

现代文明创造了一个人工的世界。

人工的世界是现代人的生活世界。

耸入云天的高楼大厦是人工的崇山峻岭,呼啸奔驰的车水马龙是人工的湖海江河,纵横交错的交通网络是人工的森林原野,五光十色的灯火霓虹是人工的白日黑夜。

自然变成了遥远的旧梦,自然在现代人的生活世界中隐退了。

自然的隐退,使人感受到一种“分离”,一种“演员与他的布景的分离”,人的生命活动似乎是一场“无底棋盘上的游戏”。

自然的隐退,使人感受到一种“缺失”,一种“确定性”的缺失。“根基性”的缺失,人的生活像闪烁的霓虹一样不断地变幻着颜色。

于是,现代人在焦虑中形成了强烈的寻根求本的自我意识——寻求生命活动之根和安身立命之本。

那么,生命之根在哪里? 立命之本在哪里?

老子说:“人法地,地法天,天法道,道法自然”。庄子说:“天不得不高,地不得不广,日月不得不行,万物不得不昌,此其道与!”于是,老子向人们展示了“绝圣弃知”的“小国寡民”之美,庄子向人们讲述了“卧则居居,起则于于,民知其母,不知其父,与麋鹿共处,耕而食,织而衣,无有相害之心”的“至德之隆”,陶渊明还为人们描绘了一幅“结庐在人境,而无车马喧”的美好淳朴、自由自在的“桃花源”的图景。

在老庄的思想中,是人类的文明搅乱了物我并存、各得其性的自然生活,人的立命之根是原始形态的自然,人的立命之本是原始人性的自然。由此可见,老庄的“回归自然”,是要求向“自在”的自然的回归。如果老庄看到自然隐退的现代文明,真不知该是怎样的深恶痛绝。

　　然而,无论有多少人向往那种无物我之分、无主客之别的浑然一体的"自在"的自然,人却不可能"再返回森林去和熊一起生活",人也不可能"渴慕用四只脚走路"。回归自然,不是舍弃文明回到"自在"的自然。向远古荒蛮时代寻找人性的自然,只能是表达人们力图克服人工世界带给人们的"无根感觉"的憧憬,只能是表达人们力图改变"自然的隐退"带给人们的"流浪感"的向往。一句话,向远古蛮荒时代寻找人性的自然,只是人的寻求生命之根和立命之本的表达,而决不是生命之根和立命之本的现实。

　　现实的生命之根和立命之本是人的生活。生活的自在自为即自由的生活,才是人的生命之根和立命之本。

　　人的生命不同于动物的生命,人的生活不同于动物的生存。动物只有生物生命,动物只是按照物种的本能生存。"一只鸽子会饿死在满盛美味的肉食的大盆旁边","一只猫会饿死在水果或谷物堆上"。这是因为,动物只有一个尺度,它所属的物种的尺度。动物的生命之根就是它所属的物种的尺度,动物的立命之本就是它生存的"自在"的自然。

　　人不仅有生物生命,而且有精神生命和社会生命,人是三重生命的矛盾统一体;人不仅生活于自然世界,而且生活于自己创造的文化世界和意义世界,人的世界是三重世界的矛盾统一体。因此,人的生命之根是人的三重生命的和谐,人的立命之本是人的三重世界的统一。美,就是人的三重生命与人的三重世界的统一与和谐。

　　人类超越了自然,又在自身的发展中力图使自己在高级的层次上回归于自然,达到"天人合一"的境界,"自在自为"的境界,人与自我、人与社会,人与自然的和谐之美的境界。这是现代人的"生态意识""全球意识"和"人类意识",也是现代人的"心态意识""价值意识"和"审美意识"。这种现代人的教养,是人类实现新的自我超越的生命之根和立命之本。

(孙正聿,李璐玮:《现代教养》)[①]

(五)推荐阅读

1.宾客莱.理想的冲突[M].北京:商务印书馆,1986.
2.李德顺.价值论[M].北京:中国人民大学出版社,1987.

思考与练习

1.灵魂的两个维度是什么? 它们在人的生活实践中又有何作用?
2.人类生命的人文性表现在哪些方面?

———————————

① 孙正聿,李璐玮.现代教养[M].长春:吉林教育出版社,1996:301,302,305.

3.请完成下列练习

(1)薛定谔在《生命是什么》中说:"人类有意识的生命必然是一场不断地反对_____的原始斗争。"

(2)灵魂是人的_____。

A.心理规律   C.意识

B.精神   D.深度的精神

第七章　人类生活的人文架构

> 人不能两次踏入同一条河流。如果说万物皆变,那么我们也是。生命不过是一次偶得。她是如此珍贵而又有限。因此,请与艺术为伴,愉快而幸福地过好你的每一天!
>
> ——高长江[①]

(一)知识目标:

1.了解什么是"人文生活",以及为什么人类的生活应当是"人文生活"。

2.思考人文文化和人文精神在构建和组织我们"人文生活"中的重要意义,以及我们该如何在现实中以人文知识和人文活动来丰富生活,点亮我们存在的意义和价值的启明灯。

(二)知识导图:

```
                              ┌── 人类生活不仅具有目的性和规律性,
                  人类生活的人文性 ──┤    而且具有艺术性和审美性
                              └── 重复性结构"艺术化"
人类生命的
人文基质 ──┤
                              ┌── 自然生活
                  人类生活的三个层次 ─┼── 社会生活
                              └── 人文生活
```

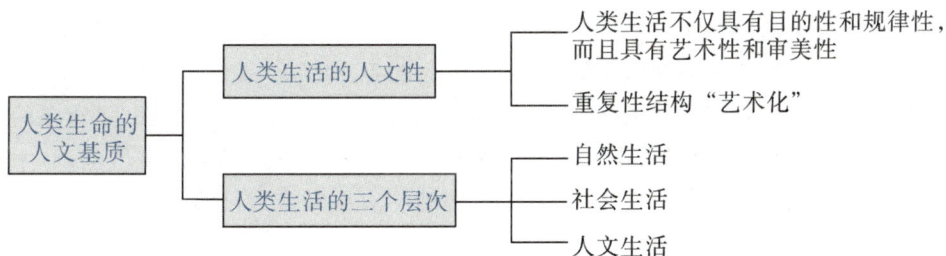

① 高长江.艺术人类学[M].北京:中国社会科学出版社,2010:5.

（三）知识要点

1."生活"与"生命"并非同一层次的存在现象。

生命是宇宙世界客观存在的现象，而生活则是人类世界的一种创造性的实践活动；"生命"具有自然属性，而"生活"则具有人文属性。人的生活之所以具有人文性，是因为人是一种人文化动物——生活被各种各样的人文符号所架构。

（1）人类生活不仅具有目的性和规律性，而且具有艺术性和审美性。

什么是生活？"生活"是一个难以言说的概念，是一个难以用精确的语言加以描述的现象。它有时很实在，有时又很空洞。直观地说，我们可以把生活理解为人生成自我的过程，我们的每一个行为都是结构自我的必不可少的元素；或者说，人来到这个世界，与世界、事物打交道，纠缠和忙碌于事物之中，这就是我们所说的生活。虽然有人试图通过逻辑思辨建构生活的框架，但事实上我们很难通过思辨的方式将生活结构化，因为生活不在定义里，不在概念里，而弥漫在操劳中。当我们的生命沉浸于时间、空间和物质世界中时，就可以说：我们在生活。生活就是世界，就是人类在场展开的全部活动。

生活也并非一个结构化的实体，而是我们在场展开的运动过程。生活所展现出来的面貌就是这一运动过程的轨迹，我们并非无可奈何地被时间推着向前走，而是我们的劳动与实践结构了时间。如果我们明白了这一道理，就会懂得为什么会说"动物没有时间"，因为它们没有生活。动物的生存是单向的简单秩序，而拥有了主体性意识的人类注定无法再如动物般生存，或许也会有人梦想重回自然的混沌，妄图以紊乱的生活秩序和麻痹虚无的心灵体验拟制前符号学体系的元初而拥抱"犬儒"，但这是注定失败的。你的心灵情感会无时无刻地提醒着你的失败，因为我们必须做生活的主人，唯有以"超人意志"的姿态去拥抱生活，才是真诚的生活。

生活还不仅仅是利用所把握到的数理规律来满足我们的生物性存在，更重要的是在这一过程中实现人的目的，也就是幸福体验。幸福的确需要相当的物质基础，幸福是不能脱离物质基础而单独存在的，但物质基础不应被倒错为目的，幸福与自由才是生活的目的。

正因为如此，人类的生活不仅具有目的性和规律性，也具有艺术性和审美性。人类的生活不仅仅是为了某种实用目的，还有对于艺术和审美的追求，这是人类生活和动物生存的本质区别。艺术和美进入我们的生活并不意味着我们每天都把生活打扮得花枝招展，也不是每天用各种各样的艺术品来装饰生活空间，而是意味着用审美的视界观察生活，用审美的眼光、艺术的符号、诗性的灵感来创造生活，像创造艺术品一样既无拘无束又认认真真地去勾勒生活的每一个细节，使我们的生活每天都有新意，每天都有创造性，每天都能让我们产生惊奇感。没有惊奇感、新意和创造性，生活就变成了一潭死水，变成了一个生物机能无情耗损的过程。

所以,生活的本意应当是美。美的确是生活的调色板,平淡粗糙、灰暗的生活世界因美而变得妩媚靓丽、精美雅致、充满惊奇。所谓用美的眼光观照生活,从审美的角度设计生活,就是我们在日常生活中发现非日常性,在平凡中发现不平凡;在平庸中发现新奇。只有感觉到生活是新奇的,我们才能感觉到这个世界的天是蓝色的,大地是绿色的,街上的人都是充满气息的,这个世界才是有色彩、有魅力和诗性的。

《蒂沃利的小瀑布群》(让·奥诺雷·弗拉戈纳尔作品)就是被日常生活美感化的经典叙事。画面上,远处,透过古老的拱形石桥,依稀可见的小小瀑布群;近处,泥灰剥落的旧宅老屋的平台上、院落里,女人们在忙碌地洗衣、晾晒,微风中一些已干爽的衣服轻盈地飘荡着;老屋墙角下,一着红色服装的小男孩儿趴在石头矮墙上探身俯视深渊;平台上的一个女人伸出胳臂向远处指点着什么……整个画面温馨、有趣,给人以无比幸福的想象。艺术家的审美观照和巧夺天工的艺术书写,使生活的"神圣"之光穿透日常生活的经验世界,成为一种美的享受。

总而言之,真正属于人类生活的应当是一种美的生活。生活的真谛既不是哲学的问题(真),也不是伦理的问题(善),当然也不是宗教的问题(永恒),而是一个艺术或美学的问题,即能够发现生活的美,能够为生活中美的人或事所感动,能够创造生活的美或艺术。正是因为艺术和美,人类才能诗性地驻居于辽阔的大地之上。

(2)重复性结构"艺术化"

许多人并没有在意人类生活的人文编码,仅仅把它理解为一个劳作→消费→休闲的时间流转过程,但如果我们对生活做一认真省察就会发现,生活之所以成为生命的港湾,并非因为时间承载着空间,运动运输着生命,而是因为生活就是科泽勒克所说的人类"历史时间经验人类学"——在那些"重复性结构中"存在着对"日常生活"的颠覆而使之化为一次次阶梯、瀑布、令人惊异的愉悦游戏。这就是艺术、生命、异象、历史等人文符号对生活之网的编织,尤其是对我们生活经验的重新叙事。比如传统节日、民族庆典以及各种纪念日等,它们以一种强有力的人文结构使生活变得具有立体感、层次感。也正是生活世界的人文游戏,使得人类的工作、休闲、消费、居家装扮等不再是生命生物机能的耗散而是成为一种诗性的栖居。

从这个意义上来说,人类生活本身是由人文贯穿的。只有这种生活才是我们所谓的真正的生活。随着现代社会的高速运转,人们日常工作压力的加大,尤其是数字媒体和智能数据对于人们精神意志的绑架,使得很多人对于人文性的追求变得越来越稀少,很难有时间再去思考生活的艺术性和审美性。生活变得似乎只是为了完成我们生命的一个简单的轮转。这也就是现代社会人们的物质生活越来越充裕,文化生活越来越丰富,社会生活越来越秩序化和结构化,而很多人却越来越觉得生活没有趣味和意义的原因。所以我们应当主动去拥抱"重复性结构"对"日常性"生活的颠覆,用惊奇和美打破匮乏的机械秩序。

2. 人类生活的三个层次

我们可以将生活分为三个不同的层次，它们分别代表生活的三种不同经验方式。

第一，自然生活，指人类最基本的生活，完全遵循生理本能的一种生活方式。比如说满足于最基本的生命维系与延续的需要。

第二，社会生活，指人类较高级的生活，是人类作为一种社会动物，按照社会既定的规则、制度、法律、习俗、经验来组织生活。这一层级的生活有两个主要特点：一是这样的社会生活具有一定的社会意义和价值，满足了社会对于个体的要求；二是满足于这样的生活的人往往会丧失个性、自我和理想。其沉溺于社会规则的游戏，而仅仅把自我当作社会运转的一个环节，如此以来就丢失了自我作为独立个体的存在意义。赵汀阳先生在《论可能生活》一书中认为，这样的人虽然属于好公民、好人，但是容易堕落成庸人，甚至变为小人。所以我们不能仅仅满足于在社会层面上来构造自己的生活，虽然我们确实是亚里士多德所说的那种政治动物、社会动物，但是我们的追求应当不止于此，我们应当超越社会对人的结构性固化，否则就很容易成为一种"空心人"。每个人固然要在这个社会中遵守最基本的游戏规则，但人之为人，我们也应当有自己追寻的终极性的东西；我们在完成自我的责任与义务之外，也应当充分实现自己最大的价值——创造、想象、自由、个性，这才是人生，这才是生活！

第三，人文生活，也就是富有创造力的生活。所谓创造力的生活，就是智慧和美。

很多人之所以觉得生活没意思、厌倦、无聊，是因为他的生活缺乏创造性和惊奇。伟大的艺术家歌德在 80 岁的时候说过一句话——惊奇是人生最大的财富。那么，怎样让我们的平凡生活充满惊奇呢？惊奇不是被难以把控的事物惊吓，也不是刻意地追求猎奇，而是以一种反思和想象的态度审视日常性的生活，即用智慧去创造生活，用美去点亮生活。

高长江在《现代修辞学——人与人的世界对话》一书中提出，人的存在和言语生活的三种不同境界：第一种是"意味"，即明白自己在社会生活中所作所为的基本社会价值和意义；第二种是"趣味"，指自己在生活中所寻找乐趣的能力，摆脱了机械的社会结构对于个体的"合理化"，而开始追寻自我的生活意趣；第三种是"韵味"，指具有超越日常性而趋于生活的本真，在平常中每时每刻都能体验到幸福、快乐和惊奇。

我们在这个世界生存，与世界万物打交道；我们工作、休息、消费、交往、把玩各种有趣的游戏时，就在生活着。人就是在这平凡的衣食住行、生老病死中体验着生活，过自己的生活。生活是如此平常，以至于平常到难以察觉。法国著名哲学家列维纳斯曾说过一段话，什么是生活？生活就是真诚，以真诚的态度去吃饭、睡觉、工作、散步、晒太阳、喝咖啡，而并非一定要像伟人、英雄、圣徒那样沉陷在紧张、神圣的体验中。生命在这里停泊，生活就在这里展开，因为我们不能生活在别处，只能生活在此处。这就是生活的本质特征。也许这会使我们不得不面对这样一种事实：生活的平常、单调和琐碎。但列维纳斯的高明之处就在这里：没有真诚就没有专注；没有专注就没有惊奇。生活是琐碎还是惊奇，关键在于我们以一种什么情绪和心灵去加工生活意象。当我们以创造和审美的眼光使我们的生活情趣化、禅意化时，我们就真的如海德格尔所说的"筑居"一般（"筑"就是创造，"居"就是审美），就可以感应生命的真理，拥有生活的诗性。

（四）知识延展

认真地思想和生活

读哲学的没有读过张东荪就像学音乐的没有听过黄自一样不是什么新鲜事。

这是一个真正的哲学家。16岁时读《大乘起信论》和《楞严经》竟至手舞足蹈，从此和哲学结下不解之缘。但他并未像同时代的许多同行那样，曾负笈西洋，专攻哲学。他毕业于日本东京帝大。最初投身新闻界，是上海《时事新报》的名主笔，并办过《改造》杂志。后来才正式下海成为职业哲学教授。但他很早就从事译介古今西方哲学，除了《柏拉图五大对话集》外，还译过柏格森的《创化论》和《物质与记忆》。写过不少论述西方哲学各流派的文章，随着思想日趋成熟，开始转而论述自己的哲学。最初兴趣在认识论上，抗战后则逐渐转到知识与社会的关系上。他不像许多同时代的中国哲学家那样，多少受他们求学时的西方哲学某一流派的影响，如金岳霖和冯友兰之与新实在论；胡适之与实用主义；张君劢之与生命哲学；而是博采众说，却无明显的师承与家法。他不仅对西方哲学，而且对西方人文科学和社会科学都涉猎极广，对西方学术的最新发展始终保持密切注意和相当了解。这在他的同时代人中亦不多见。他的著作间或不符学院规范，观点和方法也不无可议之处，但无论对西方哲学的理解，还是对中国哲学的阐释，张东荪的工作在同时代人中都是一流的。他的不少洞见道人之未道，至今仍有哲学的，而不只是哲学史的意义。

张东荪从哲学史的研究中发现，哲学体系愈伟大严密，则必有后继为难的情形。像黑格尔的体系无所不包，结果反使哲学没有进步。鉴于此，他把哲学分为建设性和批评性两种。建设性哲学志在建立体系。而批评性哲学自己虽不建立体系，却也不反对建立体系。但哲学体系的产生有它的必要条件。在一个文化阶段，其文化本身已经发展到了各方面比较满足的时候，伟大严密的体系才可应运而生。在一个文化自身尚在激变的时代，不容易有系统的哲学出现。勉强创造，在文化之流中恐不能经久。张东荪还认为，从中国哲学以往的情况看，也是太偏重于建设性哲学，往往不为后来的学术发展留有余地。

基于此种认识，张东荪自己采取批评性哲学的立场。这种哲学主要的工作是"解蔽"。"自然科学的基本假定有蔽，社会科学的方法论亦有蔽；政治上各种理论更是有蔽，倘能从哲学上作相当的解蔽工作，则造福当不在小。"采取批评性哲学的立场，张东荪还有深一层的考虑，即理智之可贵不在其有所建立，而在其有所揭破，即所谓抉藩篱是也。科学不能仅理解为技术，而是代表人类的解放精神。哲学则代表人类的理想。"我们所应努力的只是使科学当作一个永不熄灭的灯火，用以代表这个人生一刻不能停止的解放精神,同时哲学当作一个永不枯干的油碗,用以供给这个灯丝,使其永远放光。"通过科学来解蔽去惑,通过形而上学来建立与坚持理想,二者结合,文化乃生。可惜近代中国在这两方面都有缺失,但张东荪在这两方面都尽到了一个哲学家的本分。

尤其值得一提的,是张东荪不仅用他的思想来解蔽去惑,也用他的行为来坚持理想。他是中国哲学界唯一一个在抗日圣战中被日本宪兵抓去坐牢判刑的。在狱中他受尽引诱和苦刑,然终临难不苟,威武不屈,宁可坐牢,不受伪职。并在狱中构思了他的重要著作《思想与社会》的主要框架和内容,体现了一个中国哲学家的精神勇气和人格力量。

知识分子(他称为士阶级)就是社会这个有机体中造新血的内脏。知识分子的作用是对文化时时有所贡献,以此来阻挠文化自身所有的僵化趋势。好像一间房屋时时去开窗,使新鲜空气得以流入,这样可以矫正社会之发为畸形。"必致一国之中常有公道和真理在那里流行着,一个民族才不致腐败下去,停滞下去。"他认为中国思想上始终没有注意到这个社会内部防止恶化的问题。儒家自始至终只主张为政以德,而对于社会政治上已有的恶势力如何铲除以及将来的腐败如何防止,均没有讨论。在他看来,社会上有清明之气,政治上有是非之辩,全靠有一部分人来作所谓清议,亦就是所谓舆论。这其实是中国历史上一切清流发清议的共同思想动机,但张东荪似乎忘了这些人自东汉以来的命运,反而认为这就是知识分子和哲学家的责任。"我所谓的哲学家并不是指那些以理智为把戏的专门学者,这种学者走上一条又狭又小的路,只知其精细处,恐怕无由窥见高远的理想。同时亦决不是专发空论的学者。这种学者已早不适于现在科学大发达的时代。""哲学家的使命是文化的使命。一个文化要有自己的活力以从事于自身改造,则必在其内部常如火山一样,能自己发火。这个火就是其活力,而代表这个活力的就是这个民族(或这个文化中)的理想家,于此所谓理想家亦就是哲学家。"哲学家之可贵,就在于能见到理想,能知何者为真善。这当然是把哲学家给理想化了,但张东荪自己大概是以此自许的。所以才会有那样的生活和命运。

这样的人可能再也不会出现。这样的人可能还会出现。但有一点是可以肯定的:没有这种人的社会,一定是一个理想丧失,精神瘫痪的社会。

(选自张汝伦:《坚持理想》)[①]

(五)推荐阅读

1.杜兰特.哲学的故事[M].北京:生活·读书·新知三联书店,1997.
2.冯友兰.中国哲学简史[M].北京:北京大学出版社,1996.

---

① 张汝伦.坚持理想[M].上海:上海人民出版社,1996:191-197.

思考与练习

1. 为什么说"人类的生活本身是由人文来组织的"?

2. 艺术品与生活的艺术性有什么样的联系?

3. 请完成下列练习:

(1)人类生活可以分为自然生活、_____、_____。

(2)人文生活是生活的最高层次,代表了人类对于生活的最高经验方式。下面哪一项不属于人文生活?(　　)。

A. 按照社会既定的规则、制度、法律、习俗、经验来组织生活的一种生活方式

B. 充分发挥自己的精神能量,创造、想象、自由、个性

C. 用智慧去创造生活,用美点亮生活

D. 用艺术和审美的视界观察生活

第八章　人类存在的理想追求

> 疲软的时代，乌托邦精神仍然比以往任何时候都更为重要。它唤起的既不是监狱，也不是规划，而是关于人类休戚与共和幸福的理想。
>
> ——拉塞尔·雅各比①

(一)知识目标

1. 了解"乌托邦"存在对于人类的重要意义。

2. 了解理想为什么是人之为人的根本所在；在理想的建构与调整过程中人文文化起着什么样的作用？从而反思自我的理想，树立健康积极的理想观。

(二)知识导图

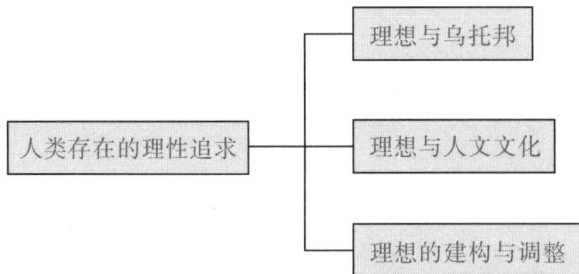

人类存在的理性追求 —— 理想与乌托邦

理想与人文文化

理想的建构与调整

(三)知识要点

1. 理想与乌托邦

"乌托邦"(Utopia)，意为"空想的国家""乌有之乡"，是空想社会主义的创始人托

_____

① 雅各比.乌托邦之死：冷漠时代的政治与文化[M].姚建彬,译.北京：新星出版社,2007：273.

054

马斯·莫尔在他的名著《乌托邦》中提出的一个概念。莫尔于1478年出生在伦敦的一个富裕家庭。虽然家境优渥,但身处16世纪初英国的莫尔,却深感社会阶级斗争激烈,人民生活困苦。此时的英伦大地正处于资产阶级原始积累的阶段,就是在这样的背景下,他创作了《乌托邦》一书。在书中莫尔借旅行家的所见所闻,虚构了一个没有阶级、人人平等、财产公有的理想社会。这也被认为是西方空想社会主义的起源。据说该国的位置在赤道附近,是一个对外交通便利,同时又有暗礁护体的岛国。莫尔认为,私有制是万恶之源,只有完全废除私有制度,财富才可以得到平均公正的分配,人类才能有福利。这也是社会主义历史上第一次提出消除私有制,建立公有制。

自此以后,乌托邦往往被理解为一种空想,即不切实际的想象的精神王国。从原始意义上说,乌托邦的确如此。但实际上,乌托邦不仅仅是一种幻想,也象征着人类的另一种精神特质——追寻理想。它不仅仅是想象的乐趣,更重要的是也给我们带来了存在的美好愿景。

中国传统文化中也有与之相似的"乌托邦",这就是"桃花源"。我们平时仅仅将其作为一个虚构的作品来品读,通常认为这是陶渊明为表述自己的朴素与清高而作,以体现自己隐逸、逍遥的精神追求。但可能事实并非如此,陈寅恪在《魏晋南北朝史讲演录》中讲到民族迁徙问题时就涉及这一典故,他认为"桃花源"有着强烈的现实来源。当陶渊明写作的时候,他在南方,而当时北方就存在很多这样类似桃花源的地方,但它不是为了逍遥安宁而存在的,而是为了躲避乱世而不得不存在。因为当时北方社会动荡,人民流离失所,为了自保,很多民众就会在一些能人的带领下躲到山里面去,往往是那种四面环山中有凹谷的地方,群众就在那里住下来,把关键的山口堵上,易守难攻。这种地方就叫做"堡坞",北魏郦道元所著的《水经注》里面就有很多这种堡坞,如檀山坞、金门坞、一合坞、零星坞、云中坞等。山中的堡坞地方小,人也少,往往就会按照集体主义的方式来组织,平均分配生产的果实。这与《桃花源记》里描写的那种社会极为相近。

所以"乌托邦"或"桃花源"的出现,体现的都是人对不公的社会现实的逃离;人之所以有对"乌托邦"的追求,是因为人的自由意志和价值追寻。动物是自然的奴隶,对于自然的刁难只能逆来顺受,或是依靠缓慢的优胜劣汰实现生物学层面的进化,而人的自由意志(有限的自由意志)和价值追寻则可以使人摆脱自然的奴役,实现对于自然的改造,这是生活的应然状态。

人作为一种精神动物,作为一种文化动物,不能也不可能失去乌托邦。正是因为乌托邦的存在,我们才能够更好地去想象生活,构造生活。

米歇尔·福柯关于乌托邦对人的价值有着一个比较准确的定位:

> 乌托邦提供了安慰:尽管它们没有真正的所在地,但是,还是存在着一个它们可以在其中展露自身的奇异的、平静的区域。[1]

---

[1] 福柯.词与物——人文科学考古学[M].莫伟民,译.上海:上海三联书店,2001:5.

福柯无非是想说,尽管乌托邦带有某种空想的成分,但它仍然给我们现实的人生提供了某种安慰。当我们遭遇现实的痛苦、不幸、挫折和困境时,会给我们提供一种充满希望的想象空间,这就是乌托邦存在的意义。所以乌托邦在某种意义上,代表着人类理想的绽放。

我们之所以说人是一种人文动物,是因为人类有理想,而理想不仅仅是幻想、梦想和纵想,它是在人对现实的理性客观分析的基础上建构起来的对于未来的想象,是蕴含着希望的未来的涌现。

所以,理想是人之为人的根本与标志:它是人向着理性的、合规律性与合目的性的目标奋进的精神,是人的理性、智慧、价值的表征。理想也正是由这些人文元素所建构与驱动的,而区别于幻想。也正因如此,人才配得上是有尊严、高贵的动物。

人之为人的根本就在于人是活在理想之中的,在于我们向未来敞开自己,拥抱可能性来创造我们自身。

康德在《实践理性批判》的结语当中有这样一段话:

有两样东西,我们愈经常愈持久地加以思索,它们就愈使心灵充满日新又新、有加无已的景仰和敬畏:在我之上的星空和居我心中的道德法则。……前者从我外在的感觉世界所占的位置开始,把我居于其中的联系拓展到世界之外的世界、星系组成的星系以至一望无垠的规模,此外还拓展到它们的周期性运动,这个运动的起始和持续的无尽时间。后者肇始于我的不可见的自我,我的人格,将我呈现在一个具有真正无穷性但仅能为知性所觉察的世界里,并且我认识到我与这个世界(但通过它也同时与所有那些可见世界)的连接不似与前面那个世界的连接一样,仅仅是一种偶然的连接,而是一种普遍的和必然的连接。前面那个无数世界的景象似乎取消了我作为一个动物性创造物的重要性……后者通过我的人格无限地提升我作为理智存在者的价值,在这个人格里面道德法则向我展现了一种独立于动物性,甚至独立于整个感性世界的生命……而趋于无限。[①]

康德在《实践理性批判》的结论中写下的这段文字,可谓为我们指认了理想与人的存在的关系——因为理想,人的存在才变成一种有价值的存在。作为人的精神支撑点,作为生物自身的需要,理想虽然和个体在社会中所接受的知识、经验、规则有关,但它更主要的是人文文化的塑造,是人的灵魂在人文环境中不断求索、试验、反思建构起来的,并最终成为个体的安身立命之本,成就了人高远的人生境界。

2. 理想与人文文化

尽管人类是有意识、心理和精神的高级动物,但这并不意味着每个人都有理想。

---

① 康德.实践理性批判[M].韩水法,译.北京:商务印书馆,1999:177-178.

理想来源于我们的理性在对客观现实分析的基础上,以知识储备为根基,以心理图式为模态,以想象力为能量而建构出的精神指向。这里的知识储备不仅仅指自然知识和社会知识,更重要的是人文知识,因为人文文化塑造着个人的心理图式。

人文文化对个体人生理想的设计和引领,主要在于个体在人类文化世界中所进行的人文知识储备、人文教养对人生理想的规划。按照现象学社会学创始人阿尔弗雷德·舒茨的观点:有关我未来的全部设计,都建立在我现有的知识基础上。"这个过着朴素生活的人,会自动掌握那些对于他来说有效的、有意义的复合物(包括多种工具、符号、语言系统、艺术作品等)。从他继承下来的、学到的那些东西出发,从传统、习惯性以及他自己以前的意义构造的多方面积淀——他可以记住这些积淀并把它们重新激发起来——出发,他那关于他的生活世界的经验储备就可以被当作一个封闭的、有意义的复合物建立起来。"①这里所说的知识储备、意义构造、经验积累、生平情境等文化信息,不仅是常识、传统、习惯、礼仪、制度等社会符号,更主要的还是艺术、历史、文学、语言等人文符号。尤其是对于早期个体心理发展来说,艺术、历史、文学、语言等人文符号不只是他所获得理想世界的形式,更是内容。老祖母的历史故事、母亲的摇篮曲、同伴们演绎的英雄剧目、地方的传说典故、民间艺人讲述的历史传奇以及社区的文化语言,正是这些人文文化不仅丰富着儿童的认知版图,呈现着一个个充满美丽想象的梦幻世界,而且也构成个体人格系统、人生意义建构的认知模型。

特别是那些优秀的艺术、文学、历史等人文作品,每一支音乐、每一首诗、每一篇小说、每一个历史典故、每一篇神话传说,都诏示着人生的真理,告诉人们什么样的人生是值得去追求的,引导人们去体验生命的光辉与伟大、人性的崇高与神圣,激发着个体成就伟大的人格理性,形成自己的英雄主义、崇高主义、超越主义的人生理想。

3. 理想的建构与调整

理想不是凭空产生的,它来源于客观现实;理想不是一经建构就一成不变的,而是随着时代发展而不断调整的。

理想既可以是我们终身追逐的弘大人格境界,也可以是我们现实事业的阶段性追求。在理想的人格境界层面,我们固然要矢志不渝地坚守,但也要警惕沦为迂腐。随着人生阅历的积淀,对于自我理想人格的追求也是需要调整的。我们对于客观现实逻辑的判断,对于自我能力的认知,包括现实的非理性因素等都有可能使我们建构的理想产生偏差或是不幸夭折。理想作为我们内心生发出的对于未来设计的蓝图,是与我们的知识阅历、人格境界时刻相关的。所以理想并非一经建构就一成不变,而是会随着自我和客观现实的改变而不断调整的。如在战争年代,我们的理想是实现民族的解放与复兴;在新中国成立后,我们的理想是摆脱落后与贫穷全面建成小康社会;在今天,我们的理想是逐步实现社会主义现代化,把我国建成富强、民主、和谐、美丽的社会

① 舒茨.社会实在问题[M].霍桂恒,译.北京:华夏出版社,2001:47,191.

主义现代化强国。

所以,无论是整个国家的理想,还是我们每个人的理想,都随着时代和文化的发展而处于不断的调整当中。这种调整本身就是一个人文文化不断渗入、不断调校的过程。我们通过文学、历史、艺术、美学等人文文化塑造了我们的想象力,完善了我们的价值观,明晰了在当下基础上再向前奋进的目标与方向。

总之,人之所以是一种人文动物,是因为人是一种有理想的动物,还因为人能够通过人文文化与人文精神,形成自己的理想,发展自己的理想。人之所以区别于其他动物,是因为其他动物的存在是本能性的,它们所拥有的只是现实世界,而不是理想世界;所拥有的仅是当下,而非明天。而人不仅根据自然指令而且还根据文化想象组织生命活动。正是因为人类的生命活动为文化想象所激发,正是因为有理想,人才存在于双重时间之中,才有了过去、未来,才有了历史和明天。

(四)知识延展

理想与现实

一提起理想二字,就难免不引起两种人的反感。一种人就是现实主义者,他们认为理想是和现实根本对立的,注重理想,就无法应付现实,许多实际生活上的事情都会办不通。近二三十年来的世界政治,颇为现实主义所笼罩,所以好些受了现实主义熏陶的人,大都认为理想只是不识时务、不切实际的书生脑子里空洞渺茫的想法。不过所谓政治上的现实主义者,据个人印象,大概是重利轻义,重力轻德,重实际利害的计算,轻理想高远的价值,重一时的权变,轻百年的大计,重申韩的法术,轻孔孟的仁义。本文的目的不在批评政治上的现实主义,而在讨论理想与现实一般的关系,希望可以作讨论政治的参考。

还有一种对理想二字起反感的人,就是实行家。实行家反对理想,因为理想多半不能实行,就是实行起来也是扞格不通,理想家和实行家对立的问题,在辛亥革命初年,就有"孙文理想,黄兴实行"的普通传说。这种传说,显然有轻视理想家,尊重实行家的趋向,成为反对先知先觉,不真实信仰主义者的护身符。所以,当时孙中山先生特别作"知难行易说",来校正这个错误。他提出知难行易说的用意之一,就是要指出作理想家难、作实行家易,具有理想难,见诸实行易,也就包含有理想重于现实,理想为现实之母,任何实行家均须接受理想家的指导的意思。实行家的任务,进一步来说,就是要使一般人认为不可能的,成为可能,换言之,就是他能够实现远大的理想。所以实行家是离不开理想的,没有理想的实行家根本不配称为实行家。所以本文的主旨并不在于品评理想主义和现实主义的是非,也不在批判理想家与实行家的难易高下,而在发挥理想与现实的合一,实行家与理想家的不可分。

假如我们不愿意和现实妥协,为现实所束缚,又不愿意陷于幻想梦想,逃避现实,那么我们必须要应付现实、改造现实、征服现实。但是要达到这一个目的不能不有理想。第一,因为理想基于人类的本性。理想出于理性,人类是理性的动物,理想是构成人格的要素,人类所以异于禽兽,伟人所以异于常人,全看理想的有无和高下。人类能够凭借他的理智,构成一理想的世界,以提高其生活,改造现实,征服现实。在一个人用理想来指导他的行为的时候,也就是他发挥他最高的灵性以实现其自身的时候。第二,因为自由是人格的本质。要有自由的人,我们才承认他有人格。同时争取自由,争取政治、社会、宗教、经济上一切的自由,是西洋人近代的根本精神。然而理想是争取自由最不可缺少的条件。无理想就无自由的标准。行为合于理想,就是自由,不合于理想,就是不自由。一切外界的违反我们理想的事物,都是侵犯我们自由的事物,假如没有理想来作我们争取自由的标准,那我们就可以随遇而安,当然就无所谓自由。所以理想和自由是不可分的,和近代精神也是不可分的。第三,因为理想是认识现实的主观条件。没有理想,就无法认识现实。许多没有理想的人,在人世上厮混多年,奔走许多地方,但是并没有得着真正的知识,因此也不能认识现实。科学知识,就是对于现实的认识,然而没有科学上的假设——假设是假想的理想——就没有法子求得科学的事实。再如欲求得科学的事实,必须厘定其时间空间关系与因果关系,然而据康德所说,时空乃是获得经验的理想形式,因果乃是获得经验的理智范畴,足见没有主观的理想,客观的科学事实也就无法求得。第四,因为理想是征服现实的指南针。理想是陶铸现实的模型,是创造现实的图案,是建立现实的设计。现实是理想的材料,是理想实现其自己的工具。现实是被动的、受支配的,理想是主动的、支配的。由此足见离开理想,要想认识现实、应付现实,不仅事实上不可能,理论上也说不通。任何人类有价值有意义的政治社会的建树,文化的创造,都是理想与现实合一的产物。不过在理想与现实的合一体中,理想为主,现实为从,理想为体,现实为用,任何国与国之间的战争,人与人之间的冲突,不仅是现实的斗争,乃是理想与理想的斗争,现实与现实的斗争。就理想而论,要看谁的理想更合理、更高尚、更远大、更能支配现实。就现实而论,要看谁在实际方面、物质方面以及军事经济方面的设施,更有组织、更有力量、更遵循理想的指导。所以任何斗争,必然是精神力量与物质力量合一的斗争,也就是理想与现实合一的斗争,同时也可以说是两者配合与否的斗争。

（选自贺麟:《文化与人生》)[1]

(五)推荐阅读

1.卡西尔.人论[M].上海:上海译文出版社,1989.

2.韩震.重建理性主义信念[M].北京:北京出版社,1998.

---

[1]　贺麟.文化与人生[M].上海:上海人民出版社,2019:104-108.

思考与练习

1. 为什么说理想是以现实为基础的?
2. 分析人文文化与理想建构之间的关系。
3. 理想为什么是人文性的?

第九章　人类延传的人文血脉

> 在伟大的历史和艺术品中,我们开始在这种普通人的面具后面看见真实的、有个性的人的面貌。
>
> ——卡西尔[①]

(一)知识目标

1.掌握人文血脉的内涵。
2.了解人文血脉有哪些分支。
3.掌握人文血脉的重要意义和价值。

(二)知识导图

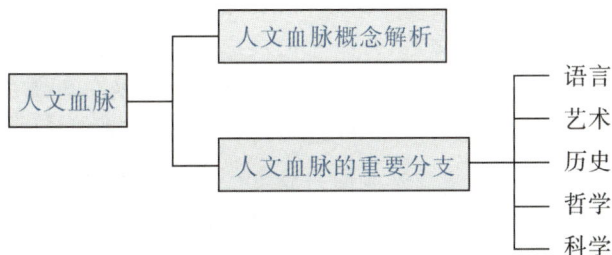

(三)知识要点

1.人文血脉的概念

人文血脉即人类由古至今延传下来的人文传统和人文知识,如语言、艺术、历史、哲学、科学、文学、宗教等。它们之所以被称为"人文血脉",是因为作为一种固化为形

---

① 　卡西尔.人论[M].甘阳,译.上海:上海译文出版社.1985:261.

的文化传统,它们承上启下,薪火相传,构成了人类进化与发展的文化基因。人文文化不仅是这条人文血脉的血管,也是人文血脉中的血液。也就是说,人文文化不仅是人文血脉的传播途径、媒介,也是人文血脉的构成部分,是人文血脉一直向下传播的内容。例如语言,一方面,语言是非常重要的传播媒介,我们通过语言进行交流,表述自己,同时理解他人。人类创造的文化,无论是艺术还是哲学、宗教等,正是因为语言的存在才能够从古至今不断地被传递下来。另一方面,语言本身具有意义、蕴含信息,它本身就是一种人文精神、人文传统。

2. 人文血脉的重要分支

(1)语言

语言不仅是人文血脉非常重要的传播媒介,同时也是人文血脉传播的内容,可以说,语言维系着人类的诗性在场。我们可以从两个方面来讨论语言和人类的关系。一方面,语言给人提供一个诗性的世界;另一方面,人在语言中诗性地居留。

20世纪以来,西方哲学经历了从"认识论"到"语言论"的转向。在现代哲学看来,"世界"是一种"语言"的事实。语言成为"世界"之所以"在场"的重要基质。他们认为语言并不仅是人类思想及观念表达的工具系统,人类必须而且只能通过语言去理解世界,并用语言来表达对世界的理解。虽然世界在人的意识之外,但世界却在语言之中,离开了语言,"世界""存在"都是不可想象的。这里必须提到海德格尔。海德格尔存在主义哲学思想的核心可以浓缩为一句话:语言是存在的家园。海德格尔否弃了传统语言学对语言本质的"工具"性界定,他认为:

> 语言的本质即非意谓所能穷尽,语言也绝不是某种符号和密码因为语言是存在之家,所以我们是通过不断地穿行于这个家中而通达存在者的。当我们走向一口井,当我们穿行于森林中,我们总是经过了"井"这个词语,穿过森林这个词语,哪怕我们并没有说出这些词语,并没有见到语言方面的因素。…一切存在者,无论是意识的对象还是心灵之物,无论是自身贯意图的人还是冒险更甚的人,或所有的生物,都以各自的方式作为存在者存在于语言之区域中。因此之故,无论何处,惟有在这区域中,从对象及其表象的领域到心灵空间之最内领域的回归才是可完成的。①

在海德格尔这里,存在的世界完全变成了一个语言的世界。

另一位哲学家伽达默尔也认为理解语言就是理解世界。在《真理与方法》一书中,他着重阐释了语言在理解活动中的重要性。伽达默尔认为,人只有借助语言才能理解存在。语言不只是工具或表意符号系统,而是我们遭际世界的方式,它揭示着我们的世界。在他看来,能理解的存在就是语言。这实际意味着,只有语言才能本真地传达

---

① 海德格尔.在通向语言的途中[M].孙周兴,译.北京:商务印书馆,1997:134.

人与世界的内在关系,人永远是以语言的形式拥有世界的,语言给予人一种对于世界特有的态度和世界观。更进一步说,因为语言与世界的这种不可分割性,所以理解世界的界限实质便是理解语言的界限;不仅世界只有进入语言才是世界,而且语言也通过对世界的表现使世界变为真实的存在。

如果说,语言是存在者的家园,存在者通过语言获得了生命实在,那么,我们便可以理解语言作为人类的人文血脉的另一意义:护佑人类诗性地栖居在大地上。语言是一切存在者的栖居之所,世界万物离开语言便无家可归。正因为语言,世界上所有的"存在者"才能够明晰起来。尤其是被称为"文化语言"的文学语言、艺术语言、地方语言,通过其艺术性、历史性、审美性守护着人的世界,使人诗性地栖居。如文学、戏曲、传说故事、歌谣、仪式音声等,它们都是高度修辞化、美学化的。尤其是民俗文化的语言,不仅具有浓郁的地方特色,而且融汇了当地的文化传统与智慧、生活形式与审美情趣等诸多地方文化元素。人之诗性地栖居,实质是栖居在诗性的语言中。所谓"诗性的言说"或"诗性的语言"不是说组成诗歌、格律的语言或话语,而是说具有深厚的历史感和饱满的情感温度的这种语言。在这种语言中,在场者和不在场者、过去和未来、平凡的与超凡的交织在一起,给人以存在的整体感、根基感。

(2)艺术

人类的艺术活动,不仅是为了创造生活的消费品,也不仅是为了增添生活的乐趣,而是人类自由、和谐、圆润心灵的绽放,是人类通过这种特殊的文化游戏所展开的心灵远游。人是一种自然动物,受本能驱使;人又是一种社会动物,受各种社会规范制约,但人还是一种文化动物,我们虽受制于本能和社会,但可以通过本能和社会之外的另一个世界即艺术世界通往自由、和谐、圆润的人之原在。从人类文化史的角度看,人类最早创造的文化形式便是艺术与神话。如果说神话以"精神鸦片"的形式为激情过剩而又软弱无能的原始人提供在世的精神担保的话,那么艺术则是人类通过想象与游戏的方式达到对自我和世界的重新建造,为人类提供神话经验之外的另一种幸福体验。无论艺术史学家和文化史学者如何强调人类源初艺术产生的实用功能,但无可否认的事实是,这些原始造型符号产生的真正意义仍是原始人对现实世界的限制的一种逃避。在杜威"实用主义"哲学的意义上,实用主义取向也可以理解为对现实世界的一种逃避,即对大自然的威严、不可控制与人类力量的弱小、无能这种巨大的反差、这一不和谐的世界的逃避。如果人可以不费力气乃至于不冒任何危险就能抵抗各种自然灾害,获取各种猎物的话,人就不会把想象和激情浪费在岩壁的雕绘和人体的装饰上。即使是日常生活中的手工艺活动,比如各种手工艺品的制作,它的意义也是如此,即在满足基本生活需要的同时给人带来自由活动的快感与游戏的快乐。正是在这种快感与快乐当中,一个自由、和谐、愉悦的世界被创造出来。桑塔亚那在《艺术中的理性》一书中曾说到:"如果艺术是理性生活中的一个组成部分,即它能改变生活环境,进而促成其目标的实现,艺术也就能促进人类理想各个方面的全面实现,即,使我们的生活更舒适、知识更丰富、精神更愉悦。"造型艺术、语言艺术乃至于身体纹饰等都充分表现了古人对世界的秩序化以及对天人合一、生命和谐的世界的愉悦性建构这一人文追求。

而且人在进行艺术生产时并不想知道他从事这些活动时是在创造艺术还是在玩游戏，他只知道他需要这种"白日梦"；也只有沉醉于梦（创造和欣赏）中，高级哺乳动物虚弱的灵魂才不再感到压迫。正是从这种意义上，我们说艺术不仅创造了一种文化，而且创造了人类自由、和谐、圆润的心灵和存在的幸福。特别是人类的艺术一经产生便川流不息，从古至今传递着人类自由、创造、意义、审美的人文精神，维系着人文动物存在的独特性。艺术成为人类真正的人文血脉。

（3）历史

作为一种知识人类学范畴，虽然人的"历史意识"这个概念出现的较晚，但作为一种心理与精神内核，应该说自人的意识由混沌而至清晰之日起，它就在人身上生长并发展起来。正如希尔斯所说："关于历史的知识、对于历史的敬重和依恋、对于历史的仿效和对于历史的恨——了解过去，把现在的自我置入一个具有时间深度的境域，并且去解释自己的起源"[①]。所谓的"我从哪里来""要到哪里去"云云，正映现了人的历史性存在这一本质。

说人是"历史性存在"，并不是说人是生活在往昔的回忆、先人的遗物以及各种历史掌故残片之中的这样一种"古董迷恋者"，而是意味着人在"过去"的诸意象中寻觅着存在的意义、价值与方法。在考古学的意义上，当然所有的"过去"都成为历史；但在历史学和人类学的意义上，被历史学家书写和普罗大众敬重、依恋的东西才是历史。如果说人是一种"文化学习的动物"，那么，人要从"过去"学习、仿效的，人所要"朝圣""凝视"的景象并非那些平庸、琐碎的东西，而是那些令人敬仰、令人迷魅和令人感慨的东西。检视人类历史学，历史的开端总是神话——"英雄的时代"或"黄金时代"、牧歌般的"梦幻时代"的原因就在这里：通过历史回忆和反思，人类的生命获得了一种意义感、崇高感和阔大感：生命发源于"超凡"，也以"超凡"的形式进化发展，最后达到"超凡"的高结局——"神话的天堂"或世俗化的理想社会。历史之所以是一种人文文化，历史知识之所以属于人类的人文血脉，是因为它的这种精神品质。

没有历史学，我们就会在这个有机体的进展中失去一个必不可少的环节。艺术和历史学是我们探索人类本性的最有利的工具。没有这两个知识来源的话，我们对于人会知道些什么呢？我们就只能依赖于我们个人生活的资料，然而它能给予我们的只是一种主观的见解，并且至多只是人性的破镜之散乱残片而已……在伟大的历史和艺术品中，我们开始在这种普通人的面具后面看见真实的、有个性的人的面貌……历史学与诗歌乃是我们认识自我的一种研究方法，是建筑我们人类世界的一个必不可少的工具。[②]

正是通过历史这一人文血脉的滋养，人类的人文精神才永不枯竭地存续着。

---

① 希尔斯.论传统［M］.傅铿，吕乐，译.上海：上海人民出版社.2009：65-66.
② 卡西尔.人论［M］.甘阳，译.上海译文出版社，1985：261-262.

（4）哲学

什么是哲学？按照海德格尔的观点，"哲学的真正功用恰恰就在于加重历史性存在以及从根本上说是加重绝对的存在。艰深使得万事万物，使得存在者重新获得凝重（在）。"①也正是存在者之在的"凝重"，使得人类生命之在具有了某种厚重感，达至了某种超常的境界。也正因为如此，中国哲学家冯友兰先生认为哲学的功用不在于增加积极的知识（积极的知识，我是指关于实际的信息），而在于提高心灵的境界，达到超乎现世的境界，获得高于道德价值的价值。"超乎现世"，不论是超乎自然还是超乎社会乃至于超乎伦理，都是一种智慧。在这种意义上我们也可以说，哲学就是一种人生智慧之学。

我们也可以说，哲学活动作为一种智慧守望，它不是一般的慧性与智性，而是一种审美性的诗性活动。海德格尔曾说，诗具有与哲学运思相等同的地位。如果存在的智慧是保持好奇的天性和创造的冲力，那么，哲学和审美恰恰是给我们以惊奇的一种活动；如果存在的智慧使日常世界陌生化，那么，哲学和审美恰恰是在日常世界之外为我们创造了一个富有诗意的世界；如果存在的智慧就是拥有精神探索的冲动，那么，哲思和审美活动的本质恰恰在于其创造性；如果存在的智慧是保持对生命本源的思考、追问与探寻，那么，哲学与审美生活恰为人类建构并守护一个诗意的世界。

从人类精神发展史的角度看，人类最早的生命活动是艺术和宗教，随着人类精神和文化的发展，哲学逐渐从艺术与宗教中分化出来。但哲学与艺术、宗教的分化也仅仅是思维方式与表达方式的差别，在本质上它们仍然是相通的；或者说哲学只不过是改用理论思维的方式追寻着那个诗意的、美的世界，正是由于对那个诗意的理想世界的思考、追问与建构，所以，哲学修养不仅可以令人保持"高举远慕的心态""慎思明辨的理性""体会真切的情感""执着专注的意志""洒脱通达的境界"而且也拥有惊奇与想象的精神品质。

（5）科学

在常识性思维甚至于一般性理论思维中，科学文化与人文文化被看作两种不同的知识系统和精神文化现象。科学是以理性、逻辑、实验等专业语言、符号构成的知识系统，而人文文化多是以感性、情感、想象、意象等构成的另一种知识系统（如艺术）。总之，科学是通过各种不同的概念系统和理论模型探索自然和人类精神的奥秘，从而获得关于世界和人类进化的规律性的认识，并进而改造世界和人类；而人文文化尤其是艺术、美学主要是通过意象、情感和形象思维的方式来表现自然、社会和人类精神的美感，从而升华人们对世界的感受与体验。至少从目前人们对于科学与人文文化二者的这种认识而言，科学文化与人文文化不仅在活动旨趣，而且在活动方式上都相去甚远，甚或处于一种对立的状态。

但这不是事实。

---

① 海德格尔.形而上学导论［M］.熊伟，王庆节，译.北京：商务印书馆，2005：13.

人文文化与科学文化不仅不是毫无关系的两种知识现象,也不是两种对立的人类精神活动,而且还具有同一性。人类科学活动的心理动力学源于美:科学所探寻的是宇宙的终极真理美,并将这种美展示、播撒给天下。因此,科学所担承的使命不仅是发现自然现象,把握自然规律,还包括传递人类的人文精神——爱美、求真、自由、创造。

科学研究的目的并非都为了获得真理或某种道德、经济、社会的等实效性目的,其本身就是生命或人生的乐趣,那么,科学与人文便结下了不解之缘,或者说在科学世界的建构中,人文精神发挥着极为重要的心理动力学作用:科学本身就是一种趣味性很浓的精神游戏形式,而游戏恰恰是人类人文精神的根本,即美的活动;正是科学工作以其美的形式使人完全沉迷其中而达到一种"忘我""忘物"的精神境界。由此我们可以认为:正是美的活动,使得科学的目的成为一种人文目标——美的世界的发现与构造。于是,人类科学文化从古至今的延续与发展,便成为人类人文血脉流传的方式。

当然,人文血脉还可以包括文学、伦理等内容,这里就不一一赘述了。

人之所以是一种人文动物,是因为在人类的生命里面流淌着人文血脉,是因为在人类的传统里面川流着人文血脉,是因为在整个人类的历史中贯穿着人文血脉。人文血脉不仅给我们提供人类的传统、记忆,更重要的是它使我们知道了我们是谁、我们来自哪里、我们应当走向哪里、我们应当创造一个什么样的社会、我们应当成为一个什么样的存在者。

美国社会学家希尔斯在《论传统》中说,传统不仅仅是过去的重现,它也是未来的希望。只要人仍然是由动物进化而来的,并且由于人文传统,我们变成了一种人文动物的话,那么人类的血液当中、人类的历史当中、人类的生命当中就会永远流淌着人文的血脉。

(四)知识延展

人类的历史意识

在任何时候,组成人类的个体无论对他本人还是对他人来说都是既定的。他的性格尽管有矛盾,但业已定型,其信仰可能模糊而不确定,但也已经形成,其智力和体力方面的能力也已成形,他的个性特征、他的信仰和他的能力可能极不稳定,以后可能会经历变化;而且他本人和其他人也许只能朦朦胧胧地,或是错误地认识他的个性、信仰和能力。然而在被论及的那一刻,这些性格、信仰和能力是确定的。它们的形成基于每个人的原初遗传天赋以及一种传统沉淀的过程,即在某个盛行着特定的信仰和习俗的既定环境中,一代代人所经历和继承的传统的沉淀。无论他的性格和信仰以后会起何种变化,这种性格和信仰在任何特定时候都是他在过去获得的,也许一些人比另一些人更加易变,但是,无论他们是易变的还是古板的,任何变化都是消除了某些过去影响的结果。无论人们在行动中显示出多么大的,而且是蓄意的自我约束力,稳定而全面的个性决不是他们自己创造的结果。这种稳定性表明,从过去获得的范型不可动摇地主导了个性。有些人具有矛盾心理,并持有明显的自相矛盾的信仰。即使是这样,一些具有不稳定个性的人也受到他们周围各种传统的支配;使他们个性失稳定性的主要原因,不是各种本能冲动的冲突。要他们从已获得并且已得到发展的信仰沉淀中解放出来,其困难程度至少如企图控制他们的本能冲动。大体上来说,个人在不同程度上都接受了他们已经形成了的个性,但是,他们并非总是欣然接受这一事实的、如果他们成功地改变了自己,摆脱了他们已有的个性,逃离了使他们具有这种个性的环境,那么,他们靠自己所获得的不仅是过去就存在的东西,而且还有各历史阶段的后果。一般来说,他们进入了一个已绘制成图的地域,这一地域有其确立的规则、要求和需要。他们获得了一个以前不属于他们的过去。

个人随着生理和神经系统的成熟,在他们所处的环境的压力下和传统的塑造中成长变化。他们中的大多数在变幻莫测的历史事件之流中随波逐流;在对这些事件作出反应的过程中,他们不知不觉地发生了变化。这些事件构成了确定任务和提供机会的环境,而这些任务和机会则以不同形式渗透了传统。这些任务构成了规范性和认知性期待主要由传统形成的期待;这些机会在某种程度上是按照传统准绳配置的自然、社会和文化的资源,它们也是得以接触特种传统的机会。在对这些要求和机会做出反应的过程中,个人获得的情趣和技能,对他们自己来说是新东西,但是,对于他们已涉足的文化来说则不然。他们的宗教信仰和政治态度发生了变化,这意味着他们不再奉行构成他们先信仰和态度的传统,而去遵循其他传统,或者,缩小了思想范围和思想内容。

有关过去的知识和对过去的感受力将关于过去的形象延续至今。但它们并不一定使这种形象成为今天的行动指导。关于过去的形象是传统,但是,它有别于评价现今事件的传统方法,有别于传统的行为方式,有别于传统的目的。这种形象在两种意义上是传统:它将过去作为一种形象延续至今,它将过去的人们对于过去的认识延至今。它使过去的形象成为今天的依恋对象,它增加了过去事物的规范潜能得以生效的机会,然而,它不能保证这种规范潜能的实现。一个充满了过去遗物的社会并不必然喜爱这些遗物。在一个社会中,也许会有人对过远的过去作努力勤勉的学术研究,然而,这个社会中的大多数人对这种过去却几乎一无所知,甚至学者对过去也无仰慕之情。然而,这种过去并不简单地就是真实知识的对象,或回忆对象,它不是个人自己的过去,或是其祖先的过去,也不是在时间和空间上远社会的过去。

(选自[美]爱德华·希尔斯:《论传统》,有删节)[1]

(五)推荐阅读

1. 希尔斯. 论传统[M]. 傅铿,吕乐,译. 上海:上海人民出版社,2009.

---

[1]　希尔斯. 论传统[M]. 傅铿,吕乐,译. 上海:上海人民出版社,2009:51-58.

2.高长江.人文动物[M].长春:吉林大学出版社,2020.

思考与练习

1.简要谈谈人文血脉的价值和意义。

2.为什么说科学也是人文血脉的重要分支?

3.请完成下列练习:

(1)人文文化不仅是人文血脉的血管,同时又是人文血脉中的_____。

(2)_____曾说,诗具有与哲学运思相等同的地位。

第十章　现代性与人文关怀的失落

> 人文主义态度并不能保证大家都会做出好的选择,正确地预见到结果,或者避开灾祸,而只保证,如果我们能找到勇气和意愿来做选择,那么仍有许多选择供我们去做。
>
> ——阿伦·布洛克[①]

(一)知识目标

1. 掌握人文关怀这个概念。
2. 从多角度思考并总结出现代社会人文关怀缺失的原因。
3. 了解人文关怀缺失带来的危害。

(二)知识导图

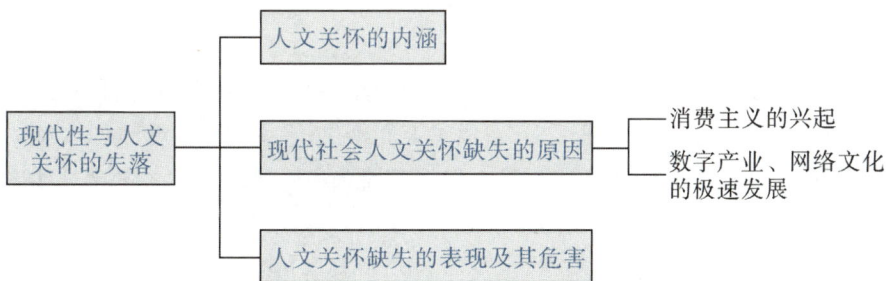

(三)知识要点

1. 人文关怀的内涵

现代社会中,有少部分人的人文关怀面临失落的危机。我们先来具体了解什么叫

---

① 布洛克.西方人文主义传统[M].董乐山,译.北京:生活·读书·新知三联书店,1997:298.

人文关怀。学界对人文关怀内涵的探讨主要集中于人的生存和发展、人的尊严、人性的肯定、人的价值实现、人的全面发展等方面,基本上将其与人文精神、人文主义联系起来加以解释。有学者认为,人文关怀是人文精神的一种发挥与实践,而人文精神则是人文关怀的一种信念与动力。也有学者认为,人文关怀,是指对人类自身的存在和发展中所遇到的各种问题的关注、探索和解答,具体表现为对人的生存状况的关注,对人的尊严和符合人性的生活条件的肯定,它体现的是一种人文精神。还有学者认为,人文关怀应该主要指对人自身的存在和发展中遇到的各种问题的关注、探索和解答,它体现的是一种人文主义。综合来讲,人文关怀的核心就是对人的生存状况的关注、对人的尊严与符合人性的生活条件的肯定等。

2. 现代社会人文关怀缺失的原因

(1)消费主义平面化了人生,矮平化了人的意义。

消费主义,是指导和调节人们在消费方面的行动和关系的原则、思想、愿望、情绪及相应的实践的总称。消费主义遵循消费至上的理念,我们可将消费主义的特征具体概括为:第一,为消费而消费。在现实生活中,我们也能发现少部分人完全忽略消费的真正意义,毫无节制地追求各种物质商品和娱乐消遣的消费,认为消费不仅仅是用来满足个体生存和发展的需要,而是要追求消费所蕴含的"作为社会地位的评价标志"这一象征意义,把消费看作财富、地位、身份的象征,高消费就是人的最高价值实现的标志。第二,消费一切。受消费主义观念影响的部分人不只消费物质产品,还消费精神产品,比如服务、娱乐精神。第三,不顾一切地消费。如有些人不考虑个人的消费能力和消费水平,不计一切后果地消费。由此,我们也可认为消费主义的核心特征是少数人追求体面的消费,渴求无节制的物质享受和消遣,并把这些当作生活的内容。其危害和影响足应引起人们的重视与担忧。①

在早期,消费主义有一定的积极影响,有利于经济的增长和文化的创新,但随着它的不断发展,其弊病也逐渐暴露出来,造成了人的物化、生态环境遭受破坏以及文化的同质化等问题,消费主义生活方式下的人们处于社会和精神的危机之中,从长期来看,消费主义的生活方式是弊大于利的。

(2)数字产业、网络文化的发展,一方面为人们获取信息提供了便捷,另一方面也造成了部分人心智系统的退化。

网络在改变人们生活方式的同时,也影响和改变着人们的世界观、人生观与价值观。这种深入社会和个人的改变让人欣喜,也着实让人困惑与担忧。曾有学者总结网络文化的极端发展带来的大致问题有:网络主体的情感变异、个性迷失、主体沉迷问题等。的确,结合近年来的实际情况,我们可以发现很多人特别是年轻人将谈情说爱转移至网络空间,随之而来的是各种网络话语的随意使用。"通常,人们的个性越能得到

---

① 商超余.品牌营销新论[M].北京:经济日报出版社,2017:6.

彰显和表达,社会就越多元化。反之,越多元化的社会越能促使人们个性化的表达,因为那些通过个性化的表达而获得成功的人对其他人会起一种示范作用。在这种个性化表达中,我们应肯定个人在一定程度上实现了自我价值。但也应意识到仅仅为吸引大众眼球和媒体关注而追求一种过分刻意的个性表达,极易造成自身的迷失,也会造成各种低俗语言和不雅行为充斥网络空间,败坏社会风气。"①另外,无穷无尽的在线视频以及充满刺激的在线游戏,让不少网民特别是心智还不够健全的青少年难以抵挡其诱惑。久而久之,他们便会沉湎于网络世界而无法自拔。

2016 年被称为"中国网络直播元年"。伴随着网络直播的兴盛,"网红"现象异军突起,广告、电商、直播、演艺代言、电子游戏上处处可见"网红"身影。"网红",指通过在网络平台积聚起影响力而走红之人。《2018 中国"网红"经济发展洞察报告》显示,截至 2018 年 5 月,中国"网红"粉丝总人数达到 5.88 亿人,同比 2017 年增长 25%。"网红"粉丝中,53.9%的人年龄在 25 岁以下。

"这些在公众的支持或反对中成长起来的网红,其自身亲历着网络走红给自己带来的一系列影响,同时也给社会带来了巨大影响:第一,一些网红以其极具创造性的造型或行为为公众提供了更多的娱乐,拓宽了人们在日益紧张的社会竞争中的展示或宣泄途径;一些正面的网络红人在不同领域为公众树立榜样,成为新时代的英雄人物,传播正能量,其草根性和亲切感使其与传统名人相比有更好的传播效果,还有部分网红引起社会公众对社会问题的关注,促进了社会问题的解决。第二,一些网红反传统的张扬和表演,扭曲了公众的审美观和价值观,特别是对青少年的影响令人担忧,其爆红后的巨大利益回报,助长了社会上的急功近利风气和不劳而获思想,对我国传统的文化标准带来巨大冲击;在毫无规范约束下的人肉搜索、被爆红等行为,更是对隐私权的践踏。"②

种种事实和现象表明,网络文化的发展确实为人们提供了更多的便利,但同时,网络文化的过度发展所带来的诸多危害,也不容忽视。

3. 人文关怀缺失的表现及其危害

有学者认为当代人类已进入"后人类"存在的境况,即指人性的自然性和完整性的衰退乃至丧失,人的本性如心智、伦理、信仰、理性的消散。这意味着人已经不再是健全、健康的人,而是一种心理或精神病理性存在物。弗洛伊德晚年所提出的"文化集体神经症"、荣格所说"现代性怪物"、弗洛姆所分析的"社会机械人",尽管这些概念和提法具有不同的语境和内涵,但有很多相似点,即缺乏自我意识、缺失意识的整合性,缺少爱以及记忆、反思力的丧失等。而这些,也就是现代社会人文关怀缺失的大体表现和恶果。

现代世界的人文关怀缺失之病的症象更多地表现为心智麻痹、精神厌倦,存在无

---

① 谭志敏. 网络文化与伦理概论[M]. 重庆:重庆大学出版社,2015:6.
② 张羽程. 融合视阈下网络文化育人研究[M]. 南京:江苏人民出版社,2019:152.

聊,尤其是对"病痛"本身的麻木。作家斯蒂芬·茨威格在《昨日的世界》中表现了现代人的这种灵魂迷惘:

> 我的父亲我的祖父,她们见到过什么? 她们每个人都是以单一的方式度过自己的一生,自始至终过的是一种生活,没有平步青云,没有式微衰落,没有动荡,没有危险,是一种只有小小的焦虑和令人察觉不到的渐渐转变的生活,一种用同样的节奏度过的生活,安逸而又平静,是时间的波浪把他们从摇篮送到坟墓。他们从生到死生活在同一块土地上,同一座城市里,甚至几乎总是在同一幢住宅里。至于外面世界发生的事,仅仅停留在报纸上而已,从未降临到他们面前…可我们这一代人的生活,一切都不会重复,已过去的生活不会留下任何痕迹,再也不会回来……总之,在我们之前,作为整体的人类,既没有露出过像我们所见到的那种恶魔般的狰狞的面目,也没有建树过那种好像是神明创造的业绩。……我的父母和祖父母那一代人有幸遇到了这样的时代,他们平静、顺利和清白地度过了自己的一生。①

这与"后人类"之前的人类存在形成了鲜明的对比。"我们这些被驱赶着经历了一切生活急流的人,我们这些脱离了与自己有联系的一切根源的人,我们这些常常被推到一个尽头而必须重新开始的人,我们这些既是不可知的神秘势力的牺牲品、同时又心甘情愿为之效劳的人,我们这些认为安逸已成为传说、太平已成为童年梦想的人——都已切身感受到端对立的紧张关系和不断出现的新的恐惧。"②在对传统社会的浓浓乡愁和深深依恋中,反衬出现代社会人文关怀缺失所带来的严重恶果。

(四)知识延展

失落了的终极关怀

现代中国最深刻的思想危机乃是"意义危机"。正如著名美籍华裔中国思想史学者张灏所指出的,这一"意义危机"在中国人的心智结构中,表现为三个层面的"精神迷失"。首先是"道德迷失",原先行之有效的儒家伦理业已失范,那么新的人际规范和道德律令又是什么? 其次是"存在迷失","内圣外王"的人生境界已被证明为不合时宜,那么个人安身立命系于何方? 存在的意义究竟落实在哪里? 最后是"形上迷失",西方科学提供的睿智成功地回答了外部世界的"什么"(what)与"如何"(how)的问题,然而对"终极原因"(ultimate why)却只能表示令人难堪的沉默,那么世界的终极究竟是什么? 这些在传统价值系统中本来属于不言而喻的东西,如今在现代化变迁的过程中统统发生了问题,失去了原有的价值取向象征。

---

① 茨威格.昨日的世界[M].舒昌善,译.北京:三联书店 1991:3-5,30-31.
② 茨威格.昨日的世界[M].舒昌善,译.北京:三联书店 1991:3-5,30-31.

··········

重建起来的中国终极关怀，必须具有既适应现代化又超越现代化的性质，它要既能够为自由、理性、法治提供价值层面的合法性基础，又能够展现一个崭新的意义世界，控制现代化发展的走向。至于它应该采取什么样的形态，是所谓儒家的第三期复兴，还是基督教神学的引进抑或别的什么，目前还不是遽下结论的时候，还需要做大量和长期的学术研究工作。

在 20 世纪即将结束，文化交流日益频繁，信息通讯更加发达的今天，东西方各种文化系统有了更加充分的对话机会，任何一个民族都不可能在封闭的状态下生存和发展，仅仅与自己的历史对话是远远不够的，必须从全世界的人类精神财富中吸取文化的灵感。从这个大趋势来看，有志于重建中国终极关怀的学者们必有大气魄、大气度，必须向自己的文化传统和世界文化实现多向度的开放。没有一批通古知今，学贯中西的大学者出现，中国终极关怀的重建是断然没有希望的，而这样的大学者中国实在是太少、太少了。除了知识积累有限外，价值导向恐怕也是一个向题，搞西学的往往蔑视传统，治国学的又多少不谙西学，这就自我扼杀了开放的心灵，成为文化上的"单面人"，而"单面人"是断然不能承当重建终极关怀大任的。历史上的西化派与新儒家已经给我们留下了够多的前车之鉴。

要有一批学贯中西的大学者，以宽容、平等、超然、冷静的求知态度沟通中西文化。只有在平等的对话中，传统才能得以重新阐释，重新组合，重新开掘出一片生机。新儒家的失误不在于他们试图拯救一个濒死的文化传统，因为传统无所谓死活，它的意义、它的生命在于重新理解和阐释；就这点而言，新儒家对于救儒学确乎功不可没；问题在于他们在重释儒学时过于拘谨、迂执，过于追求"原"或"重现"先儒的"本意"，以至于缺乏有生机的创造性，这与他们相对封闭的文化心态有关，与他们拒斥与基督教文明对话有关。西学东渐近二百年，每代中国知识分子目光所视皆是西学中的希腊罗马传统，而独独忽视希伯来传统，这不能不说是犯了文化对话中的大忌。因为任何文化对话都必须是同一个层次的对比，如果我们将儒学作为一种价值系统，与之对话的就不应该是科学民主这类知识体系或意识形态，而应该是同样作为价值系统的基督教神学。然而，中国知识界要么一味留恋儒学传统，要么将民主科学提升到终极价值层次，对基督教文明长久紧闭文化的大门这种偏颇既有碍于中西文化的正常对话，也无助于中国终极关怀的重建。

中国文化的"意义危机"不仅意味着终极关怀的失落，同时也是一种价值符号危机。无论是儒学的语言系统，还是基督教神学的语言系统，都不足以反映当代中国人的生存状态和信仰追求，前者在时间上失却了时代的同步性，后者则在空间上与中国人的文化心理存在隔膜。因此，新的价值系统的创造，也是语言符号系统的重建，也只有在一种新的符号结构中，文化价值才有可能造出新意，取得突破。

陀思妥耶夫斯基的小说《恶魔》中的人物斯蒂潘·特罗弗莫维奇说过："人类生存的一个基本条件是，应当有某种无限伟大的东西，使人类能永远对它顶礼膜拜。一旦失去了它，人们将无法生存下去，而死于绝望。"没有什么比精神的虚无更为痛苦的了。

中国人重建终极关怀的过程中要走很长的路—需要几代人的长期努力——这又将是一个无法幸免的现实。

然而我们决不悲观。尽管中国人将继续忍受不发达的痛著、尽管到下一世纪中国进入人口三大高峰时,现代化的步履将更为艰难,尽管在巨额人口与资源匮乏双重压力下的中华民族走向全面富裕的路程将会很长很长,然而,当一个民族在生存上面临生死抉择时,却有可能在精神上绽放出文明的异彩。

应该说客观条件已基本具备。雅斯贝尔斯认为,人类历史已经经历了四个时代:史前时代、古文明时代、轴心时代和科学技术时代。前两个时代是间歇期,而公元前800—200年世界各大文明几乎同时出现了精神的突破,这是一个人类精神觉醒的辉煌的轴心时代。而15世纪开始的科学技术时代延续到今天,创造了巨大的物质财富和庞大的社会组织。然而,人类的精神在物质世界的伟大成就面前却衰落了。当今无论是东方,还是西方,是南半球,抑或北半球,都面临着终极关怀失落的精神危机,这是一个全人类的普遍危机,虽然在各个民族表现的形式不同。这预示着人类历史上一个新的轴心时代即将降临。雅斯贝尔斯在谈到科技时代的成就时说过,或许人类还将经历这些庞大的组织,而走向另一新的轴心时代。这个时代仍将是遥远的,不可见的,不可信的,但却是真实的人类高潮的轴心时代。我们可以很有把握地说,这新的轴心时代已经叩响21世纪的大门,人类在经历了科学和理性洗礼之后,将面临着新的自我觉醒。饱经忧患的中国知识分子有能力,也有责任调动所有文化的源泉,从未来的高度重建人类的终极关怀,为21世纪即将出现的新轴心时代贡献一份中国的智慧。

(选自许纪霖:《寻求意义:现代化变迁与文化批判》)[1]

(五)推荐阅读

1. 王岳川.中国镜像:90年代文化研究[M].北京:中央编译出版社,2001.
2. 李西建.重塑人性[M].武汉:湖北人民出版社,1998.

思考与练习

1. 现代社会人文关怀缺失的原因大致有?
2. 谈谈人文关怀缺失可能导致的恶果,可结合具体事例。

---

[1] 许纪霖.寻求意义:现代化变迁与文化批判[M].上海:上海三联书店.1997:175-203.

第十一章　大学的人文使命及当代陨落

> 大学之道,在明明德,在亲民,在止于至善。
>
> ——《大学》①

(一)知识目标

1.知晓大学的发展历史和价值定位。

2.明晰当代大学人文精神褪色的基本表现。

3.从多角度理解当代大学人文精神缺失的原因。

(二)知识导图

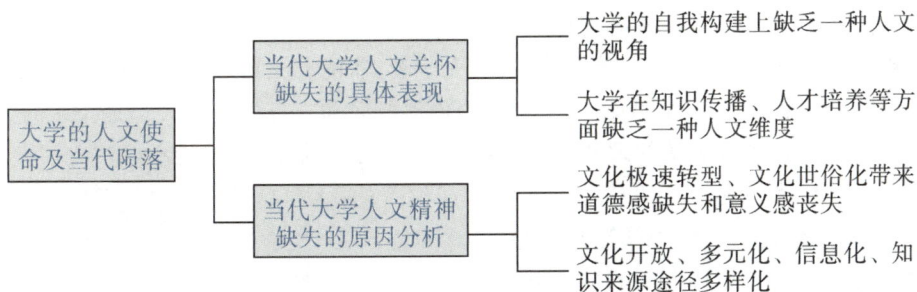

(三)知识要点

1.当代大学人文关怀缺失的具体表现

(1)大学的自我构建上缺乏一种人文的视角。

我们先大致梳理一下大学发展的历史。

大学一词源于拉丁文 universitas,本来意义是指职业性或专业性的团体、会社。

---

① 朱熹.四书章句集注[M].北京:中华书局,1983:3.

一般认为,现代意义上的大学应该产生于欧洲中世纪,是同科学技术和社会发展相适应的,是社会经济、政治和文化发展需要的产物。12世纪,在意大利、法国和英国开始出现了一些最早的大学。14、15世纪,中欧、北欧地区各主要国家也纷纷成立大学,各国大学之间相互影响,并不断扩散到全世界。

把视野放回到国内,"大学"一词,在我国古籍中已存在了两千多年。虽然可以将大学的起源追溯到先秦,但那时候的大学与现代意义上的大学还是存在较大区别的,现代意义上的大学应该是从近代引入西方大学模式以后开始的。中国近现代大学的发展经历了一个从学堂、书院到大学的变化,大学的功能不断完善的过程。特别是改革开放以来,中国的大学得到了飞跃的发展,大学在经济社会发展中发挥着越来越重要的作用。第二次鸦片战争之后,洋务运动兴起,西学渐入,出现了许多新式学堂,如京师同文馆等。西方教会也在中国创办学堂和书院,如上海的圣约翰书院等。1895年中日甲午战争以后,变法之声顿起。当年,天津中西学堂被改办为北洋大学堂,中国近代第一所大学诞生。1898年戊戌变法,京师大学堂成立,这是中国近代第一所国立大学、综合大学。1912年,京师大学堂易名为国立北京大学。这一时期,中国的大学出现了最早的黄金时代。1937年"七七事变"之后,东部与中部大学相继被迫西迁,北京大学、清华大学和南开大学最后迁至昆明组建西南联合大学,铸就中国教育史上的一代佳话。

改革开放以后,中国大学教育得到了快速发展,一批重点大学如北京大学、清华大学、复旦大学、上海交通大学等得到了国家的重点投入,以这些大学为代表的国家重点大学以及许多有特色的地方大学乘着改革开放的春风实现了飞跃式发展,在国家经济社会发展中扮演了非常重要的角色。

在谈到大学的话题时,梅贻琦的"所谓大学者,非谓有大楼之谓也,有大师之谓也"这句话为众多人所征引,以突出大学应有的价值取向和立身之基。大学是公认的人文精神的摇篮。但当今大学的现状却令人担忧,不断走向商业化、社会化。

大学的魅力正在于它的精神。在赵红霞编著的《大学危机管理》一书中,对何为"大学精神"及其大致分类有较为详细的论述。他认为"大学精神"是大学自身存在和发展中形成的具有独特气质的精神形式的文明成果,可概括为创造精神、批判精神和社会关怀精神。

确实,创造精神是大学存在的价值所在,是大学在社会有机体中保证自身地位的根本生命力。曾任哈佛大学校长长达40年之久的艾略特认为,大学文化最有价值的成果是使学生具有开放的头脑,经过训练而谨慎的思考态度,谦恭的行为,掌握哲学研究方法,全面了解前人积累的思想。与之相似,爱因斯坦也认为大学的目标应该是培养有独立行动和独立思考的个人,不过他们要把社会服务看作自己人生的最高目的,一个由没有个人独创性和个人志愿的规格统一的个人所组成的社会,是一个没有发展可能的不幸的社会。

另外,批判精神也是大学精神中不可缺少的一部分。从欧洲中世纪早期的大学开始,大学就以传播知识和研究学问为最高理想。大学的批判精神首先表现为大学教师在教学和科研过程中能够以科学的态度对待传统与现实，破除迷信与保守主义，建立科学的知识体系。大学批判精神的另一方面是对社会现实的理性反思和价值构建。

大学精神还应该包含社会关怀精神。关注现实、服务社会应成为高校的一大职能，高等教育通过科学研究直接转化社会第一生产力——科学技术；通过人才培养，为社会提供生产力中最活跃的因素——高质量的人力资源。

但由于诸多原因，现今一些高校中大学精神出现较为明显的弱化，这不利于大学的长期稳健的发展。

（2）大学在知识传播、人才培养等方面缺乏一种人文维度。

我们很容易就可以发现，现在部分大学在学科设置上呈现一种等级化的趋势，人文学科越来越不受重视。社会转入以经济建设为中心，更多学生希望学习经世致用的学问或者追求可能更有"实利"的专业。特别是随着市场化浪潮的到来，人文学科包括"中文学科"一度风光不再，甚至陷入窘迫，门庭冷落。学科的命运难免受时代潮流的左右，而学科的生命力也往往取决于其满足社会需求的程度，但不能过于偏颇。"一些院校教育观念落伍，仍停留在以技术性为主的精英教育阶段，而忽视对学生进行人文素质的培养，忽视学生未来就业的发展，缺乏突出专业优势面向社会的多元化、实用型人才培养观念，造成人才断层，不能更好地促进社会平稳健康的发展。"[①]

另外，也有学者以我国高校 NSSFC 项目团队为例，来说明学科发展失衡主要是我国长期存在的重理轻文落后思想造成的不良后果。"随着国际科技竞争的不断加剧，我国对科学技术的发展比较重视，高校科技科研团队也得到了比较大的发展，中央政府和地方政府以及高校自身都创造条件，培育了一批国家级、地方级和高校级三个层面的高校科技创新团队。相比较而言，在人文社会科学领域，很少有高校创新团队产生。也就是说，在高校科研团队建设方面，重理轻文的落后思想依然存在，高校人文社会科学科研团队的发展严重落后于高校科技科研团队的发展。"[②]

徐贲在《通识教育是怎样的课程》一文中曾提到，人文教育的意义不在于终端结果，而在于教育过程本身就已经在帮助学生知晓并运用自主生活所需的个人选择、思考、讨论、决定与判断并尽量能够真正把握自己的命运。的确，我们需要有机结合高等教育的内在规律性，形塑以学术研究为导向的教育政策，平衡各个学科之间的关系和发展，从而为现代化发展提供深刻思想与技术创新的源头活水。

人才培养方面缺失人文维度带来了一系列恶果。首先，大学本身的形象受损，其次，整个学习风尚日益世俗。最后，教师能力和水平日益下降。

---

① 刘立云等.高等艺术教育改革发展刍议[M].成都：四川大学出版社，2016：11.

② 张茂林.合作与创造高校 NSSFC 项目团队建设研究[M].武汉：华中师范大学出版社，2017：229.

2. 当代大学人文精神缺失的原因分析

(1)文化急速转型、文化世俗化带来道德感缺失和意义感丧失。

康德曾说过,这个世界唯有两样东西能让我们的心灵深深震撼,一是我们头顶灿烂的星空;二是我们内心崇高的道德法则。的确,道德是人与动物的根本界限之一。中华民族素以文明礼仪之邦著称,道德价值的力量在中华民族的发展史中发挥着重要的作用。但正如在论述文化转型带来的问题时,有学者所称的:"然而当前的社会转型、文化转型却带给大学生太多的思想困惑,市场经济所创造的万花筒式的世界更使大学生感到难以消化,新的消费、新的产品、新的关系等给大学生带来太多的不确定性和迷失感。"①

确实,近年来少数人自私自利、唯利是图的价值取向较为明显,在这些人身上,道德、美学等精神追求都被排除,任何终极价值和意义都被虚无化。这容易让人联想起卢梭曾经尖锐批判过的现象:如果丰富的物质伴随着人性丧失,如果人的世界充满了财物,而唯独人的心灵、人的德性、人的情操失落了,那么,这不是人类的幸福,而是人类的悲哀和没落。

比道德感缺乏更深层次的精神危机是意义感的丧失。这种意义感就是对生命本体的感悟和对生存意义的认同。支撑一个社会或一个人精神的理想或原则,不是一般的观念,而是一些根本性的东西,它是一些价值观念或理想原则。因为它是人们安身立命之本。人的生存从来不是纯粹的存在,它总是牵涉到意义。意义的向度是做人所固有的。因此,有了这样一些意义感,人的生命才能充实,由此才能自觉地用道德原则与理想信念来规范自己的行动,指导自己的行为,充分显示道德主体的尊严。

然而,当今社会少量人由于某些原因丧失了道德感和意义感,正是这种道德感和意义感的丧失,极大程度上带来了人文精神的缺失。

(2)文化开放、多元化、信息化,知识来源途径多样化。

文化传播技术的发展使当代大学生获取信息的途径和方式更为多元、便捷化,但也带来了隐忧和不小的危害。正如有研究者称:"由于大学生的价值观体系尚未完全成熟,缺乏理性判断能力,因此,一旦有来自外界消极信息的干扰乃至渗透,一部分大学生便容易出现主流价值观混乱、价值观主体自由化、理想信念倒退等问题。大学时期正值人生观、价值观形成的关键时期,其思想的可塑性很强,新媒体信息来源的多元化,打破了传统媒体时代大多由老师、家长以及媒体主导的话语权,形成了大学生价值选择的多元化特征。"②也就是说,一方面,此类大学生会由于价值信念的倒退带来人文关怀的缺失;另一方面,信息来源的多元化也削弱了对教师的重视程度,这间接降低

---

① 吴应发,屈莲华.理想点亮人生 信念指引航向:大学生理念信念教育创新与实践研究[M].北京:中国言实出版社,2012:169.

② 李杨,孙颖,李冠楠.新媒体时代的大学生思想政治教育教学研究[M].长春:吉林大学出版社,2016:13.

了对教师的尊敬意识。

关于教育主体优势地位出现动摇的状况,有研究者这样论述:"对于教育对象而言,传统的教育主体不仅具有其特色的理论优势,而且还富有历史、人文、社会等底蕴优势,教育者在多年知识信息积累的基础上,可以在教育过程中充分展现自我的教育魅力,也就是相对受教育者而言,他们是处于优势地位的。由于教育者对传统媒体占有量较多,他们可以及时准确地把握社会经济、政治和文化动态,并结合思想政治理论教育,从而丰富教育形式,充实教育内容,提升思想政治教育的凝聚力和向心力。因此,传统教育是在教育主体和教育客体的知识信息不对称的基础上建立起来的。不过,新媒体打破了这种传统格局,在新媒体时代,海量的知识信息传播快捷,具有大众性特征,而大学生作为新媒体运用的主要力量,可以借助新媒体快速获得各类社会信息,甚至在某些方面的了解比老师还要多,从而改变了自身在传统教育中知识信息劣势的格局。导致教师在学生心目中的形象变得不再高大无比,其在学生心目中的优势地位也开始下滑,这便给教育者的主体地位带来了挑战,从而使教育主体的优势地位出现动摇。"[①]这种情况不利于和谐师生关系的建构,容易导致师生之间关系的恶化、冷漠化,也从整体上危害大学人文精神的建立。

(四)知识延展

人的教育

其实,自古以来,人类教与学的知识就分两种。一种可称为"普遍的知识",它们往往和实际的利益与应用没有直接的关系,而是关系到人类对自己,对世界,对自然和宇宙的一般认识与理解,即现在一般称为"基础理论"的东西。它们虽然不能产生实际的利益,没有实用的价值,却对于人性的完善与提高和人类文明程度起着重要的推动作用。另一种则是"实用的知识",也可称为广义的技术。这类知识与社会需要密切相关,具有广泛的实用性,给人类带来直接的利益。这两种知识分别满足人性的不同要求,自古以来就处于一种紧张的关系中。柏拉图著名的洞穴寓言就反映了这样一种紧张关系。这个寓言是这样的:

人被锁在一个洞穴里。他们只能看到墙。影子在墙上移动。经过仔细观察,他们知道了映在墙上重复出现的影子形式的种种系列。对他们来说,这意味着知道和说出下一个形式。有一天,有人挣脱锁链跑到洞外,走进了真实世界的光天化日之下。但如果那人最终又被迫从光天化日之下回到洞中,那他将会遭到那些仍被锁在洞里的人的嘲笑,因为一下陷入黑暗使他处于盲目状态,无法辨别方向。但那到洞外去过的人则觉得那些仍被锁在洞里的人太可怜,居然不知道真实世界是怎样的。真实世界的知

---

①　李杨,孙颖,李冠楠.新媒体时代的大学生思想政治教育教学研究[M].长春:吉林大学出版社,2016:15.

识和洞穴的知识处于一种不可克服的紧张中。

普遍的知识和实用的知识也同样如此。这种紧张是由于人们往往各持一端,陷于自己的偏见而不自知。对于那些只看重实用知识的人来说,一切追求普遍知识的人都像那刚从光天化日之下回到洞穴里的人那样,完全是盲目的。可对于那些相信他们发现了真实世界的真相的人来说,他们会笑那些追求实用知识的人就像那些要在黑暗中发现秩序的人那样徒劳无功。实际上双方都囿于自己的偏见,而对于人类来说,这两种知识都是需要的。人类需要实用的知识对付眼前的问题和需要,也需要普遍的知识给自己确定长远的目标和选择。人类要行动,也要理解,两者不可偏废。只有普遍知识而无实用知识,人类将举步维艰;反之,只有实用知识而无普遍知识,人类同样会陷入困境。

问题是人类如何真正认识到这一点。后现代批判动摇了许多现代的形而上学假设,却丝毫没有触动现代的形而下的实用——功利倾向。相反,由于对现代形而上学假设的批判进一步加强了这种倾向。各国的教育都越来越技术化,大学越来越像许多专业技术学校的集合。现在要做的已不是在学校里加一些通识课程和修身课程之类治标的办法,而是人类的知识观念必须有一个根本改变。人类的知识形态必须在此基础上重新组合;人类对自己的生活目的和人类的未来必须有一个积极主动的认识,而不是盲目地让自己被欲望领到一条自行毁灭的道路上去。人类必须对自己的命运、目的和知识有一个新的认识,对自己的生活有种新的理解和看法,才能从根本上改变目前这种把人当商品、工具或材料来生产或加工的教育观念,才能形成一套不同于现行的教育制度与方法的新的教育制度与方法。否则,终有一天,在即将到来的信息社会和知识社会里,教育也会成为一种新兴的工业。

对坚持教育是人的教育,是人的事业的人来说,现在所能做的是在自己所从事的教育工作中尽量体现和突出人性。师生间建立亲密的人性关系,教学中突出知识的人性内容或人性意义,最重要的是唤醒学生通过教育自我完善的意识。他们的确不能改变课程的日趋专业化和破碎化也不能改变社会对学校和学生教育观念的巨大影响,但他们可以通过自己的教学和为人使学生认识到,最光荣伟大的事业莫过于做一个人。

(选自张汝伦:《坚持理想》)[①]

(五)推荐阅读

1. 赵汀阳.论可能生活[M].北京:中国人民大学出版社,2004.
2. 高长江.现代化:文化批判与重建[M].长春:吉林人民出版社,1999.

[①] 张汝伦.坚持理想[M].上海:上海人民出版社,1996:134-136.

思考与练习

1.谈谈你对"大学"的理解。

2.当代大学人文精神缺失的大致原因有哪些?

3.请完成下列练习。

(1)这个世界唯有两样东西能让我们的心灵深深震撼,一是我们头顶灿烂的星空;二是我们内心崇高的道德法则,这句话是_____说的。

(2)1937年"七七事变"之后,东部与中部大学相继被迫西迁,北京大学、_____和南开大学最后迁至昆明组建西南联合大学。

第十二章　人文素养的当代意义

> 刚柔交错,天文也;文明以止,人文也。观乎天文,以察时变;观乎人文,以化成天下。
>
> ——《周易·贲·象》

(一)知识目标

1.理解现代社会开展人文素养教育的重要意义。
2.把握人文素养对于个体人生的重要意义。

(二)知识导图

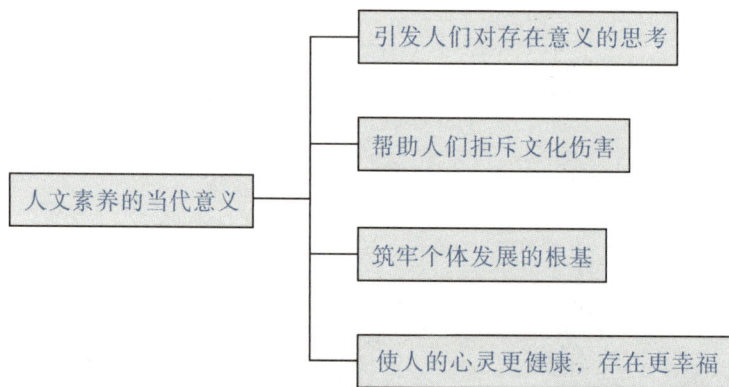

(三)知识要点

人文素养的灵魂与核心是对人类生存意义和价值的关怀。

1.引发人们对存在意义的思考

人文教养这一价值的述说虽是一个传统的话题,但却是人之为人的一个永恒活题,是一个人之为人所必须思考、必须搞清楚的一个问题。作为与这个地球上的其他动物一起从自然选择进化而来的一个特殊物种,人之所以能够区别于其他动物,是因为人是一个能够对存在意义进行思考、建构、反思、再建构的人文动物。用东西方哲学共同的人学母题来表述,也就是人之为人必须要知道"我是谁? 我从哪里来? 我要到哪里去?"这些存在的大问题。缺失了这种思考,丧失了这种意义,散失了这一文化记忆,人就只能很大程度上返回动物的那种阶段和水平。

应当承认,现代社会是开放的,文化是多元的,道德是包容的,价值选择也是自由的,但是,无论我们如何强调文化多元、道德包容与价值选择自由,既然我们成为"人类"这个种系的一员,就应以"人文"的标准来生活。而衡量人与非人的标准只能有一个:如果我们承认我们属于地球上特殊物种的一员,那么,我们就必须遵循人类这个物种千百年进化发展的轨迹:寻求意义,坚持理性,捍卫价值,守护尊严。这也是东西方文化几千年来人文主义的基本品质。人文教养就是通过古往今来人类历史上人文主义者的人文理性与人文实践向我们展示的人类存在之至真、至善、至美的境界,激活并强化每一个人的历史记忆,坚守人文动物存在的意义框架。

2. 帮助人们拒斥文化伤害

当代虽然是一个文化丰富、丰富得我们消费不了的"文化炫目"时代,但也同样是一个各种劣质文化对人类的心灵、精神乃至生命严重伤害的时代。商业文化、娱乐文化、技术文化、网络文化,消费主义、媚俗主义、神秘主义……从"文化达人"到影视红星,从网络主播到娱乐明星……人们确实体验着丰富多彩的文化,这是我们的父辈、祖辈做梦也不曾想到的。然而,人们接受与品尝的这一秀色可餐的文化拼盘却含有众多的不良因素。这一残酷的文化现实给当代社会的人文复兴提出了一个相当严峻的课题。文化民主与文化兼容确实是当代社会的人文品质,但培养公民的理性、优雅、有品味的精神素养,更是人类人文文化的灵魂。如果人们具备了基本的人文素养,就不会去看那些无聊的东西,去听那些乏味的话语,去消费那些低俗的文化,去消受心灵的空虚与精神的困顿。从社会生物学的意义上说,人的生命是幸福还是悲哀既取决于我们的基因组,又取决于我们所生存的环境,更取决于我们个体的心理努力。如果我们每天都活得很无聊、乏味、空虚、琐碎,并且不能有充分的理由证明这种生活的意义,那么这并不意味着我们的运气不好,而是我们的修为不够。

3. 筑牢个体发展的根基

多少年来我们一直坚守这样一个信条:个体的发展既得益于我们先天的财富,如染色体,又得益于社会化,如文化教育对我们的心智开发。但我们必须清楚,人类的环境适应能力、改造能力并不完全取决于知识储备的数量而还取决于知识储备的质量,尽管迄今为止,人类仍然还在用千万年前进化出来的那个不可思议的古脑处理环境信息,经验、常识、传统知识仍然在发挥作用。但是,我们现在所处的时代已经不是19、20世纪。这是一个社会疯狂、知识爆炸、信息充斥的大变革、"大数据"时代。人们从家庭、社会、学校所学到的那些传统的生活经验、技术和知识在当代社会很难再给个体的发展提供多少助力。有一个例子很能说明问题：近几年国家教育部门、劳动力市场公布的诸多热门职业，在10年前它们还都没有出现。由此可见社会发展以及人类的知识、技能更新之迅急。然而，我们现在很多基础教育、高等教育学校还在教授学生10年前乃至20年前的知识系统，还在用中国传统教育方法组织课堂教学。大量事实证明，很多学生所学到的很多知识对于人生与工作实践用处不大，很多学生不得不重新补课；更有一些学生面对陌生的世界因手无寸铁而心理素质急剧下降。著名社会学家乌尔里希·贝克曾说过，在这样一个更新迅猛、瞬息万变的社会面前，"只有极少数人是幸运儿，能够把握他们自己的命运，大多数人都无法做到这一点。在一个充满着走钢丝般生活经历的社会中，精神紧张、审美需求（艺术魅力）及恐惧给每个人带来极大的压力，最终使得许多人坠入深渊。"①

那么，那些"能够把握自己命运的人"所凭借的是什么呢？众多毕业生普遍认为最重要的资本是他们在大学所储备的人文知识、积累的人文素养。正是人文文化为其较好地适应这个"风险"社会提供了最基本的社会资源和心理资源，如哲学、历史、文学、艺术、美学等人文学科所形成的个体坚韧、毅力、勇气、责任的人格结构以及自由的想象力、对善恶美丑的辨别力、对美好事物的感知力，尤其是对世界万物的好奇心与追问的精神活力。人类进化几千年沧海桑田，大浪淘沙，但人类这个种系对人文文化的信仰以及追求之所以始终如一，是因为人文文化在人类生命的底层、在人类心灵的深层为人们提供了适应环境、驾驭环境的认知数据与认知能力。更深层次地是在人类所创造的文化系统中，之所以存在着一种人文文化，并非因为人类对文化多元的渴求和文化消费的欲望，而是因为人无法脱离人文文化而在场，人可谓对此别无选择。总而言之，人文文化创造并非人类为了挣脱野性而拥有"文明"这样一种"形象美学"的考量，而是为了弥补自己生存与进化能力的先天不足。

4. 使人的心灵更健康，存在更幸福

当代社会，各种各样的心理-精神问题正困扰着人们，抑郁症、焦虑症、偏执症、孤独症、妄想症等。也正因此，心理治疗师、心灵康复师才备受欢迎。确实，有不少人的生活幸福感并没有随着经济收入的增加而提升，尤其是心理生活与精神生活，近年来的不少公共精神医学统计数据的报告使我们不得不承认，近年来患各种各样心理-精神障碍的人数（虽然并未都达到临床水平）已经突破了我们的想象力所能承受的上限，而且数量还在不断激增。

那么，如何解决大众的心理困扰问题？技术回答是否定的。一方面，心理治疗师、康复师的数量与心理障碍患者的数量不成比例；另一方面，心理问题有它发生的社会背景，就像弗洛伊德和荣格所面对的疾患群体而采取不同的治疗手段一样。当代社会的心理障碍源于文化认知，也就是我们这个时代没有为人们提供一个有意义、有心灵

---

① 贝克.个体化[M].李荣山等,译.北京:北京大学出版社,2011:58.

关怀和美好、幸福存在体验的人文环境。无论人类的进化达到何种水平,人类的心灵状态与环境质量密不可分。我们的意识、心灵、精神体验源于我们对环境数据的加工与体验。高尚的人性根植于高尚的生态体中。柏拉图对"诗人"的驱逐,康德对头顶星空的敬畏,斯宾诺莎在"永恒的形式下"观察生活以及中国孔子编"诗经"、孟母"择邻而居",就是源于对人性修养、存在之幸福与环境之关系的深刻理解。从认知神经科学、认知心理学的原理看,每一次有意识的知觉加工,都会引起有机体相应的情绪感受并产生某种精神体验。从有机体生命管理最基本的生物调节角度看,快乐的感受使我们产生愉悦、和谐的精神体验。它不仅避免了我们对生命能量和时间的浪费,而且它所产生的情绪体验也与我们体内自动平衡装置的工作原理相一致,使我们的身心更健康。人类的艺术、宗教、伦理就是在这种生物学背景下产生的。因而,我们有充分的理由追求快乐、和谐、美好的生活。

其实,在我们的生活环境中,并不乏这样真、善、美的人文文化信息:优美的大自然、图书馆的人文著作以及伟大的艺术作品等。如果我们每天少看几个小时的综艺节目而欣赏一部优秀的影视,每天少读几十分钟网络平台上的无聊信息而欣赏几首中外著名的诗篇,每天少在微信"朋友圈"嘶闹而静下心来写一篇"心灵记忆",每天少在车水马龙中闲逛而慎独与反思你的生活,那么,你就会成为一个有品味的人、心灵和谐的人、精神充实的人,也是一个幸福的人。

(四)知识延展

人文精神的意义

1993 年岁末,上海的一批青年学者在酝酿以人文精神为题展开一系列讨论时,万万没有料到,不久以后它竟会成为文化界使用频率最高的流行语之一。就像过去的科学、民主、自由等一样,一旦人文精神的谈论成为时尚,就不可避免地会发生语义多歧,误解纷起和莫衷一是的局面。于是,人们最关心的仍然是:究竟什么是人文精神?

然而,在一个本质主义已经遭到普遍置疑的知识时代,这一问题可能已经成为一个伪问题。我们无法在一个抽象的、思辨的层面上确定人文精神的标准含义,因为一个词的意义总是能动的,与具体的语境相关的。置身于不同的语境,就具有不同的意义。当我们在计划经济时代呼吁人文精神时,它的意义在于对人的正常欲望的肯定和对人的主体地位的追求;当我们说顾准"在地狱中的思考"充满人文精神时,指的是那种反思精神;当上海的青年学者们讨论人文精神时,其语境和意义又有了很大的变化,九十年代中国出现的世俗化、技术化和功利化的单边发展,使得人的精神关怀和价值追求受到了普遍的忽视,而人文精神的提出,正是对这一现实的批判和超越。

我们可以回答人文精神不是什么,比如不是专制,不是匮乏,不是物欲的泛滥,不是技术统治一切,但我们无法确切地说人文精神必定是什么,当我们一定要说它是什么的时候也就限制了它开放的、多元的意义,它在不同语境下的具体意义。当然这并不意味着人文精神就是一只大麻袋，什么美好的东西都可以往里面装，它毕竟还有自己公共的"意义群"，它在不同语境下所呈现的意义体现着维特根斯坦所说的"家族类似"的性质；这一性质很难以确切的语言表达出来，但可以比较不同语境下的意义经验地体会出来。

人类精神涉及人之成为人的最基本的原则和律令。这一律令正像康德所说的"人是目的"的道德律令一样，是一种非经验性非实质性的形式化规定，它回答的是人之所以成为人的可能性问题。另一方面，作为一种话语范式，它又是韦伯所说的"理想类型"。人文精神作为"概念形式化的工具"，提供了主观建构的可能性，是经验事物的形式条件。要使其成为必然出现的事物，还必须填充进现实的、历史的、经验的内容。我们无法直接确定人文精神的抽象意义，只有在具体的历史文化语境之中，置身于一定的话语体系，赋予其明确的实质性内涵，它的意义才会呈现出来。人文精神只是一种规范性的指向，至于这一原则在历史中如何理解，如何落实，可以多元的、开放的，能够通过理性争辩的。人文精神不应该为某家某派所独占和垄断。某种经验性的现实或话语是否符合人文精神，不应该由谁来裁决，而只能通过不同价值体系的对话和沟通以达到共识。人文精神不仅内部是可以讨论的而且对外是开放的。它并非仲裁历史或现实的终极标准或元话语，它只是众多合理性标准中的一种，它拒斥以己为尺度完全否定历史进步的标准或物质生产的效率原则，但也同样反对后者以一种元话语的面目出现贬低人文精神的规范化意义。

人文精神由于其所具有的精神乌托邦性质，实际属于一种否定的反思的话语，而非肯定的、建构的话语。它类似于罗蒂所说的"启迪哲学"，永远留在正常话语的外围。它并不为时代提供正面的建设性蓝图或体系化的清晰话语，它只是以自己的独特角度审视着世界，以超越的立场实现对社会的批判。人文精神对世界的意义在于它的乌托邦层面，在于不断地以自己深刻的思考和尖锐的声音提醒世俗社会的人们，在追求工具合理性的同时，必须回头检视目的的合理性和行动的意义问题。不过，人文精神也有其自身的合理性限度。如果有谁以目的合理为借口超越界限，从话语批判走向社会建构，从个人信仰走向群体实践，设计以实现人文理想为目标的社会改造整体工程，或者推行道德教化、精神运动，人文精神就会失去其正面的意义，显现出悲剧性的负面。格尔和顾城分别是西方和中国两个再好也不过的极例。在他们的思想深处，都有很丰富的人文精神，但是他们却以不同的方式越过了合理性界限，反而违背了人文精神的原本的规范性原则。由此我们可以看到，人文精神的确需要警惕那种为神圣名义所使的，以道德理想主义为旗帜的，群体化的社会实践冲动。

人文精神作为一种批判性话语在属性上应该是归属于知识分子的。罗蒂说过："知识分子作为知识分子，本来就具有特殊而奇异的需求——希求不可名状，希求崇高，希求超越限制，希求完全自由地应用语言，不受制于社会制度。"这就意味着，知识分子与其他社会群体不同，他们所依据的不是现实世界中个人或某群体的利益，而是超越于各种具体利益之上的精神乌托邦立场。这种立场是独立于系统世界中的权力与货币运作之外的，而与哈贝马斯所说的生活世界密切相关。对于"系统世界对生活世界殖民化"(哈贝马斯语)的抗拒,除了公共领域和市民社会的构建之外,还要有一个精神的支点和本源的立场,这,就是人文精神。如果说人文精神之于当代中国,就像以往的革命、解放、民主、自由等一样,已经成为一种神圣词汇的话,那么蒙受这种神圣性恩泽的不是别人,正是批判型知识分子自身。人文精神,成为当代知识分子独立于权力与货币的操纵,实现批判性思考的合法性渊源所在。

(选自许纪霖《寻求意义:现代化变迁与文化批判》)[1]

(五)扩展阅读

1.辛格.我们的迷惘[M].桂林:广西师范大学出版社,2002.
2.奥依肯.生活的意义与价值[M].上海:上海译文出版社,1997.

思考与练习

1.简要谈谈人文素养的当代意义。
2.为什么说人文素养可使人的心灵更健康,存在更幸福?

---

[1]　许纪霖.寻求意义:现代化变迁与文化批判[M].上海:上海三联书店.1997:234-236.

下篇

人文科学经典阅读

第一章 哲　学

一　哲学理论

(一)原典辑录

哲学是什么[①]

孙正聿

学习或研究哲学,人们首先就会提出一个问题:哲学究竟是什么?

"哲学"这个词源于古希腊文的"philosophia",意思是"追求"(philem)和"智慧"(sophia),即爱智。在汉语中,"哲"是聪明、智慧的意思,以"哲学"翻译和表达"philosophia",往往使人把"哲学"视为"聪明之学"和"智慧之学",亦即把"哲学"当做智慧的总汇或关于智慧的学问。然而,人类所创造的常识、宗教、艺术、伦理和科学,不都是人类智慧吗? 由这些智慧所构成的人的常识世界、宗教世界、艺术世界、伦理世界和科学世界,不都是人类智慧的结晶吗? 由人类智慧所创建的物质文明和精神文明及其相互融合而形成的人类文明史,不也可以说是人类智慧的发展史吗? 由此可见,哲学是智慧,但智慧并不就是哲学,仅仅把哲学视为智慧的代名词,显而易见是不恰当的。我们应当按照哲学的"爱智"的原义去思考哲学。

爱智,虽然它也是智慧的表现,但却不是通常意义的智慧,而是对待全部智慧的一种态度。这种态度,就是对智慧本身的真挚、强烈、忘我之爱,也就是"爱智之忱"。

爱智的哲学,不是回答和解决各种具体问题的"小智慧"和"小聪明",而是关于人类生存发展和安身立命的"大智慧"和"大聪明"。它是理解和协调人与自然、人与社会、人与历史、人与他人、人与自我的关系的智慧,所以它是"世界观""历史观""人生观"和"价值观",它要为人类的生存和发展提供"安身立命之本"和"最高的支撑点"。

---

① 节选自孙正聿.哲学导论[M].北京:中国人民大学出版社,2000.有删节,小标题为选辑者所加。

1　作为世界观理论的哲学

人们通常是把哲学称作"世界观理论"或"理论化的世界观",并试图通过这个定义来明确哲学的理论性质,确认哲学的研究对象,显示哲学的社会功能。然而,在对"世界观理论"的理解和解释中,却存在下述亟待回答的问题:第一,怎样理解"世界观理论"是以"整个世界"为对象,并从而为人们提供关于"整个世界"的"普遍规律"的? 第二,"世界观理论"与哲学的"基本问题"是何关系? 能否离开"思维和存在的关系问题"去回答"世界观"问题? 第三,"世界观"是人站在"世界"之外"观"世界,还是人把自己同世界的关系作为对象而进行"反思"? 第四,"世界观"同"认识论""方法论"是何关系? 为什么说哲学是世界观,也是方法论? 为什么说世界观、认识论、方法论是统一的? 第五,"世界观"同"历史观"是何关系? 能否把"世界观"同"历史观"分割开来,离开"历史观"而谈论"世界观"? 第六,"世界观"同"价值观"是何关系? 人对世界的认知关系、审美关系和价值关系是不是统一的? 对这些问题的思考,表现了当代哲学对智慧的强烈而真挚的忘我之爱。

这里我们讨论"世界观理论"与"普遍规律说"的关系。作为一种通行的哲学观,"普遍规律说"认为,各门科学只是研究世界的各种"特殊领域",并提供关于这些领域的"特殊规律";而哲学则以"整个世界"为对象,并提供关于整个世界的运动与发展的"普遍规律";因此,哲学是关于世界的根本看法的世界观理论。

这种"普遍规律说"的哲学观,具有深远的哲学史背景。在哲学的发展史上,从古希腊哲学"寻取最高原因的基本原理",到德国古典哲学寻求"全部知识的基础"和提供"一切科学的逻辑",就其深层实质而言,都是把哲学定位为对"普遍规律"的寻求。

这种"普遍规律说"的哲学观,具有深刻的人类思维的根基。人类思维面对千姿百态、千变万化的世界,总是力图在最深刻的层次上把握其内在的统一性,并以这种"统一性"去解释世界上的一切现象,以及关于这些现象的全部知识。思维的这种追求以理论的形态表现出来,就构成了古往今来的追寻"普遍规律"的"哲学"。

这种"普遍规律说"的哲学观,更具有深切的人类实践的根基。人类的实践活动,是以人类关于世界的规律性的认识为前提,并以人类自己的目的性要求为动力去改造世界,把世界变成对人来说是真善美相统一的世界。没有关于世界的规律性的认识,人类就无法成功地改造世界以造福人类自身。因此,人类在自己的历史性的实践活动中,总是不满足于对世界的不同领域、不同侧面、不同层次的认识,而总是渴求获得关于"整个世界"的"普遍规律"的认识。寻求"普遍规律"的渴望,激发起一代又一代人的哲学思考。

这种"普遍规律说"的哲学观,直接地与近代以来的科学发展密切相关。近代以来的科学,不仅分门别类地研究了自然界的各个领域,而且逐步分门别类地研究了人类社会历史的各个侧面和各个领域,特别是随着现代自然科学、社会科学和思维科学的蓬勃发展,"自然""社会"和"思维"这三大领域,日益成为科学的直接的研究对象。正是在这种背景下,人们从哲学与科学的关系出发,或者致力于区分二者的"对象",或者强调划清二者的"领地",或者探寻剥离二者的"职能"等,并由此提出,哲学以"整个世界"为对象,并从而提供关于"整个世界"的"普遍规律"。

然而,在对哲学的这种通常理解中,却存在两个值得认真思考的重要问题:

其一,这种通行的"普遍规律说",只是从"哲学"与"科学"的二元关系(二者关系)中去理解哲学,而没有从"哲学"与常识、科学、宗教、艺术、伦理等的多元关系中去理解哲学,因而无法解释和说明哲学的多重性质和多重功能。对此,哲学家罗素曾经提出,哲学是某种"介乎神学与科学之间的东西","它和神学一样,包含着人类对于那些迄今仍为确切的知识所不能肯定的事物的思考;但又像科学一样是诉之于人类的理性而不是诉之于权威的,不管是传统的权威还是启示的权威"①。由此,我们可以进一步追问:哲学不是宗教,为什么它也给予人以信仰?哲学不是科学,为什么它也赋予人以真理?哲学不是道德,为什么它也启发人向善?哲学不是艺术,为什么它也给予人以美感?难道哲学什么都是又什么都不是吗?这又启发我们,在对哲学的现代理解中,需要从人类把握世界的多种基本方式的相互关系中,重新理解哲学。

其二,在把哲学解释为关于"普遍规律"的学说时,常常是离开哲学的基本问题——思维和存在的关系问题——去看待哲学对"普遍规律"的寻求,把哲学当成经验常识或实证科学的"延伸"或"变形",其结果往往把哲学理论混同为其他的实证知识。由此我们可以进一步追问:哲学如何研究"世界"?哲学是为人们提供某种关于"世界"的"知识"吗?为什么说哲学是"爱智"和"反思"?"反思"的哲学是以"世界"为对象,还是以关于"世界"的"思想"为对象?这就启发我们,在对哲学的现代理解中,需要从哲学的基本问题即"思维和存在的关系问题"出发,重新理解这种"普遍规律说"的哲学观。

2　世界观与人和世界的关系

"世界观"并不是人站在世界之外去"观世界",并从而形成关于"整个世界"的知识。如果是这样,哲学就不是以"思维和存在的关系问题"作为自己的"重大的基本问题",而是以"世界"本身的存在及其运动规律作为自己的研究对象和基本问题。如果这样理解作为"世界观理论"的哲学,就会混淆哲学与科学这两种方式之间的相互关系,就会把哲学视为一种具有最高的普遍性和最大的普适性的"科学",乃至总是把哲学当成凌驾于科学之上的"科学的科学"。

"世界观"是人对自己与世界的关系的理解,"世界观理论"是理解和协调人与世界之间关系的理论。正因如此,哲学不同于科学,它不是把"整个世界"作为自己的对象,而是把"思维和存在的关系问题"作为自己反思的对象;它不是为人们提供关于世界的知识,而是为人们提供理解和协调人与自然、人与社会、人与历史、人与他人、人与自我"相互关系"的"大智慧"和"大聪明"。为了深入地思考这个问题,在对"世界观理论"的

---

① 罗素.西方哲学史(上卷)[M].何兆武,李约瑟,译.北京:商务印书馆,1963:11.

理解中,我们需要提出和分析三个重要概念及其相互关系,即"自在世界""世界图景"和"人类把握世界的基本方式"及其相互关系。

所谓"自在世界",就是自然而然地存在着的世界,处于生生不息地运动和变化中的世界。把它称作"自在世界",不仅仅是指它外在于人而存在,不以人的意志为转移而存在,而且主要是强调"自在世界"这种提法本身就意味着还没有从人对世界的关系出发去看世界。一旦从人对世界的关系出发去看世界,世界就成了人的"对象世界",世界就成了人的"世界图景"。

所谓"世界图景",就是人以自己把握世界的各种方式为中介而形成的关于"世界"的"图景"。这种解释表明了"世界图景"的不可或缺的二重内涵:其一,世界图景是关于世界本身的图景,是关于人与世界关系的图景,而不是某种与人或世界无关的图景,即使是宗教的幻化的世界图景,也只能是以幻化的方式所构成的关于人与世界关系的图景;其二,关于世界本身的图景,关于人与世界关系的图景,不是自在的世界,不是自在的人与世界的关系,而是人以自己把握世界的多种方式为中介而构成的图景,这样的"世界图景"离不开人类把握世界的基本方式。因此,作为"世界观"理论的哲学,就不是直接地以"世界"为对象而形成关于"世界"的种种"思想",而是从"思维和存在的关系问题"出发,以人类把握世界的各种方式,特别是科学方式所形成的关于"世界"的"思想"为对象,去反思"思想"与"世界"的关系、"人"与"世界"的关系,从而形成关于人与世界相互关系的"世界观"理论。由此,就凸现了"人类把握世界的基本方式"在"世界观理论"中的地位与作用。

所谓"人类把握世界的基本方式",简捷地说,就是人类把"自在的世界"变成自己的"世界图景"的方式。人类在其漫长的形成和演进的过程中,逐渐地形成了人与世界之间的特殊关系,即:人类不仅是以其自然器官与世界发生自然的"关系",而且特殊地以自己的"文化"为"中介"而与世界发生"属人"的"关系"。常识、宗教、艺术、伦理、科学和哲学等,就是人类在实践活动的基础上所形成的与世界发生真实关系的"中介",也就是人类"把握"世界的"基本方式"。

人类以自己"把握"世界的基本方式为"中介"而与世界发生关系,这表明人是历史的、文化的存在,人的"世界图景"是与人的历史性的存在与发展密不可分的,因此,不能从"纯自然"的观点去看待人与世界的关系,而必须从历史的、文化的观点去看待人与世界的关系。合理的"世界观理论"只能是从"现实的人及其历史发展"出发而构成的哲学理论。因此,在对"自在世界""世界图景"和"人类把握世界的基本方式"这三个重要概念及其相互关系的分析中,重新理解与阐释作为"世界观理论"的"哲学",这本身正是意味着一种理解人与世界关系的真正的"世界观理论"。

3　世界观与历史观

哲学世界观是关于人与世界相互关系的理论,因而也是人们理解和协调人与世界相互关系的理论。在人与世界的相互关系中,人究竟是怎样的存在,这是一个最具根本性的理论问题。古往今来的哲学,正是由于对"人"的不同理解,从而导致了对人与世界相互关系的不同理解,并进而构成了不同的世界观理论。因此,"人"的问题在哲学中占有特殊的重要地位。

人是社会历史的主体,历史不过是追求着自己的目的的人的活动而已。在这个意义上,历史表现为人们自己创造自己的历史,表现为人的活动过程。但是,人们创造历史的活动又不是随心所欲的,不是在他们选定的条件下进行的,而是在既有的、给定的、别无选择的历史条件下进行的。在这个意义上,历史又表现为不以人的意志为转移的历史过程,表现为制约和规范人们的创造活动的历史规律。这表明,人与历史是不可分割的。人是历史性的存在,对"人"的理解,本质上是对"历史"的理解,"历史观"同作为"世界观"理论的哲学是息息相关的。

在历史观中,一个自古以来争论不休的根本问题就是人的创造历史的活动与历史的客观规律的关系问题,它具体地表现为"人决定环境"还是"环境决定人"、"英雄造时势"还是"时势造英雄"等问题。在哲学的发展史上,马克思从人的现实存在及其历史发展出发,合理地回答和解决了这个困扰哲学家们的历史观的"二律背反"问题,从而创立了唯物史观,实现了哲学发展史上的革命性变革。

马克思提出,人的存在是有机生命所经历的前一个过程的结果。只是在这个过程的一定阶段上,人才成为人。但是一旦人已经存在,人,作为人类历史的经常前提,也是人类历史的经常的产物和结果,而人只有作为自己本身的产物和结果才成为前提。[①] 人作为"历史的经常前提",总是"前一个过程的结果",他们的历史活动总是决定于在他们以前已经存在、不是由他们创立而是由前一代人创立的历史条件。因此,人们的历史活动并不是"随心所欲"的,人们的历史活动的结果表现为不以人们的意志为转移的历史发展规律。人作为"人类历史的经常的产物和结果",他获得了创造历史的现实条件和现实力量,并凭借这种现实条件和现实力量去改变自己和自己的生存环境,实现社会历史的进步,为自己的下一代创造新的历史条件。因此,人们又是自己创造自己的历史,历史就是追求自己的目的的人的活动过程。**现实的人既是历史的前提又是历史的结果。他作为历史的结果构成新的历史前提,他作为历史的前提又构成新的历史结果。人作为历史的前提与结果的辩证运动,就是人及其历史的辩证法。人**们只有自觉到人作为历史的"前提"与"结果"的辩证发展,才能历史地、辩证地理解和解释人与世界的关系,并合理地形成哲学的"世界观理论"。

4 世界观与价值论

作为世界观理论的哲学,并不仅仅是解释人与世界关系的理论,从根本上说,它是改变人与世界关系的理论,即启迪、激励和指导人们以实践的方式改变人与世界的关系、从而让世界满足人的需求的理论。因此,哲学对人与世界的关系、思维与存在的关系的探索,在根本的意义上说,是为人的思想和行为提供根据、标准和尺度,也就是为

---

① 马克思,恩格斯.马克思恩格斯全集(第26卷Ⅲ)[M].中共中央著作编译局,译.北京:人民出版社.1974:545.

人的思想和行为提供"安身立命之本"和"最高的支撑点"。这表明，哲学作为世界观理论，它最为关注的乃是人自身的幸福与发展，如何看待人与世界的关系、怎样评价人与世界的关系，这才是激发人们进行哲学思考的深层理论问题。这就是"价值论"问题。

人与世界的关系，是一种超越"自然"关系或"自在"关系的"自为"关系和"价值"关系。这就是说，人不是作为纯粹自然的存在而与自然的世界相统一，恰好相反，人是作为超越自然的存在，以实践的方式即否定世界的现存状态的方式而实现与世界的统一。世界不会满足人，人用自己的行动让世界满足自己。这就是人对世界的价值关系。

人对世界的价值关系，是一种目的性要求与对象性活动相统一的实践关系。人的生命活动，是一种创造生活意义的目的性、对象性活动。在人的目的性要求和对象性活动中，人是实现自己的目的性要求并诉诸自己的对象性活动的主体，而世界则是人的目的性要求和对象性活动的客体。这表明，人以自己的目的性要求和对象性活动为中介而构成的人与世界之间的实践关系，本质上是一种价值关系。

人类的实践活动，是把"自在的世界"变成"属人的世界"的过程，也就是把"自然界"变成"价值界"的过程。这种"属人的世界"或"价值界"，才是人的现实的"生活世界"。人在现实的"生活世界"中与世界发生的价值关系，才是现实的人与世界之间的关系。这表明，作为"世界观理论"的哲学，不能离开人与世界之间的价值关系，孤立地从认知关系去理解和解释人与世界之间的关系。进一步说，人对世界的认知关系，本身就蕴含着人对世界的价值关系。人们总是运用一定的方法去认识世界，而"方法"本身就是服从有效与无效、有利与不利、方便与麻烦等价值范畴的。价值观本身是作为如何看待人与世界之间的价值关系的方法而起作用的，就此而言，价值观与方法论是统一的：方法论是价值观，价值观也是方法论。

作者简介

孙正聿，生于 1946 年，吉林省吉林市人，哲学博士。现任吉林大学马克思主义哲学研究中心主任，教授，博士生导师。中国辩证唯物主义研究会理事，教育部哲学教学指导委员会委员。吉林省哲学学会副理事长、吉林省政协常委、吉林大学校务委员会委员、学术委员会委员，《哲学动态》《哲学门》(北京大学)、《求是学刊》(黑龙江大学)编委。吉林省首批省管优秀专家、吉林省劳动模范、吉林省优秀教师。代表性著作：《理论思维的前提批判》《哲学通论》《哲学：思想的前提批判》《崇高的位置》等。代表性论文：《本体论批判的辩证法》(《哲学研究》1990 年 1 期)、《辩证法的批判本质》(《中国社会科学》1992 年 4 期)、《终极存在、终极解释和终极价值》等。

（二）阅读要点解析

如何理解哲学的时代精神

哲学巨大的生活价值，莫过于用马克思所说的"时代精神的精华"来表达。然而，究竟什么是"时代""时代精神"和"时代精神的精华"？为什么唯有哲学（而不是人类把握世界的其他方式）才是"时代精神的精华"？尽管人们对"时代""时代精神"及其"精华"有各种不同的理解和解释，但是，如果从人类的全部生活活动及其所创造的生活世界的历史发展去思考，我们就会比较清楚地看到：所谓"时代"，就是人类的全部生活活动及其所创造的生活世界具有相对的质的区别的社会发展阶段；所谓"时代精神"，就是标志社会不同发展阶段的、具有特定历史内涵的生活世界的"意义"；所谓"时代精神的精华"，则是时代"意义"的社会自我意识，即对时代性的生活世界的"意义"的理论把握。在现代哲学的自我理解中，在未来哲学的自我展望中，我们需要不断地重温和思索马克思的一句名言："未来的哲学是世界的哲学，未来的世界是哲学的世界。"这句名言所蕴含的哲学智慧告诉我们：人的全面发展的生活世界，就是"意义"的社会自我意识获得人类性自觉的世界。

（三）学习与思考

哲学与文化背景

西方哲学直接源于古希腊神话。那些阐述宇宙生成的早期自然哲学思想在神话诗篇中早已出现。神话通过想象把天空和大地、日、月、星系、河、海、火、土、水、气和金属进行神化，于是，混沌成了"卡俄斯神"，天变成"乌兰诺斯天公"，地成为"该亚地母"……，这种对诸神各自代表一种自然力量的想象，表明希腊人对宇宙结构种种自然性质的关注。公元前8世纪，赫希俄德的《神谱》就是一部以神话语言、形象方式编纂而成的宇宙生成论，它可以说是西方具有思辨色彩的早期哲学认识宇宙结构及其属性的范本。古希腊神话的思维倾向是在人之外有普遍的本质和力量主宰着人间祸福、事物变幻。这是古希腊人对世界本源、宇宙生成、事物原因的朴素思索和最初揣摩。

由于生产活动和神话的影响，古希腊哲学家围绕宇宙整体的本源以及"存在"（being）与知识的关系进行思索，部分人形成了自然科学的探索思维，部分人形成了宗教神学的思辨阐释。另外，不可忽视的是，西方哲学发源于古希腊这样一个城邦奴隶制的社会环境中，这是形成西方源头哲学中的观点具有很强的发散性和思辨性特点的重要原因。

与欧洲哲学不同，中国哲学萌芽于先秦时期，先秦时期的中国是一个农业国家。农业生产方式决定了中国哲学思维的出发点从一开始就不同于欧洲。

首先,以农业活动为主的生产方式决定中国先人思索事理的立足点和主体内容是人际关系。土地不能移动,因而靠土地维生的人比较固定地生活在一个地方,祖祖辈辈一直延续下去。由于一家几代人长期生活在一起,便逐渐形成体现血亲关系的家族制度。这种以血缘宗法为生活底蕴的社会具有"家天下"的浓厚内向性,使关系纽带以及现实人际关系(生活伦理和人事关系)异常突出,占据了思想考虑的首要地位。这种直接、现实而又长期发生作用的社会特征成为影响先秦哲学探索的重要因素。农业生产方式的稳定结构使得中国古人的哲学思维十分注重自身的感性体悟、经验和实用。

其次,中国人对人际关系的重视必然使保持社会和谐与社会稳定的伦理凸显在哲学思维中。春秋战国时期,旧的奴隶制趋于瓦解,而新的封建制尚未完全建成,新旧矛盾激化,生活剧烈动荡。哲学家们首先遇到和需要回答的问题是:如何为世俗政治服务并求得社会生活的和谐有序。因而与欧洲哲学不同,先秦哲学思维的出发点和重心是以人为核心的关于人伦、社会生活秩序和政治稳定等问题。它没有侧重于对自然物属性的探索,也没有以回答"精神和自然界何者第一性"为立足点,而是围绕构建理想的、为统治者服务的社会规范和协调人事关系。这是一种以主客体一致为基点,以强化内在约束和内在自觉为主格调,寄托于主体修养和国家治理实践的具有现实意义的社会伦理哲学。这从先秦诸子的哲学思想可以得到证明。

上述环境特点和农业生产方式决定了中国源头哲学不同于西方源头哲学对知识与"存在"(being)的关系的追问,而是具有浓厚的社会实用性和强烈的主体性价值取向。正由于此,中国近现代哲学家梁启超、冯友兰等人都深刻指出,中国传统哲学的任务主要是提高人的精神境界;中国哲学以研究人和社会为出发点,最主要的是为人之道。

二　美学

(一)原典辑录

美学是什么[①]

李泽厚

美学到底是什么呢?

中文的美学一词来自日本(1904 年中江肇事民译),是西文 aesthetics 一词的翻译。西文此词始用于鲍姆嘉通(Baumgarten),他把这个本来指感觉的希腊字转用于指感性认识的学科。所以如用更准确的中文翻译,"美学"一词应该是"审美学",指研

[①]　节选自李泽厚.华夏美学·美学四讲[M].北京:生活·读书·新知三联书店,2008.有删节,文中脚注为原注,小标题为选辑者所加。

究人们认识美、感知美的学科。

我认为,在美学范围内,"美"这个词也有好几种或几层含义。第一层(种)含义是审美对象,第二层(种)含义是审美性质(素质),第三层(种)含义则是美的本质、美的根源。所以要注意"美"这个词是在哪层(种)含义上使用的。你所谓的"美"到底是指对象的审美性质?还是指一个具体的审美对象?还是指美的本质和根源?从而,"美是什么"如果是问什么是美的事物、美的对象,那么,这基本是审美对象的问题。如果是问哪些客观性质、因素、条件构成了对象、事物的美,这是审美性质问题。但如果要问这些审美性质是为何来的,美从根源上是如何产生的,亦即美从根本上是如何可能的,这就是美的本质问题了。

可见,所谓"美的本质"是指从根本上、根源上、从其充分而必要的最后条件上来追究美。所以,美的本质并不就是审美性质,不能把它归结为对称、比例、节奏、韵律等;美的本质也不是审美对象,不能把它归结为直觉、表现、移情、距离等。

争论美是主观的还是客观的,就是在、也只能在第三个层次上进行,而并不是在第一层次和第二层次的意义上。因为所谓美是主观的还是客观的,并不是指一个具体的审美对象,也不是指一般的审美性质,而是指一种哲学探讨,即研究"美"从根本上到底是如何来的?是心灵创造的?上帝给予的?生理发生的?还是别有来由?所以它研究的是美的根源、本质,而不是研究美的现象,不是研究某个审美对象为什么会使你感到美或审美性质到底有哪些,等等。只有从美的根源,而不是从审美对象或审美性质来规定或探究美的本质,才是"美是什么"作为哲学问题的真正提出。

那么,美的根源究竟何在呢?

这根源(或来由)就是我所主张的"自然的人化"。

在我看来,自然的人化说是马克思主义实践哲学在美学上(实际也不只是在美学上)的一种具体的表达或落实。就是说,美的本质、根源来于实践,因此才使得一些客观事物的性能、形式具有审美性质,而最终成为审美对象。这就是主体论实践哲学(人类学本体论)的美学观。

那么,这种美学观是属于主观派、客观派还是"主客观统一"派呢?

如前所说,所谓"主客观统一"这概念并不很清楚,原因是所谓"主"指的是什么?如果"主"指情感、意识、精神、心理,那么这种"主客观统一"论便仍然属于主观派,如立普斯和朱光潜。但是,如果"主客观统一"中的"主"指的是人的实践活动,那情况就大不相同,人的实践是一种物质性的客观现实活动,即是说,这里的"主"实质上是一种人类整体作用于众多客观对象(如大自然)的物质性的客观活动,从而,它与客观世界的统一即这种主客观统一便不属于主观论,而属于客观论,它是客观论中的第三派,即一种现代意义的新的客观论,亦即主体性实践哲学的美的客观论。它既是"主客观统一"论,又是客观论。

前面讲到,格式塔心理学的同构说①认为,自然形式与人的身心结构发生同构反应,便产生审美感受,但是为什么动物就不能呢? 其根本原因就在人类有悠久的生产劳动的社会实践活动作为中介。人类在漫长的几十万年的制造工具、使用工具的物质实践中,劳动生产作为运用规律的主体活动,日渐成为普遍具有合规律的性能和形式,对各种自然秩序、形式规律,人类逐渐熟悉了、掌握了、运用了,才使这些东西具有了审美性质。自然事物的性能(生长、运动、发展等)和形式(对称、和谐、秩序等)是由于同人类这种物质生产中主体活动的合规律的性能、形式产生同构同形,而不只是生物生理上产生的同形同构,才进入美的领域的。因此,外在自然事物的性能和形式,既不是在人类产生之前就已经是美的存在,就具有审美性质,也不是由于主体感知到它,或把情感外射给它,才成为美;也不只是它们与人的生物生理存在有同构对应关系而成为美,而是由于它们跟人类的客观物质性的社会实践合规律的性能、形式同构对应才成为美。因而美的根源出自人类主体以使用、制造工具的现实物质活动作为中介的动力系统。它首先存在于、出现在改造自然的生产实践的过程之中。格尔茨(C. Geertz)曾强调指出,人性甚至包括人的某些生理性能,也是文化历史的产物。② 我们对从猿到人的研究,也说明从人手、人脑到人性生理结构(包括如逻辑、数学观念、因果律观念等智力结构、意志力量的伦理结构和形式感受的审美结构)都源起于上述使用—制造工具的漫长的人类现实物质性的生产活动中。③ 从美学看,这个史前期的悠久行程,在主体方面萌发和形成审美心理结构的同时,在客体方面即成为美的根源。

拙著《批判哲学的批判》说:

通过漫长历史的社会实践,自然人化了,人的目的对象化了。自然为人类所控制改造、征服和利用,成为顺从人的自然,成为人的"非有机的躯体",人成为掌握控制自然的主人。自然与人、真与善、感性与理性、规律与目的、必然与自由,在这里才具有真正的矛盾统一。真与善、合规律性与合目的性在这里才有了真正的渗透、交融与一致。理性才能积淀在感性中,内容才能积淀在形式中,自然的形式才能成为自由的形式,这也就是美。④

---

① 格式塔心理学派(gestalt psychology)从心理学和生理学出发,提出外在世界(物理)的"力"在形式结构上有"同形同构"或者说"异质同构"的关系,即它们之间有一种结构上的相互对应。由于事物的形式结构与人的生理-心理结构的大脑中引起相同的电脉冲,所以外在对象和内在情感合拍一致,主客协调,物我同一,从而,人在各种对称、比例、均衡、节奏、韵律、秩序、和谐……中,产生相互映对符合的知觉感受,便产生美感愉快。(转引自:李泽厚. 华夏美学·美学四讲[M]. 北京:生活·读书·新知三联书店. 2008:273.)

② 参阅 C. Geertz, The Interpretation of Cultures,第1-2章,New York, 1973。

③ 参阅《李泽厚哲学美学文选·试论人类起源》《批判哲学的批判》。

④ 《批判哲学的批判》,第415页。

拙文"美学三题议"说：

自由的形式就是美的形式。就内容而言，美是现实以自由形式对实践的肯定，就形式而言，美是现实肯定实践的自由形式。[①]

所以，美是自由的形式。

什么是自由？黑格尔《精神现象学》说：

任性和偏见就是自己个人主观意见和意向，是一种自由。但这种自由还停留在奴隶的处境上。对于这种意识，纯粹形式不可能成为它的本质，特别是就这种纯粹形式是被认作弥漫于一切个体的普遍的陶冶事物的力量和绝对理念而言，不可能成为它的本质。

这就是说，自由不是任性。你想干什么就干什么，恰恰是奴隶，是不自由的表现，是做了自己动物性的情绪、欲望，以及社会性的偏见、习俗的奴隶。那么，自由是什么？从主体性实践哲学看，自由是由于对必然的支配，使人具有普遍形式（规律）的力量。因此，主体面对任何个别对象，便是自由的。这里所谓"形式"，首先是种主动造形的力量。其次才是表现在对象外观上的形式规律或性能。所以，所谓"自由的形式"，也首先指的是掌握或符合客观规律的物质现实性的活动过程和活动力量。美作为自由的形式，首先是指这种合目的性（善）与合规律性（真）相统一的实践活动和过程本身。它首先是能实现目的的客观物质性的现实活动，然后是这种现实的成果、产品或痕记。所以它不是什么"象征"。"象征"（symbol），不过是种精神性的、符号性的意识观念的标记或活动。从远古的巫师到今日的诗人，都在不断制造这种符号、象征，但它们并不就是美的本质或美的根源。可见，不但主观蛮干、为所欲为，结果四面碰壁，不是自由；而且，自由如果只是象征、愿望、想象，只是巫师的念咒、诗人的抒情，那便只是锁闭在心意内部的可怜的、虚幻的"自由"。真正的自由必须是具有客观有效性的伟大行动力量。这种力量之所以自由，正在于它符合或掌握了客观规律。只有这样，它才是一种"造形"——改造对象的普遍力量。孔子说，"从心所欲不逾矩"，庄子有庖丁解牛的著名故事，艺术讲究"无法而法，是为至法"，实际都在说明无论在现实生活或艺术实践中，这种在客观行动上驾驭了普遍客观规律的主体实践所达到的自由形式，才是美的创造或美的境界。在这里，人的主观目的性和对象的客观规律性完全交融在一起，有法表现为无法，目的表现为无目的（似乎只是合规律性，即目的表现为规律），客观规律、形式从各个有限的具体事物中解放出来，表现为对主体的意味……于是再也看不出目的与规律、形式与内容、需要与感受的区别、对峙，形式成了有意味的形式，目的成

---

① 李泽厚.美学论集[M].上海：上海文艺出版社.1980：164.

了无目的的目的性，"上下与天地同流"，"大乐与天地同和"。要达到这一点，无论从人类说或从个体说，都需要经过一个漫长的实践奋斗的现实历程。艺术家要达到"无法而法"，就得下长期的苦功夫，那更何况其他更根本的实践？所以，自由（人的本质）与自由的形式（美的本质）并不是天赐的，也不是自然存在的，更不是某种主观象征，它是人类和个体通过长期实践所自己建立起来的客观力量和活动。就人类说，那是几十万年的积累，就个体说，那也不是一朝一夕的功夫。自由形式作为美的本质、根源，正是这种人类实践的历史成果。

总之，不是象征、符号、语言，而是实实在在的物质生产活动，才能使人（人类和个体）能自由地活在世上。这才是真正的"在"（Being），才是一切"意义"（meaning）的本根和家园。人首先也不是通过语言、符号、象征来拥有世界，也不是首先因为有语言才对世界产生关系，世界不是首先在语言中向我们展开和呈现，能理解的"在"也并不首先是语言。人类光靠语言没法生存。世界是首先通过使用物质工具性的活动呈现和展开自己，人首先是通过这种现实物质性的活动和力量来拥有世界、理解世界、产生关系和建立自己。从这里也许可以了解，为什么美不能是自由的象征，而只能是自由的形式（自由的力量、自由的实在）。这就是我所强调并坚持的主体性实践哲学的美学观不同于其他哲学的美学观之所在。

作者简介

李泽厚，生于 1930 年，湖南省长沙市人，著名哲学家。曾任中国社会科学院哲学研究所研究员、巴黎国际哲学院院士、美国科罗拉多学院荣誉人文学博士。李泽厚主要从事中国近代思想史和哲学、美学研究，成名于 20 世纪 50 年代美学问题论战，以重实践、尚"人化"的"客观性与社会性相统一"的美学观卓然成家。20 世纪 80 年代，李泽厚不断拓展其学术论域，促引思想界在启蒙的路径上艰辛前行，著书立说，从者甚众，人称"青年导师"，这一时期主要著有《美的历程》《华夏美学》《美学四讲》等代表作。90 年代，李泽厚客居美国，出版了《论语今读》《世纪新梦》等著作，对中国未来的社会建构给予沉甸甸的人文关怀。他提出的"主体性实践哲学""心理积淀说""工具本体""情感本体""偶然性（命运）""后马克思主义""儒学四期说"等观点对中国 20 世纪 80、90 年代文化造成了很大影响。

（二）阅读要点解析

如何理解美学研究与"本质主义"

在原典中，李泽厚先生就"美学研究能不能存"的问题已经有了相当明确的阐释，但在原文中并没有直接回答他在文章篇头所提出的这一问题。其实这个看似被遗漏的问题，在之后的整章里都在不停地被解答着，在这不断的论证过程中，答案虽逐渐浮现，但仍是不易把握的。想要在这一脉络中厘清李泽厚先生的所答，我们需要先搞清楚什么是"本质主义"？

本质主义（essentialism，又译本质论），主要是指那种肯定事物的本质永远不变，认为科学家能够通过认识本质最终成功地确立理论的真实性而克服一切合理的怀疑，从而获得"终极真理"的观点。波普认为，本质主义思维最早起源于柏拉图和亚里士多德的哲学，当然，几乎在哲学发展史的每一阶段都能看到这种本质主义的思维倾向。由柏拉图所构建的本质主义哲学体系影响了西方两千年的哲学发展，直到20世纪逐渐转向现象学哲学，而后才有现当代哲学对传统"哲学本质主义抽象"的批判。例如柏拉图的核心思想就是"理念"论，"理念"是第一性的、永恒普遍的，是万事万物存在的根本依据，而感官接触的世界则是"理念"世界的摹本或幻影，无永恒性和普遍性，所以不仅是第二性的，而且是不真实的。本质主义代表着一种植根于人类内心深处的、寻求确定真理的古老科学认识理想，而这种追求绝对、确定、终极的认识方式在面对现实时总是弊端频现。也正因此，本质主义美学研究不断受到人们的质疑。

西方的反本质主义美学思潮可以说是在认识到人类语言的局限性基础上展开的，而以语言作为哲学工具的维特根斯坦是这股潮流中不可忽视的哲学家。维特根斯坦的美学思想可分为前后期。前期思想主要集中在《逻辑哲学论》之中，诚如他在前言中对这本书的概括——"凡是可以说的东西都可以说的清楚；对于不能谈论的东西必须保持沉默"[①]，他认为美的本质就是不可言说的部分，传统本质主义美学就是对于语言的误用；后期他的思想更多的转向了日常语言，认为语言的意义在于使用，而美的概念表述同样如此，以此否认了美本质的存在。值得注意的是，逻辑实证主义认同了维特根斯坦将传统伦理学、美学等视为不可言说的部分，认为形而上学是含混的、误用语言的无意义呓语。但这个无意义只是无逻辑实证的真理意义，不是对人价值的无意义，维特根斯坦在一封与朋友的书信中将《逻辑哲学论》称为一本伦理学著作，他认为恰是这不在逻辑空间内的、不可言说的沉默是他想要诉说的更重要的部分。虽然维特根斯坦维护了形而上学的存在意义，但不可否认的是他打破了形而上学妄图成为科学的美梦，而将其安置在超验的诗性领域内。"伦理是超验的"[②]，只能由人在实际经验中体验，其中包括了世界、人生的意义和价值。因为人的体验是在时空中发生的，如果要将这种体验本质化就意味着要立于时空之外才能描述这种意义和价值，即"时空中的人生之谜是时空之外解开的"[③]。所以这种本质是不可言说，不能把握的，本质主义美学的谬误由此凸显。

维特根斯坦思想后期转向的立足点是日常语言的使用意义。他用"家族相似"的理论对美的意义进行把握，认为众多事物之所以美不是因为具有美的本质，而是因为

---

① 维特根斯坦.逻辑哲学论[M].贺绍甲，译.北京：商务印书馆，2005.

② 维特根斯坦.维特根斯坦全集（第一卷）[M].涂纪亮，主编.石家庄：河北教育出版社，2003：216.

③ 维特根斯坦.维特根斯坦全集（第一卷）[M].涂纪亮，主编.石家庄：河北教育出版社，2003：262.

具有相似点。这相似点也可以理解为前文李泽厚先生论述的众多事物所具有的可以与心理"力"发生"同形同构"的相似的外在形式。现在按照维氏日常语言的逻辑分析来看"美"到底是什么。如前文对"美"字的词源学探究,我们很容易知道"美"本来只是个感叹词,用来表达内心的愉悦、喜爱或赞赏。并且"美"这个词是需要主体在与对象相联系的语境中以及与个人的喜恶情感相结合的;当人们误把这种感受当作对象的性质时,即把感叹词作为形容词来理解时,错误就开始了;而当人们试图从形容词推导出作为名词的"美"时,这种形而上的误解就彻底产生了。

由上所述,"美"只能在人与对象的关系中发生,在关系中构筑并确立。时间是人的存在方式,则人与对象的关系,即"美"只能在时间中显现,如果想要把握美的本质,则必定是要在时间之外的。所以本质主义美学的谬误就在于人对于自我存在方式的僭越,因为"只有非历史的,才是可被定义的"。那是不是美学研究就是不可成立的?并不是,只要能把时间因素考虑在内,美学研究就仍然是可行的,我们在时间中的经验只能是现在的和历史的,前者的研究对象也就是此时此地的以主观性审美心理学为依据的美学批评,后者则是基于相对客观的在社会学方面的美学研究。但是这种分类也并不是十分严谨的,因为任何人当下看似主观的审美判断都是基于个人的审美心理结构,当一个感性刺激发生的时候,并非对所有人都是中性的,对于不同审美心理结构的人而言,刺激所引起的审美感受是不同的。个人审美心理结构一方面来自客观的群体传递的"情本体"("自然的人化"的积淀产物),一方面与个人社会生活的审美实践相关,个人每一次的审美实践也都可能影响他的审美心理结构,当然也可能会对人类的"情本体"产生或大或细微的影响。任何当下的批评都要基于社会学的文化背景,而任何当下的审美实践与批评也都可能内化成为这个人类文化共同体的一部分。所以李泽厚先生从历史性的角度探询美的根源,其实就是将美学放在了时间尺度之内,美不再具绝对的普遍性,而依附于人类精神在历史中的实践同构,即将人类主体性实践过程本身作为研究对象。虽然他所提出的"情本体"也是一种独立存在的实体,有"本质主义"倾向,但此"本质"是时间性的"本质",是依靠人的"此在"而不断自我否定、自我发展的不完全"本质",它是人精神历史的一部分,而非与人主客二分的绝对"本质"。

(三)学习与思考

旅游的美育价值

美育不是美学理论的学习,而是通过切身的审美实践,潜移默化地改变心理结构。旅游作为一种综合性审美实践活动,理应是美育的重要途径之一。旅游美育是指通过旅游活动进行的审美教育。它大致包含以下几方面内容。

第一,"过程即目的"。无论是旅游还是审美,二者的功能、目的和价值都是旅游者在旅游过程中通过主动体验来完成的。当一个人有了旅游动机时,在他的内心就已经蕴藏了一种由审美渴望而构建的精神家园,就会主动对旅游方式和目的地进行相匹配的选择。大多数旅游者的目的往往是以玩乐的形式来舒缓日常生活的压力与焦虑,以愉悦身心,以便用更好的状态回归生活。还有的则是将旅游作为自我提升的途径,所谓"读万卷书,行万里路"。旅游不仅使人可以切身感受不同地区的文化习俗和精神风貌,而且旅游途中由于所处空间的陌生性和事件的不确定性,对于人的综合素质具有一定的考验和提高效能,这一切都随着旅游活动的开始而开始,随着旅游活动的结束而终止。而景观体验则是以审美为根本属性的旅游活动的核心要素。同艺术欣赏一样,旅游过程本身就是旅游的功能、目的和价值。

近年来,社交媒体正在逐渐改变着人们传统的生活方式与价值体系,人们尤其是年轻人对网络虚拟身份的认同与建构的迫切感正逐渐撕裂旅游中"过程即目的"这一内核。"上车睡觉,下车方便,到景点拍照",旅游者就像流水线上的产品一般,旅游过程中的身体感受显得不自觉甚至是麻木,所得的仅是一张张有待美化的照片和 vlog(小视频)。由以"过程为目的"到以"打卡"为目的的偏移,不仅破坏着旅游美育应有的积极效果,而且也异化着旅游地的建设(无数旅游管理者对旅游地的设计皆以"网红"为标杆)。这一恶性循环导致旅游的人文关怀缺失。因而,在文旅融合的新时代,对于旅游"过程即目的"的美学思考显得尤为重要。

第二,旅游者对于平常生活的逃逸是旅游美育实现的基础。游人在旅游活动中所领悟的心灵自由,所体验的精神愉悦,都与旅游人类学所说的"阈界"体验有关。与日常生活活动相比,旅游活动中的人们更容易卸下自身的功利态度,使之与外界的对象处于超越功利的关系之间,不必扮演日常的职业角色,在愉悦而自由的氛围中而获得一种精神上的解放。在旅途中的学生可以暂时不必为学业而担忧;职场人士也可以暂时忘却职场所给予的各种岗位身份;就连父母与孩子的关系在旅途中也会发生细微变化,在旅途一起放松的游玩中,父母与孩子更像是玩伴。这种轻松愉悦的关系对日常生活中监护人与被监护人或教育者与被教育者间的这种紧张对立的关系有着极大的舒缓作用。特别是处于青春期的孩子,这种轻松愉悦的相处方式和关系,会大大缓解孩子在这一心智发展关键时期的反叛心理倾向,有助于孩子养成更为健全的人格。

第三,旅游美育功能的实现还在于旅游的综合性特征。从旅游审美的客体类型来说,可大致分为自然景观美和人文景观美。

人本属于自然,与自然不可分离。随着社会发展与城市化进程,越来越多的人走进了灰色钢筋水泥丛林之中。现代社会紧张的生活节奏使越来越多的人陷入焦虑,并渴望逃离机械的生活场所,走进山林寻觅短暂的宁静与自由。而旅游则为人们的这一诉求提供了契机。

自然景观是个奇妙无比的世界。世界各处不同的山川、河流、海洋、地质地貌都在吸引着每一个爱好自然景观的旅游者,等待他们去欣赏。在自然景观审美中,人们的知觉最大限度地被打开,知觉也会全部开放。在欣赏雄伟的泰山、壮丽的黄河与优美的小溪时,视觉欲望被完全满足;在猿鸣鹤唳、谷风习习和小溪撞击鹅卵石的叮咚声中享受天地之籁;在抚摸苍天古树、脚踩蜀道阶梯时似乎就已经触摸到了时间的年轮;甚至在葡萄沟、樱花节或万亩杜鹃林中就能品尝到自然的味道。欣赏这种纯粹的自然美需要的只是完整的感性知觉能力，并不像一些音乐、美术、戏剧影视等人文艺术需要相当的文化积累，也并不需要像欣赏上述人文艺术那样需要调动极大的精神力，所要做的仅仅是放松心情、打开心扉、自由地享受心灵洗涤，所以它也具有普遍性美育属性。

　　人文景观审美还可再分为人文地理景观和社会事象景观。人文地理景观包括文物古迹、宗教圣地、古建筑等，是"建立在历史文化内容基础上的人类劳动成果，能够比较集中地体现出当时的艺术美、社会美和生活美，并且历经漫长的历史还能够被遗留、保存下来，经过相应的旅游开发之后成为了人们的游览对象。"①比如少林寺、黄鹤楼、苏州园林等，它们不仅有着精美绝伦的形式美，而且其身上往往还负载着厚重的文化内涵。人文地理景观在审美特征上具有很强的民族性、地域性和历史文化性。每一个民族在不同的地区和历史时期都会产生不同的文化意识形态和劳动生产，从而赋予不同地区不同时期的人文地理景观以独特的民族色彩和鲜明的历史特征，跨越时间向我们诉说着此地曾经的辉煌或苍凉。如果说自然美所给予游人的往往是清新、畅爽、纯真、质朴、自由等感官性较强的审美体验，那么人文地理景观给人的感受则偏向于崇高、厚重、肃穆、均衡、优美等暗含理性逻辑结构与人文情怀的审美体验。所以相较于自然景观，人文景观对欣赏者的文化背景与深层审美能力都有一定要求。当欣赏者具备相应的知识背景，特别是进入审美凝视时，人文景观就会向欣赏者敞开自己，欣赏者就会像获得沉埋已久的宝藏一样，对文化的追索和历史的自豪感与景观完美的艺术形式相交融，获得一种跨越时空的审美享受。因而以人文景观为对象的审美活动可能更益于人格的完善。尤其在景观的游览、欣赏过程中可以学习到很多文化历史知识，大大增加了知识学习的趣味性。

　　社会文化事象景观的审美实践则主要指以人的社会活动为中心，包括在活动过程中形成的社会环境、风俗习惯、生活方式等。如民俗文化活动、节日庆典、艺术节等地域性活动，或极具民族性的风俗习惯、服饰装扮、饮食文化等。社会文化景观除了具有与人文景观同样的地域性、民族性和历史文化性外还具有很强的动态性，即在社会文化景观欣赏中可使旅游者产生很强的的参与感。如学习他们的方言、品尝他们的食物、穿着他们的衣服、佩戴他们的服饰，或是参与他们的节日庆典和民俗活动。这种很强的群体参与性，不仅大大强化了旅游者自我角色的解放，也让旅游者被沉浸式体验完全包围，新异、轻松、融洽的审美体验大大提升了旅游者的群体认同感，利于旅游者更加乐观、豁达、自信的心理意识建构。

　　当下中国，随着经济的迅速发展和休闲社会的到来，旅游已走进了千家万户。它不仅是经济产业的重要部分，而且有着全民美育的积极效用。狭义地来讲，旅游美育正是培养青少年儿童全面健康发展的重要一环。中国地域辽阔，有着五千年的悠久文明史，无数的自然景观和人文景观都可以作为青少年美育的教材，不仅可以通过寓教于乐的方式让青少年学习到很多文化知识，而且不同的旅游审美体验也在潜意识之中

---

　　①　陈耀辉.旅游美学与旅游产业开发[D].长春：东北师范大学，2013：44.

完善他们的心理意识结构,对于培养健康全面发展的人才有着重要意义。

三 伦理学

(一)原典辑录

伦理学原理^①

王海明

1 伦理学界说:关于优良道德的科学

伦理学无疑是关于道德的科学。但是,伦理学不是关于某个社会的特殊的、具体的道德的科学,而是关于一切社会的道德的普遍性的科学。因为在这个定义中,"道德"是全称,因而包括一切道德,包括一切特殊的、具体的道德而不是其一般、抽象、共性、普遍性。所以,伦理学是关于道德的科学,这意味着,伦理学是关于一切特殊的、具体的道德所包含的那种共同的、抽象的、一般的、普遍的"道德"之科学,因而也就是关于道德的普遍本性的科学,说到底,伦理学就是道德哲学:道德科学、道德哲学和伦理学是同一个概念。所以,布洛克(H. Gene Blocker)说:"伦理学试图发现能够确证人类所有行为和最终说明使行为正当或不正当之最高层次、最一般的原因。"^②这样一来,伦理学便是哲学的分支,亦即道德哲学。今日西方伦理学家也都这样写道:"伦理学是关于道德的哲学研究。"^③"伦理学是哲学的一个分支;它是道德哲学,亦即关于道德、道德问题和道德判断的哲学思想。"^④

不过,真正讲来,这个定义也是不够确切的。因为道德是一种社会制定或认可的行为应该如何的规范:道德亦即道德规范。这样,道德便正如休谟所说,无非是人们所制定的一种契约,具有主观任意性,因而虽然无所谓真假,却具有优良与恶劣或正确与错误之分。举例说,我们显然不能说"女人应该裹小脚"的道德规范是真理还是谬误,而只能说它是优良的还是恶劣的或正确的还是错误的:它无疑是恶劣的、错误的。伦理学的意义显然全在于此:避免恶劣的、错误的道德,制定优良的、正确的道德。因为道德既然是可以随意制定的,那么,制定道德便不需要科学。确实,在伦理学诞生之前——亦即在亚里士多德和孔子的时代之前——道德早就存在了。只有制定优良的、

---

① 节选自王海明. 伦理学原理[M]. 北京:北京大学出版社,2009:1-3,9-10. 选辑中有删节,文中脚注为原注,小标题为选辑者所加。

② Blocker H G. *Ethics:An Introduction*. HavenPublications,1988:10.

③ Louis. P. *Ethical Theory:Classical and ContemporaryReadings*. Wadsworth Publishing Company,1995:1.

④ Frankena W K. *Ethics*. Prentice－Hall,Inc. ,1973:4.

正确的道德才需要科学:伦理学是关于优良道德的科学。所以,布洛克说:"道德哲学家反思日常道德假定,并不仅仅是用哲学术语重述我们已经信赖的任何规范;而是寻求对于日常道德的一种新的理解和新的观点,这将改正我们某些道德信仰和改变我们每天的道德行为。"①于是,确切地讲,伦理学并不是关于道德的科学,而是关于优良道德的科学,这恐怕才是伦理学的精确定义。伦理学,亦即道德哲学,是关于优良道德的科学,是关于优良道德的制定方法和制定过程以及实现途径的科学。

如果说伦理学是关于优良道德的科学,那么,究竟怎样的道德才是优良的? 这是个十分复杂的问题:它牵扯到三个密不可分而又根本不同的重要概念:道德(亦即道德规范)、道德价值和道德判断(亦即道德价值判断)。人们大都以为,所谓道德或道德规范,亦即道德应该、道德价值。其实,二者根本不同。因为道德或道德规范都是人制定或约定的。但是,道德价值却不是人制定或约定的:一切价值——不论道德价值还是非道德价值——显然都不是人制定或约定的。试想,玉米、小麦、大豆的营养价值怎么能是人制定或约定出来的呢? 那么,道德价值与道德规范是何关系?

道德规范与道德判断一样,皆以道德价值为内容、对象、摹本,都是道德价值的表现形式:道德规范亦即道德价值规范;道德判断亦即道德价值判断。只不过,道德价值判断是道德价值在大脑中的反映,是道德价值的思想形式;而道德规范则是道德价值在行为中的反应,是道德价值的规范形式。因此,道德规范和道德价值判断有真假对错优劣之分。道德价值判断有真假之分:与道德价值相符的判断,便是真理;与道德价值不符的判断,便是谬误。道德规范则没有真假而只有对错优劣之分:与道德价值相符的道德规范,就是优良的、正确的道德规范;与道德价值不符的道德规范,就是恶劣的、错误的道德规范。举例说,假设"女人裹小脚"确实是不应该的,因而具有负道德价值。那么,一方面,断言"女人裹小脚是应该的"道德价值判断便不符合"女人裹小脚"的道德价值,因而是一种谬误的、假的判断;另一方面,把"女人应该裹小脚"奉为道德规范也不符合"女人裹小脚"的道德价值,因而是一种恶劣的道德规范。

可是,究竟怎样才能制定与道德价值相符的优良道德规范呢? 人们制定任何道德规范,无疑都是在一定的道德价值判断的指导下进行的。显而易见,只有在关于道德价值的判断是真理的条件下,所制定的道德规范才能够与道德价值相符,从而才能够是优良的道德规范;反之,如果关于道德价值的判断是谬误,那么,在其指导下所制定的道德价值的规范,必定与道德价值不相符,因而必定是恶劣的道德规范。举例说,如果"为己利他是应该的"道德价值判断是真理,那么,我们把为己利他奉为道德原则,便与为己利他的道德价值相符,因而是一种优良的道德原则。反之,如果"为己利他是应该的"道德价值判断是谬误,那么,我们把为己利他奉为道德原则,便与为己利他的道德价值不相符,因而便是一种恶劣的道德原则。

可见,伦理学是关于优良道德的科学的定义,实际上蕴涵着:伦理学是寻找道德价

---

① Blocker H G. *Ethics:An Introduction*. Haven Publications,1988:22.

值真理的科学,是关于道德价值的科学。所以,伦理学家们一再说伦理学是一种价值科学:"伦理学是一个关于道德价值的有机的知识系统。"①"伦理学之为科学,研究关于全体生活行为之价值者也。"这是伦理学的公认的定义,也是伦理学的更为深刻的定义。然而,真正讲来,这个"伦理学是关于道德价值的科学"的定义,只能从"伦理学是关于优良道德的科学"推出,而不能由"伦理学是关于道德的科学"推出。因为优良道德是不能随意制定、约定的,制定优良道德必与道德价值相关:优良道德是与道德价值相符的道德规范。反之,道德是可以随意制定、约定的,制定道德不必与道德价值相关:与道德价值相符的道德是道德;与道德价值不符的道德也是道德。

2　伦理学意义:价值最大的科学之一

从伦理学的研究对象可以看出,伦理学对于人类社会的发展进步具有莫大的意义。因为人类社会的发展进步,说到底,无疑都是每个人的劳动、活动之结果:每个人的劳动或活动是社会发展进步的基本原因。诚然,科学的发展、技术的发明、生产工具的改进、生产关系的变革、政治等上层建筑的革命等都是社会发展进步的重要因素。但是,所有这些社会进步的要素,统统不过是人的劳动或活动的产物,因而唯有人的劳动或活动才是社会发展进步的基本原因。人的社会本性决定了每个人的劳动和活动——直接或间接地——总是一种社会活动。一切社会活动,要存在和发展,显然必须互相配合、有一定秩序而不可互相冲突、乱成一团,因而需要遵守一定的行为规范:一切社会活动都应该是某种行为规范之实现。一切行为规范无非两类:权力规范和非权力规范。所谓权力规范,也就是法(包括法律、政策、纪律等),是依靠权力来实现的规范,是应该且必须遵守的行为规范;所谓非权力规范,亦即道德,是依靠非权力力量——如舆论、名誉、良心的力量——来实现的规范,是应该而非必须遵守的规范。这样,人的任何社会活动实际上都可以看作对于某种道德或法的规范的实现与背离。

如果抛开规范所依靠的力量而仅就规范本身来讲,道德的外延显然宽泛于法:一般说来,二者是普遍与特殊、一般与个别的关系。因为一方面,道德不都是法,如无私利他、助人为乐、同情报恩等都是道德,却不是法;另一方面,法同时都是道德,如"不得滥用暴力""不得杀人""不得伤害""不可盗窃""抚养儿女""赡养父母"等,岂不都既是法律规则同时也是道德规则吗?所以,抛开规范所依靠的力量而仅就规范本身来讲,法是道德的一部分:道德是法的上位概念。那么,法究竟是道德的哪一部分呢?无疑是那些最低的、具体的道德要求:法是最低的、具体的道德。这个道理被耶林(Jelling,1851—1911)概括为一句名言:"法是道德的最低限度。"反过来说,最低限度的道德或所谓"底线伦理"也就是法。

于是,抛开规范所依靠的力量而仅就规范本身来讲,一切法都不过是那些具体的、最低的道德,因而也就都产生于、推导于、演绎于道德的一般的、普遍的原则。所以,法

---

① 宾克莱.二十世纪伦理学[M].孙彤,孙楠桦,译.石家庄:河北人民出版社,1988:214.

自身都仅仅是一些具体的、特殊的、琐琐碎碎的规则,法自身没有原则;法是以道德原则为原则的:法的原则就是道德原则。法的原则、法律原则,众所周知,是正义、平等、自由等。这些原则,真正讲来,并不属于法或法律范畴,而属于道德范畴,属于道德原则范畴。这是不言而喻的,因为谁会说正义是一项法律呢? 谁会说平等是一项法律呢? 谁会说自由是一项法律呢? 岂不是只能说正义是道德、平等是道德、自由是道德吗? 正义、平等、自由等都是道德原则,是社会治理的道德原则,因而也就是法律原则,也就是政治——政治是法的实现——原则。这就是法理学和政治哲学的核心问题都是正义、平等、自由的缘故:正义、平等、自由都是法和政治的原则。

可见,如果抛开规范所依靠的力量而仅就规范本身来讲,法就是最低的、具体的道德,法是以道德原则为原则的,因而实际上法乃是道德原则的一种具体化,是道德原则的一种实现:法是道德的实现。这样一来,人的一切社会活动实际上最终便都是对于某种道德的实现与背离。而社会之所以能存在发展,无疑是因为人们的活动大体说来是遵守而不是背离道德的。所以,大体说来,人的一切社会活动都是道德的实现;因而道德的实现也就是社会发展进步的基本原因。

诚然,道德自身不过是一种行为规范,不过是一纸空文,是软弱无力的。但是,道德的实现与道德根本不同:道德的实现不是道德而是活动,不是规范而是行为。所以,道德的实现乃是社会发展进步的基本原因,并不是说道德是社会发展进步的基本原因;而是说人的实现、奉行某种道德的社会活动——如法律活动、政治活动、经济活动、宗教活动等——是社会发展进步的基本原因,是说人们推行、奉行某种道德的诸如此类的社会活动是社会发展进步的基本原因。一言以蔽之:道德规范本身,并不是社会发展进步的基本原因;但是,一个社会实行何种道德规范,则是社会发展进步的基本原因:推行优良的道德规范是社会进步的基本原因;推行恶劣道德是社会停滞的基本原因。伦理学正是研究优良道德的科学。因此,伦理学对于人类社会的发展进步便具有莫大的效用、莫大的价值:伦理学是对于人类用处最大的科学,是具有最大价值的科学,至少是具有最大价值的科学之一。

作者简介

王海明,生于 1950 年,吉林省白城市镇赉县人,哲学硕士,现为北京大学哲学系教授、闽南师范大学特聘教授。主要研究方向为伦理学与国家论。著有《新伦理学》(全三册,)、《伦理学方法》《人性论》《公正与人道:国家治理道德原则体系》《名家通识讲座书系:道德哲学原理十五讲》《名校名师名课系列:伦理学与人生》《复旦博学系列:伦理学导论》、北京大学哲学教材《伦理学原理》(第三版)。曾在《中国社会科学》《哲学研究》《哲学与文化月刊》(中国台北)、《中国社会科学季刊》(中国香港)等刊物发表伦理学与国家学以及中国学论文 300 余篇。

(二)阅读要点解析

伦理学分成"元伦理学""规范伦理学"和"美德伦理学",从三分论的情况来看,这三种学科门类的关系如何?

王海明将广义上的伦理学分为"理论伦理学"和"应用伦理学",但一般说的伦理学都是指狭义上的伦理学,即"理论伦理学"。"理论伦理学"又分为"元伦理学""规范伦理学"和"美德伦理学"。元伦理学、规范伦理学以及美德伦理学三者合起来,构成了伦理学的完成体系,缺一不可。

在王海明看来,"元伦理学"和"规范伦理学"虽然表面上是两门独立的学科,但实际上两者不可分离。可以说,规范伦理学是元伦理学的目的;元伦理学是规范伦理学的前提和方法。元伦理学是研究规范伦理学和应用伦理学未加证明的前提和假设的理性反思活动,没有对这些前提和假设的讨论和证明,规范伦理学对许多问题的探讨和证明都是不充分的,并有可能犯"论点预设不当"的错误。这些前提和假设包括:究竟有无道德事实? 道德知识如何可能? 道德动机如何可能? 等等。没有元伦理学研究所提供的理论框架和理论概念,我们无法深入和有效讨论规范伦理学问题。举一个例子,作弊在正常的规范伦理学语境中,是一个无法寻找理由开脱的错误行为。如果仅仅停留在规范伦理学的层面,作弊作为一种无法原谅的错误行为,对其除了严厉处罚和严防以外别无他法,但如果从元伦理学的层面考虑问题,我们也许会提出,"不许作弊"的道德要求真的是始终压倒一切的理由吗? 答案似乎是肯定的。比如,一个人可以用失恋、亲人去世等理由说明为什么旷课或上课注意力不集中,这些理由多少都可以起到开脱的作用。但是一个人无法以这样的理由来为作弊开脱。如果再深入考察一下这个问题,我们就会发现问题并不那么简单,如果一个社会完全以应试考试来决定一个人一生的前途和命运,如果一个学校和社会上各个家庭完全以分数来评价一个学生好坏,如果一个社会和学校的风气不是视诚信为儿戏,那么不许作弊无疑是压倒一切的道德理由。但如果一切都是相反的,如果一次考试的成绩对一个人的一生并非至关重要,如果周围的氛围是作弊成风,不许作弊作为一种道德的要求还具有前面所讲的那种压倒一切的力量吗? 还有那种无需外部强制性因素就可以打动一个理性的人的道德力量吗? 从中可见,元伦理学和规范伦理学的关系十分密切。

而美德伦理学与规范伦理学也存在着紧密联系。何为美德伦理学,许多人可能有这样的看法:只要是研究美德的伦理学就是美德伦理学。然而这一看法并不能将美德伦理学和后果主义、义务论相区别。实际上,20 世纪 60 年代以前,美德伦理学属于规范伦理学,但随着现时代美德伦理学越来越受重视,美德伦理学的研究重心日益明确,以美德为中心而非以规范为中心,因此其逐渐成为一门独立的学科。规范是前提,美德是结果,前提比结果更复杂。在王海明看来,伦理学的三种类型中,规范伦理学才是伦理学的中心。

（三）学习与思考

从中西比较中谈伦理学之"善"

真善美历来是哲学讨论的重要范畴，也是伦理学的重要概念。人类的行为总是在不断地追求真、善、美。在哲学范畴中："真"是对世界、自然界、人类社会现实存在的真实反映和认识。所以，求真即明是非，所要解决的是什么是对的、什么是错的。"善"是人们对合乎客观规律的价值的选择和行为。所以，求善是别善恶，所要解决的是什么是必须提倡的、可以做的善行，什么是必须坚决反对的、不可以做的恶行。"美"是真和善的直观的、升华的、具有精神上感染力的感受和形象。所以，求美是辨美丑，所要解决的是什么是使人愉悦、欣赏、赞美的善行，什么是丑恶的、卑鄙的、为人所不齿的陋行。

从三者关系而言，美以善为前提，并且归根到底应符合和服从于善，但美并不就是善。善具有实践活动的合目的性，而美则是无功利的。真是善和美的基础，没有对道德的正确认识，就不可能有道德的行为；不真实地反映现实、虚假欺骗，也就根本无善美可言。真是善和美的基础，善行是美的显现，完美是道德所追求的境界。三者是相互作用、相互渗透、互为因果的。在道德教育中应将三者统一起来，缺一不可，其中尤以"善"为指导人道德实践和行为选择的重要衡量标准。

作为民族性的表征，东西方对善的理解存在一些差异性。在此我们简单做一比较，以便大家可以更加深入了解中西方伦理学之差异。

中西方伦理文化对善之认知差异具体表现为如下几个方面。

第一，中国伦理学以天人合一为思维方式，西方伦理学为主客二分的思维方式。中国向来没有对"善"观念进行提纯研究，往往将"善"与"仁""义"等结合一起来研究，而西方的"善"往往会脱离于人，对善本身的概念进行逻各斯思维方式的解读。

第二，善的观点涉及关于集体利益为先还是个体利益为先的问题。中国伦理学注重以"善"来调节家族内部关系，西方伦理学更注重以"善"来调节个人利益和群体利益关系。儒家文化历来推崇牺牲自己维护家庭和集体利益的道德准则，所以说中国伦理学的核心是集体主义思想。相较而言，西方社会承袭古希腊文化，个体和国家利益之间的矛盾显得突出一些。如果说，家庭之间的冲突只是一种简单的金钱财富上的矛盾，那么个人与国家之间的冲突的原因就不局限在金钱上了，还包括存在的价值观念、伦理观念等。所以西方在研究伦理学时会把更多重点放在个人存在和社会存在的调和上。

第三，中国伦理学中的"善"成为判断人性品德的标准，西方的伦理学则完全不同，以感性主义和理性主义为思想基础，"善"成为手段而不是目的。在天人合一的思维模式下，中国传统伦理思想从人性本善到后天道德修养再到人性的回归，人性品质培养成为人生目标和价值所在。西方则以笛卡尔的"我思故我在"等为代表的感性和理性主义构成伦理思想的理论前提,道德只是人发展到"善"的手段。

思考与练习

    1.为什么说哲学是关于世界观的学问?

    2."丑"属于美学研究的范畴吗?为什么?请试做简要分析。

    3."行为事实属性"是王海明的伦理规范公式的核心概念,是其整个伦理体系的基础。在王海明看来,伦理学不应该成为规范科学,不应该只研究"应该""价值"而不研究"是""事实"。他创造"行为事实属性"概念的目的是想表达这样一个重要思想:人们制定行为规范时必须以该行为的客观效果为基础,而不能仅从主观愿望出发。这一思想具有重要理论意义。举一个例子:一个人看见路上有人抢劫,想要匡扶正义,但在行正义的路上却不小心把抢劫的人杀了,抢劫的人虽是犯罪了,但是罪不至死,而这个想要"路见不平,拔刀相助"的人身上是否具有伦理道德呢?

    试从王海明的"行为事实属性"原则角度,简要分析一下这个案例,并从这个案例深入思考一下,你赞同王海明的"行为事实属性"原则吗?

第二章 文　学

（一）原典辑录

文学、文学性与话语光谱[①]

南　帆

1　文学与文学性

古往今来的"文学"不存在一个固定的所指对象，也没有一个不变的本质作为概念与对象之间相互衔接的依据。"文学"一词最初见于《论语·先进篇》。德行、言语、政事、文学被称之为"孔门四科"。中国传统文化之中，"文学"乃是"文献""学问""典章制度"等义。从当时的"文学"演变为现今与哲学、史学、经济学、社会学比肩而立的"文学"，之间存在一个漫长而复杂的过程。按照一些学者的考证，魏晋时期"文"与"笔"的分离曾经是这种演变的一个重要环节。一种观点认为，无韵者称为"笔"，有韵者称为"文"。另一种更为宽泛的观点认为，议论叙事为"笔"，情采飞扬的诗赋为"文"。总之，中国古代批评家开始从理论上对于华丽优美的文采加以区分，某些文辞特征引起了特殊的关注。"文章者，盖情性之风标，神明之律吕也。"[②]事实上，古人所说的"文章"更为接近现今的"文学"之义，另一些时候也称之为"词章之学"[③]。

尽管独立的"文学"这个概念很迟才出现，但是，诗赋词曲这些文体早已产生——只不过它们并未统一地纳入"文学"的名义之下。换言之，如今这些公认的文学作品当时并未明确地界定为共同的话语类型而且赢得一个总体的名称，它们更多是因为相近的文辞特征从而常常被相提并论。当然，所谓的文辞特征仅仅是一个模糊粗糙的表象。因此，谈论更多作品的时候，中国古代批评家无法遵循某种严格的甄别原则，另一

---

①　节选自南帆.文学理论十讲[M].福州：福建教育出版社，2018.选辑中有删节，文中脚注为原注，小标题为选辑者所加。

②　萧子显.南齐书：卷五十二[M].北京：中华书局，2000：617.

③　这方面的详细讨论可参阅陈广宏.近代中国文学概念转换的历史语境与路径[J].文学评论，2016（5）。

些似乎不是"文学"的文体往往混杂其间，争得一席之地。例如，陆机的《文赋》即是将诗赋与各种应用文混为一谈："诗缘情而绮靡，赋体物而浏亮。碑披文以相质，诔缠绵而凄怆。铭博约而温润，箴顿挫而清壮。颂优游以彬蔚，论精微而朗畅。奏平徹以闲雅，说炜晔而谲诳。虽区分之在兹，亦禁邪而制放。要辞达而理举，故无取乎冗长。"另一方面，中国古代批评家又有意无意地认为，仅仅追求文辞的漂亮无异于舍本逐末，信言不美、美言不信的传统根深蒂固。这个意义上，所谓的"文章"一直无法获得很高的评价。

由于没有一个总体的"文学"概念制定清晰的边界，我们甚至无法明确地判断，中国古代批评家是否曾经将叙事文学——例如戏曲，尤其是小说——视为诗赋的同类？如果说，戏曲之中的"曲"与诗词之间仍然存在不可分割的血缘关系，那么，小说——姑且借用这个概念的现代涵义，古代的"小说"一词亦非确指这种现代文体——拥有迥然不同的发展脉络。无论是神话、传奇、笔记还是话本的源头，小说的叙事与修辞已经和诗赋词曲相距遥远。对于中国古代文人来说，诗文时常被视为正宗——"诗言志"；崇高雄健是诗人追求的风格；相对地说，词更多的是一己的私情，卿卿我我，缠绵恩爱，所谓"诗庄词媚"这种状况直至苏东坡、辛弃疾的"豪放派"才得到扭转。至于戏曲、小说则不登大雅之堂，不少小说作家甚至因为担心世人的取笑而隐姓埋名。许多时候，"说部"那些琐杂的内容与诗赋的堂皇不可比拟。西方的"审美"概念尚未普及之前，批评家大约不会轻易地将两种作品产生的心理反应等同起来。诗、小说、戏剧拥有共同的"文学"根源，这种见解更像是现代观念反观中国古代文化之际的重新分类。我宁可认为，中国古代文化之中，现今的"文学"概念仅仅在缓慢地生成与聚合；事实上，诗赋与戏曲、小说共同成为这个概念的所指对象很大程度上可能来自 literature（文学）一词的影响。

有趣的是，西方文化之中 literature 也有相似的演变。雷蒙·威廉斯的《关键词》曾经详细地考察了 14 世纪以来 literature 的演变史：14 世纪的 literature 意为通过阅读得到的高雅知识；18 世纪以后，literature 不仅是"写得很好的书"，而且是具有"想象力"或者"创意"之类的书。"很明显，literature（文学）、art（艺术）、aesthetic（美学的）、creative（具创意的）与 imaginative（具想象力的）所交织的现代复杂意涵，标示出社会、文化史的一项重大变化。"[①]彼德·威德森的《现代西方文学观念简史》做出了更为详尽的考察。他转述韦勒克的观点认为，这个词 1760 年之前经历了一个双重过程，即"民族化"与"审美化"。他的论断是："到了 19 世纪下半叶，一个充分审美化了的、大写的'文学'概念已经流行起来了。"[②]这时的 literature 开始接近现今"文学"的涵义。换一句话说，我们没有理由将变动不居的 literature 涵义视为一个代表了"文学"本质的标杆，仿佛中国文学的各种发展只是为了趋近继而汇入 literature 的涵义。中国现今的"文学"一词是从日文"bunngaku"转来的，而日文又是借用中国古代的"文学"一词

① 雷蒙·威廉斯.关键词[M].刘建基，译.北京：生活·读书·新知三联书店，2005：272.
② 彼得·威德森.现代西方文学观念简史[M].钱竞，张欣，译.北京：北京大学出版社，2006：38.

翻译 literature。三者之间如何交汇是翻译史和文学史上的一个复杂事实，但是，可以肯定的是，这个事实之前不存在一个标准的"文学"对象。

许多人都注意到教育学上的一个插曲：考察当年京师大学堂章程的三次修订可以发现，中国古代的"文学"概念和"文章"或者"词章之学"逐步交融，直至京师大学堂设立"文学"专科。从"中国文学门"的"文学研究法""说文学""音韵学""历代文章流别""古人论文要言"等课程设计之中可以发现，"文学"学科所包含的内容已经与现今的文学相差无几。当然，更为重要的是，现代的"文学"不再镶嵌于中国古代经、史、子、集构成的文化秩序之中，而是与经济学、哲学、史学、自然科学等共同作用于现代社会。

2　文学与时代

"一个时代有一个时代的文学"，这个命题不仅体现为作品内容的时间标记，例如文学再现的是东汉末年的故事，还是描写 20 世纪 80 年代改革开放的大潮，如此等等。更为重要的是，文学出现于哪一个时代的文化网络之中，表述体系产生了哪些变异，承担或者扩大、缩小了哪些文化功能——这是文学进入某一个时代的特殊标记。为什么优美的古典诗词走向了没落？舞台上的地方戏曲还能多大程度地复兴？"讲史"的内容和叙述、修辞如何带动了章回体长篇小说的形成？"肥皂剧"是如何产生的，为什么"肥皂剧"的节奏与电影不同？现今的网络小说为什么篇幅如此庞大？现实主义文学主张之后为什么还会出现所谓的"穿越"或者"玄幻"？事实上，这些文学特征无不应当追溯至特定的时代文化。

何谓"文学"？进入不同的时代文化，文学话语的比较与衡量对象各不相同。中国古代文化之中，文学话语与历史话语之间的比较十分重要。"以诗证史"也罢，"以史证诗"也罢，两种话语系统及其关系都是在中国古代文化之中逐渐成熟。然而，当代文化之中，何谓"文学"必须同时比较与衡量文学话语与新闻话语。古代文化之中不存在新闻话语的传播条件。作为现代社会的产物，新闻话语的覆盖范围愈来愈大，并且在大众传媒之中占有绝对优势。这种状况迫使我们不得不考虑：还有哪些文化空间留给了文学？的确，各种话语系统即是在比较之中分别显现各自的特征；同时，时代文化还为之构筑了一个联袂表演和相互竞争的平台。跻身于自然科学话语、经济学话语、政治学话语或者法学话语之间，文学话语的音量几乎微不足道。文学话语必须承担哪些时代的任务，因而不至于被淹没？这个问题不仅决定了某一个时代什么称为文学，同时决定了文学与其他话语系统的分工。考察文学史的时候，我曾经论述了时代文化对于文学的强力塑造，例如，现代性的文化特征制造的文学回音如何促成新型文学的出现——现代文学："文学关注日常生活，关注个人经验和细节。但是，并非历来如此。神话就不是这样。那些大型的史诗也不是如此。那个时期，个人与集体、感性与理性、私人空间与公共空间、文学与历史学或者哲学均未正式区分，神话或者史诗同时承担了这些功能。近现代社会到来之后，由于个人主义的觉醒，日常生活以及个人经验才得到了文学的重视,成为现代文学的一个特点。"[1]

然而,这种理解方式显然将肢解"纯文学"这个概念。如果文学不断听命于一个时代的文化指令要求——如果文学不是遵从某种始终如一的本质,而且,这种本质不会遭受历史或者时代所侵蚀——那么,所谓的"纯文学"显然只能是一个没有对象的空洞概念。

我们对于"纯粹"这个概念往往持有特殊的好感。"杂种"仿佛隐藏了某些不洁的故事。"纯粹"保证了分门别类的有效性。"纯文学""纯哲学""纯物理学""纯生物学"……"纯粹"所展示的想象之中,各个类型的事物边界分明,各司其职,世界清晰得如同一张地图。只要设立一个纵横坐标系,我们就再也不会迷路。我们如此习惯这种想象,以至于无法适应事物之间的交错、驳杂与越界。世界的各种类别往往被默认为自然秩序,而不是想象成各种人为的建构。因此,当历史情势的演变要求改造乃至重组这一切的时候,我们为自己的不适乃至恐慌寻找的理由即是,所谓的"纯粹"遭到了破坏。另一些时候,"纯粹"还会成为踞守学科边界的理由,有效地维护了各个学科彼此区隔的专业栅栏。各个学科无不拥有自己的专业训练方式,众多从业人员构成了独特的知识部落,可以一辈子安居于某一个熟悉的角落。从知识的权力到学术体制,学科一方面推动了"术业有专攻",培育出大批专家;另一方面也可能成为保守的壁垒,阻止社会历史的声浪汹涌地传入,挑战各种传统的结论。

相当长一段时间,中国当代文学曾经被视为概念的传声筒,甚至充当了阴谋政治的工具,许多人深感厌恶。20世纪80年代思想解放的气氛之中,我们试图造就一种新型的文学反抗这种局面。为了摆脱那些空洞的概念乃至阴谋政治,我们力图更多地赋予文学的独立意义,并且称之为"纯文学"。这时,"纯文学"的真正内涵并不重要,重要的是打碎套在文学身上的枷锁。然而,如果所谓的"纯文学"因此成为一个抽象而闭塞的文化区域,并且打出"本质"的名义阻止所有异质的声音介入,这个概念将逐渐走向狭隘乃至没落。当"纯文学"拒绝向社会历史打开的时候,这个术语可能会重新退化成为另一种枷锁。

放弃了"纯文学"这个概念而注重时代文化的塑造,许多人顾虑重重。历史的潮流涌动不息,所有事物的分类、性质界定无不昨是而今非,甚至闪烁不定,一个万花筒一般的文化幻象之间怎么可能存在稳定的文学?更大范围内,我们又如何栖居于万事万物旋生旋灭的世界?陷入绝对的相对主义,我们不可能掌握任何有效的知识。现在断言这是一辆汽车,那是一本法学著作,两个小时之后就会改口声称这是一架飞机而那是一部词典。我们的社会怎么可能建立于朝三暮四之中?

我必须指出的是,这是对于历史的片面理解。言过其实的背后或许隐藏了历史恐惧症。历史不仅可以解构许多传统观念,建构各种新型的认识,同时,历史还存有巩固和保持现有事物、关系、机制的巨大能量。即使在日新月异的现代社会,持久地延续下

---

[1] 南帆.文学意义的生产与接受:六个问题[J].东南学术,2010(6):5-15.

来的事物仍然压倒性地超过了改变的内容。历史内部的大多数关系一直稳定地持续。成功的经验形成的传统如同坚硬的精神躯壳。没有巨大的社会冲动作为后援，各种改弦更张的愿望几乎不可能实现。不存在一个所谓的"本质"规定何谓文学，不等于文学的性质时刻都在发生变化。否认文学"本质"并不能等同于反对稳定。事实上，如果那个时期众多话语系统的光谱排列没有出现根本的改变，文学话语新的性质、位置和意义必将依然如故。

这个意义上，我愿意提到历史内部存在的各种结构。结构是一个自洽的整体，结构的内聚力有效地保证了内部诸多元素之间的关系固定不变。无论是一张椅子、一个家族、一个社会机构、一个地区的生态环境或者一个星系的分布，结构维持了一种事物的基本面貌和功能，结构的解体亦即这种独特存在的瓦解。多数历史时期，文化传统有效地守护各种话语系统之间的结构，甚至使之凝固，各个话语系统平衡地按照既定的规范运转。这些结构如此稳固，以至于许多人往往忽略了每一种结构的历史来源而视之为"天生如此"，甚至视之为"本质"的表征。只有当历史的剧变降临之际，稳定这些结构的条件顷刻丧失，这将带来传统结构的崩溃和新型结构的形成。20世纪之初，新文化运动即是一次巨大的历史震荡。各种话语系统之间的关系产生了根本的裂变，以儒家学说为首的封建意识形态完全失去了控制各种话语系统的轴心作用，哲学、史学、法学和自然科学话语之间结构的彻底改组重新形成了一个巨大的社会文化平台，文学话语获得了一个前所未有的位置。很大程度上，这种调整促成了中国现代文学的诞生。上述的分析至少表明，我们没有必要对"历史"忧心忡忡，没有必要担心历史运动可能摧毁一切稳定的表象，从而将生活改造为一场变动不居的幻影。事实上，历史同时组成各种坚固的结构维系各种必要的关系，担保我们拥有一个可解的、富有安全感的日常现实。

"一个时代有一个时代的文学"，这个命题的剩余问题是，如何理解各个时代文学之间的联系？每一代文学之间是彼此断裂，还是相互衔接？一种相对简单的观点认为，各个时代的文学形态相异，但是，它们的内在精神一脉相承。如果将这种内在精神称为"本质"可能产生不必要的争议，那么，"文学传统"或许是一个恰当的命名。然而，考察文学传统的内容时，我们的归纳时常遭受挫折。古人的文学成功不能复制为当今的成功文学。我们甚至可以看到，许多作家的成功的原因之一恰恰是，避开文学史上已有的重镇而独树一帜。文学史上存在众多经典之作，然而，它们成为经典的原因远非一致。从罗贯中的《三国演义》到曹雪芹的《红楼梦》，从荷马的《伊利亚特》到卡夫卡的《城堡》，这些作品的素材、历史视野、美学风格以及叙述模式相距甚远，但是，它们都无可置疑地赢得了经典的荣誉。所以，严格地说，文学传统仅仅表示代代相传，而相传的内容并不相同。"温柔敦厚"的诗教也罢，建安风骨也罢，浪漫主义也罢，现实主义也罢，我们曾经遇到形形色色的文学传统。然而，这一切如今不再是奉行不二的圭臬。没有哪一种文学传统永恒不灭，犹如没有哪一种文学传统与生俱来。事实上，众多文学传统内部只有一种共同精髓——独创精神。独创带来的成功赢得了尊敬与崇拜。令人遗憾的是，当文学传统将这种成功抽象为某种单调的教条之后，我们恰恰遗忘了文学传统的源头。

文学传统的真实意义在于,为后代作家提供了一个起点,护佑他们初始的文学旅程。所有的独创都不是发生在文化真空的,文学传统显示了前辈作家的路径以及曾经赢得的高度。然而,这一切并未使文学传统成为不可冒犯的成规。后代作家必须有足够的自信超越文学传统——他们的先辈也是这么做的。所以,各个时代的文学之间并未断裂,文学传统充当了提供文学养料的脐带。但是,对于那些不甘平庸的作家说来,熟悉文学传统的目的恰是为了开拓文学传统。

作者简介

南帆,本名张帆,生于1957年,福建省福州市人。福建省社会科学院研究员,福建师范大学博士生导师,中国文艺理论学会会长,两次获得鲁迅文学奖,多次获福建省社会科学优秀成果一等奖。著有《冲突的文学》《文学的维度》《隐蔽的成规》《敞开与囚禁》《双重视域》《文学理论》《后革命的转移》《五种形象》《关系与结构》等。

(二)阅读要点解析

如何理解文学的时代特征

对于文学的时代特征的理解,我们不妨以当代文学为例展开分析。与古典文学、新文化运动时期的文学不同,当代文学形成了一种独特的思想、风格与艺术特质。启蒙主义、存在主义、超现实主义、后现代主义等,这些新的文学风格让很多人觉得很陌生,有些人甚至说,我们已经读不懂文学了,文学已经不是我们所理解的"文学"了。

这确实是事实。当代中国文学为什么会发生这种变化,我们如何理解文学的这一变革?关键就是要理解南帆先生所说的"一个时代有一个时代的文学"这个命题。所谓"一个时代有一个时代的文学"也就是文学作品"不仅体现为作品内容的时间标记……更为重要的是,文学出现于……时代的文化网络之中,表述体系产生了哪些变异,承担或者扩大、缩小了哪些文化功能"。

那么,什么是新时期的"时代特征"?

在《天使的和弦:全球化时代的宗教冲突与对话》[①]一书中,作者曾提出一种预想,新千年的人类社会将展开一场伟大的"人类学革命",跨入"新人类学"时代。所谓"新人类学"时代,也就是在经历了柏拉图人类学、教父人类学(奥古斯丁)、康德人类学的理念至上、神性主宰、理性膜拜的灵魂磨难之后,在第三个千年,人类的主体意识将日益成长,生存智慧将日益提升,对存在意义之觉悟也更加深刻。人类需要告别"旧人类学"而展开一场"新人类学"革命。他将"新人类学"革命的维度概括为以下三个方面。

---

① 高长江.天使的和弦:全球化时代的宗教冲突与对话[M].北京:中国社会科学出版社,2008.

首先，与"旧人类学"相比，"新人类学"不应再把灵魂的永生(柏拉图)、灵魂的救赎(教父学)、灵魂的至善(康德)作为人类此在的本体论，而应把人类命运的改善作为本体论，也可以称其为"新本体论人类学"。也就是说，我们所呼唤的新人类学革命，不应再对那些玄奥神秘、虚幻不实的形而上学理念，诸如灵魂永生、绝对的善等感兴趣，而应实实在在把握存在之道，通过文化实践与生活实践不断改善人类的现实命运，获得存在的实在性与完美性。

其次，与"旧人类学"相比，"新人类学"不应再把人类生活形式的高低优劣之分以及如何用所谓现代的、文明的、理性的、至善的生活去改造人类的生活作为其生活哲学，而应将如何推进人类生活之幸福为生活哲学。也就是说，对"新人类学"而言，人类生活的本意不应再像柏拉图那样诉求一种规范化的、超感性的而仅仅使灵魂愉悦的"理想国"的生活，也不像阿奎那那样诉求一种默观的、"无用的"的生活，更不像康德那样鄙视世俗幸福而诉求绝对理念的道德生活。"新人类学"认为，生活的意义就在于生活本身而不在生活之外，人不能"生活在别处"，那是为别人而生活，或是替别人生活。生活的本意是追求幸福而不是某种抽象的理念。只要是幸福的生活，就是合理而正当的生活。

最后，与"旧人类学"相比，"新人类学"不应再把文化的"文明与野蛮"、进步与落后、传统与现代①的分野以及诉求如何用所谓"文明""现代"的文化去改造"野蛮""落后"的文化作为文化发展的价值观，而应把文化的德性提升和美学进步看作文化进步的表征。"新人类学"的文化理念既不是一元主义，也不是简单的多元主义；既不是普遍主义，也不是传统的相对主义，它的基本图像是道德主义和审美主义的，即诉求文化的内在品质，即善良、公正、自由、智慧和文化的审美气质，即文化的艺术化和生命的审美化——文化艺术化就是文化的新奇、多样、优雅、动人；生命的审美化就是以审美的眼光看待生活。

对"新人类学"存在境界的构建，赋予了新时期文学艺术以新的意向。十分明显，在这种文化与精神情境下，21世纪的文学艺术若仍然沿袭传统的"文学"框架是不合适的。当然，这不是说传统文学已经寿终正寝，我们需要一种全新的文学。可以肯定，无论历史如何发展，文化如何进步，人类如何发展，但作为人类经过艰苦的灵魂淬炼与精神探索所提炼出来的"人文文化"的文学基本品质具有历史永恒性。对人的自由、自主、自尊的敬重，对爱、包容、多元、责任、正义的操守，对理性、秩序、崇高的信仰，仍是我们今天文学的基本内涵。但是，我们不能不看到，当代文学的一些思想由于缺乏一种合理、科学的限定，也给人类文明以及人类的精神带来一些消极的东西。如对自由性、主体性、主观主义、世俗主义不负责任的纵容，导致了令人恐惧的"反人文主义"：自由任性导致了保罗·费耶阿本德所说的"怎么都行"的无政府主义；膨胀的主体性则导致了弗莱德·R.多迈尔所说的"主体性的黄昏"；主观主义的过度关切则导致了查尔

---

① 这里的"文明""野蛮""进步""落后""传统""现代"等概念是传统人类学词典中的概念而不是哲学的概念。

斯·泰勒所说的"走向虚无"——"意义的丧失,我们所用事物日益淡泊的联系和浅薄,都飞快地增长着"①;世俗主义则导致了对理性、崇高、英雄主义、意义体系的拒绝,将生命置于感性的消耗之中,如尼采所说的"随时随地吃一点毒药,给自己许多美梦……而惬意地死去"②……这些都值得我们深思。

那么,当代文学"时代特征"的人文内涵是什么呢?对于我们而言,这是一个相当难以回答的问题。在这里,我们不敢贸然做出断言(因为这个问题太棘手,而且也缺乏充分的证据)。但可以认为,我们今天所需要的人文主义文学,既应具有人文主义的历史性,也应具有时代性;既应具有它的神圣性,③也应具有它的世俗性。毋庸置疑,自我、自由、自尊、平等、正义、博爱、理性仍是它的精神原子;快乐、幸福、个性化不可或缺,但英雄主义、贵族的美德、生活的神圣意义、人生的崇高目标也是它重要的精神维度。

如果说文学艺术的精神原型是人文主义,而当今世界又是一个"生活艺术化"的时代,那么,理解文学的新时代特征就要理解文学之本。其实文学与艺术、哲学与宗教具有同一精神原型,它们都是人类对某种高于我们日常存在的事物的信仰与爱,是我们这些终有一死的人相信生命有着某种意义而认真地活下去的理由和依据。至于采取什么方式——情啊,美啊,音乐啊,绘画啊或爱啊,善啊,上帝啊,永恒啊——来表达并不重要。重要的是那个信仰本身所凝聚的人文意义。理解了这一点,我们也就理解了"原典"文字中"一个时代有一个时代的文学"这个命题的内涵。我们不妨扩展开来解释这一问题。

1817年,黑格尔于海德堡所作的美学系列讲演中,在论及艺术由古典型向浪漫型的过渡时曾认为,艺术发展到浪漫艺术也就到了它的发展终点。黑格尔的这个"终点论",就是人们所说的艺术的"死亡预言"。在黑格尔看来,随着市民阶层的出现,诗意的古典社会解构了,代之而起的是散文化的市民社会。主体对无限的诉求,对心灵体验的关注,使得艺术不再表现为一种静穆和谐的形式,而是变成一种心灵或自我意识的伸张,因而它也就丧失了艺术的传统理念,变成了一种"文化"形式。

我们尽管可以希望艺术还会蒸蒸日上,日趋于完善,但是艺术的形式已不复是心灵的最高需要了。我们尽管觉得希腊神像还很优美;天父、基督和玛利亚在艺术里也表现得如此庄严完善,但这都是徒然的;我们不再屈膝膜拜了……④

黑格尔这段非常优美而著名的文字,也被人们形象地称为艺术的"葬礼演说"。那么,艺术以及文学是否真的像黑格尔所说的那样走向终结?如果人类文学艺术的历史

---

① 泰勒.自我的根源:现代认同的形成[M].韩震等,译.南京:译林出版社,2012:740.

② 尼采.查拉斯图拉如是说[M].尹溟,译.北京:文化艺术出版社,1987:12.

③ 这里的"神圣性"与"宗教性"不是同一所指。

④ 朱光潜.西方美学史(下卷)[M].北京:商务印书馆,1988:495.

终结了,那么人类的存在会怎么样呢?

编者以为,作为人类创造的最为古老的文化形式,只要人类的历史没有终结,文学艺术的历史就不会终结。没有文学艺术的生活,是一种不可想象的生活,无论文明的历史如何发展。因此,"艺术的终结"不是作为人类重要文化形态的文学艺术的终结,也不是文学艺术的人文品质的消解,而是其某种风格、形态、语言和显现方式发生了变迁。

第一,文学形态多元化。其实,只要我们对黑格尔的这段文字做一仔细分析,便不难发现,黑格尔并没有宣告艺术历史的终结,他只是说"古典型艺术"的历史终结了,随之而来的是一种新型的艺术形态。无论是像黑格尔那样将其称为哲学的也好、浪漫的也好,还是我们今天将其称为"现代的""存在主义的""荒诞的""波普的"也好,文学的历史仍在书写,只不过它的叙事风格和修辞形态发生了变化。这应该很正常。现代世界是一个多元立体的文明体系,前现代、现代、后现代三种不同的文明形态在一个共时的平台上翩翩起舞,创构了一种多元化的人类生活场景。现代文化是一个多元开放的文化,传统文化、现代文化、后现代文化多元并存,全球文化、本土文化各领风骚,创造了一种纷繁多样的人类文化景观。尤其是现代人的心灵世界是一个多维的空间:传统又反传统,现代又有些后现代,理性又反理性,爱美但对丑诞的也不拒绝,向往空灵优美而又追求粗重混乱。正是社会、文化、心灵的这种多元性,使得文学艺术世界的审美意象、风格流派、修辞形式等呈现出一种多元纷繁的气象。坦率而言,当代文学艺术尽管仍不乏轻柔优美、和谐圆润的天使之舞,但也涌现出大量古怪荒诞甚至于伤害我们"美感"的丑陋意象;以至于在某种程度上作为文学的领受者不得不"忍住自己的呕吐看自己的灵魂",不得不"掩埋生命的尊严去承领荒诞的调侃",甚至于在"美"面前表现出"无知""美盲"的尴尬和失尊,听任人类审美神经的阵阵痉挛。

概而言之,文学的生命力源于人的生命力。在这个人性由古典的单纯明净向现代、后现代的繁杂多元转换的时代,文学艺术必然表现出其蓬勃造化和任性放纵。

第二,文学与人类的生活紧密融合在一起,或者说,文学艺术已经生活化了,成为人类生活的一种形式。"艺术生活化"和"生活艺术化"是我们近年来评论现代艺术和现代生活常用的短语。在一些美学家那里,这两个词往往带有某种贬斥、厌恶的色彩。正如有人所说的那样,艺术生活化将导致艺术与生活的界限消失,艺术个性的丧失,使艺术不再以艺术的高贵身份存在,而是蜕变为一种日常生活。生活的艺术化也导致人类的艺术趣味低俗化、艺术感觉麻木化。概而言之,艺术生活化和生活艺术化将导致艺术与人类的双重沉沦。这是不是黑格尔"艺术葬礼演说"的另一种修辞呢?文学或艺术走进生活是否就意味着艺术一定走向低俗呢?而且,文学艺术是否非要保持其尊贵、神圣的品质才能成为美的文化呢?我们认为,这种观点表面看来是为了维护文学和人类艺术审美品位的高级与纯粹,其实骨子里确有一种反艺术、反人文的味道。它不仅忘记了文学存在的本意,而且也忘记了人类存在的本意。从文学的源初意义上说,文学就是为人的存在而存在的,文学存在的价值就是对人类存在的关怀。从文学诞生之日起,它就不是置放于神殿供人们凭吊和礼拜的膜拜物(宗教艺术近乎于此),

而是渗透人类的日常生活,参与人们的日常生命管理,通过生活修辞变革生活方式,增长生活之技巧,投射和编码人类存在的意义。为了使存在更合理、更幸福,人首先必须过好他自己的生活。什么样的生活是好生活?充盈、自由、和谐、优游、雅致、美感。如果说前三项是经济、政治、社会因素,后三项则是艺术或美的因素。因此,无论是文学生活化还是生活艺术化,不仅不会使人类文学艺术的品位降低,人类的艺术感觉更粗糙(这种情形只有在艺术禁欲主义的时代才会发生),而且只能使人类的艺术品质更厚实(即人文化),人类的艺术感觉更敏锐、更精致,人类的生活更优雅,更幸福。

总之,如前所述,新千年人类社会的"新人类学"革命,即追求命运的改善、生活的幸福、生命的美感的文化目标,将使文学与生活更加紧密地融汇在一起。纵观人类精神史,人类迈向精神成熟的过程不只是心智发展的过程,即仅仅是平等、自由、效率、成就等理性能力发展的过程,也是心灵日趋玲珑、精神不断拓展的过程。人们不仅尊重理性,也关注存在的感性、情感的丰盈、生活的深度、灵魂的愉悦。特别是在经历几百年的精神扩张所造成的精神迷失和痛楚之后,人类开始转身向内,更关注心灵的平和、怡足、圆润。也正是人类的这种精神转向,使文学与生活的关系更为密切。如前所述,精神的扩张需要的是政治学、经济学、管理学、甚至于社会学,而灵魂的圆润则需要哲学和文学、美学和艺术。也正因此,对于新千年的"新人类"来说,人们将更多地通过诗歌朗诵、小说阅读、戏剧表演,构成生活的故事和灵魂的寓所。就是说,在新人类学时代,文学不再是人"欣赏"的对象,而是成为人类生活中的伴侣,成为照料人类灵魂的女主人。哪里有灵魂的饥渴,哪里就有文学;哪里有生活的想象,哪里就有文学;哪里有幸福的诉求,哪里就有文学。

虽然我们以辩证的思维、情境的视角、包容的心灵对当代文学多元纷乱的现象做了肯定,但我们还是不得不说,当代文学也确实存在着一些十分严重的问题。有些作品不仅挑战着人类传统的审美理想,而且也挑战着地球上精神动物的价值底线。面对这些所谓的"现代文学""后现代文学""新媒体文学"等,我觉得,对于新千年的人文启蒙,开展一次"文学启蒙"尤为重要。文学启蒙不仅是"新人文启蒙"的重要组成部分,也是它的思想平台。正如我们所分析的那样,在这个"艺术生活化""生活艺术化"的时代,存在者随时与"文学"遭遇。"文学"构成了人类存在的环境,像水和面包,更像空气和阳光。它们已经成为人类精神体验与精神构造的生态体。

这里所说的"文学启蒙",概括起来有两个维度:一是提高民众拒"丑"的精神防疫力;二是提升大众对真正的现代文学艺术和后现代文学艺术的审美能力,进而从中提取精粹,以补充我们在这个重快乐轻信仰的社会健康地活下去的精神正能量。

第一,提高大众拒斥"丑恶"文化的心理抵抗力。粗俗、怪诞的"文学"之所以在当代社会颇有市场,一个重要原因就是大众的"反丑"的精神能力过于虚弱。生产创造了消费,消费刺激了市场。如果没有人吹捧,就没有人消费,这些"垃圾文化"就会自行消失。确实,对逗趣、搞笑等俗的东西的趣味是人的一种本能,我们也不反对人通过这种本能的释放体验到生命的快感。但我们还是觉得,当我们放纵"本能"时,我们是否还会想到我们已经不再是以生物本能反应为生命活动基本形态的文化动物?如果仅仅让本能控制我们,那么我们的生命还有什么意义?从社会生物学的意义上说,人之所以会产生快乐、幸福的生命体验,不是因为我们的本能得到了满足,而是因为我们的大脑和心理所加工的真善美的信息,所激活的对美丽的人生、美好的生活的情感体验与想象。一个每天都加工与知觉无聊、琐碎、丑陋信息的个体必然会形成如此的心理建构,不断表征这种经验,从而使自己变得同样无聊、琐碎、丑陋。经过千万年的进化,人类的基因组、脑组织以及心理系统已经形成了高级的快乐、和谐、幸福的生命管理装置。只有当我们与环境的互动能够产生与这种生命管理装置运动相一致的感受时,我们才有幸福可言。很多人之所以跟着"网络文学"一起无聊,就是因为他们还不知道什么才是人类的"幸福"。幸福的体验只能在幸福的知觉加工与体验中。从这种意义上可以说,大众"人文启蒙"是"文学启蒙",即形成其拒丑的精神免疫力的基础:

第二,提升大众对现代文学、后现代文学的审美能力。这主要包括"两种能力"的提升。

其一,认识到它是人类文化发展的必然。文化发展的辩证规律不仅仅是在传统的地基上的创新,也是在死亡的废墟上的再生。没有死亡,就没有重生。某种文化的死亡,恰恰象征着文化内在的生命力的新生。"艺术死亡了!"但这只是传统的"艺术哲学"的死亡,宏大叙事的终结,古典美学神圣光环的陨落,代之而起的是一个新颖的、多维的、个性的、自我的、更加多姿多彩的艺术世界。也只有这样的艺术世界,才能适合现代世界人类多样化的精神需求。对此,我们与丹托的观点是一致的:"艺术终结之后艺术家应该做什么也难以回答,但是至少有一种可能性,即艺术也可以应征为人类服务。文化的两幅面孔都是解放主义。"①

其二,引导人们认识到现代文学、后现代文学这种多主题、多风格、多修辞形态的时代语境,其象征着人类及其文学艺术在结束了一场梦魇之后向自我世界的重新回归,或者说人类和文学再度找回了它曾经使用但后来遗失了的证明自己在世的言说方式。因为所谓的"主题"和"风格",只不过是人类参与世界、理解世界的经验和智慧的探索形式,是人类以艺术语言表达自我的一种个性。人与世界的相互关系变了(与古典时代人与世界的关系相比),人类对自我的认识、表现的方式变了,艺术的主题和风格也必然要变。不变才令人感到奇怪。特别是文学作为人类创造出来的解释自我、世界及自我和世界存在之意义的文化符码,必然伴随着人类生活世界与精神世界的变革而变革。作为人的意识、心灵、精神的运动形式,既然人类的心灵、精神有多种多样、无穷无尽的姿态,那么,文学也应该具有无穷无尽的表现形态。苏珊·桑塔格曾说:"最伟大的作品似乎是被分泌出来的,而不是被构造出来的。"②这可以说是对文学艺术与人性之关系十分深刻的揭示。"构造"是按照固定的标准精工细作,如古典艺术按照古典美学的标准创作那样;但"分泌"不是这样,它是人的生命机能或者说人性的一种纯天然流溢。如果说,昨天,我们是在古希腊史诗和唐诗宋词、在但丁的"神曲"和茅盾的

---

① 丹托.艺术的终结之后[M].王春辰,译.南京:江苏人民出版社,2007:142.

② 桑塔格.沉默的美学[M].黄梅等,译.海口:南海出版公司,2006:47.

"三部曲"中观赏着单纯、和谐、静穆、庄严的人类"超我";那么,今天,面对现代社会对人性的挤压,面对工商文明对人性的异化,人类则是通过新文学形式对这个非人化的社会进行反叛和抨击,对僵硬的传统、虚伪的文学和审美理想进行嘲弄和解构,对本真人性的呼唤和回归;当然,人们也不再用古典文学的和谐静穆营造乌托邦的梦境,而是用变形、夸张、扭曲、丑陋的形式,用原始、粗鲁的形式,用野兽、蛮荒的形式揭露这个世界的虚伪、荒谬、非人性化。就如达达主义一样。达达主义并非反文化、反美学的恶作剧,而是对虚伪的文化和审美理想的反动。"达达一词象征了其与环境的真实之间最为原始的联系,达达主义以此为自身呈现了一种新的真实。生活呈现为由同时出现的声音、色彩和精神节奏的一种混合,它们在达达艺术中以本原的面貌出现,所有美妙的叫声和日常心智中那鲁莽的狂热、兽性的真实也都进入了达达艺术中。这是将达达主义与其他所有迄今为止的艺术倾向区分开来的一个鲜明分界线。达达第一次不再用审美的态度来观照生活,它通过捣毁一切道德、文化与本质的口号,也就是掩盖脆弱肌体的外衣,来实现这一目标。"①尽管达达主义也好,怪异、荒谬文学也好,我们确实难以在其中再度体验到静穆、和谐、纯净的古典美的梦境,但我们在其中获得了比古典的审美意境更加深邃、也更加令我们震撼的精神体验:孤独、压抑、扭曲等。正是由于这种陡峭、深度的精神体验,我们再次想起了几千年来人类精神律动的那个永恒的旋律:我是谁,我从哪里来,我要到哪里去……

总之,"新人类"时代,不但文学的历史不会终结,相反,它倒是为我们的人文修养提出了更高的要求:用多样、复杂的认知模型来加工人类多样、复杂、深刻的灵魂表达。关于人性发展与物象艺术变革、人文修养水平发展的这一关系,早在100多年前,美学家鲍桑葵就在其《美学史》中做了精彩的阐释:

的确,在过去一百年间,在音乐、风景、肖像画和诗歌艺术方面,虽然还需要做我指出的某些保留,然而,不协调的现象也变得比以往任何时候都更加深刻了。人民的艺术传统陷于中断。但是,心灵今天是更加坚强了,自我是更加丰满了,而我们知道,它是靠运动而生存,而不是靠停滞而生存的。因此,这种比过去更深刻的不协调现象,是能够经得了的,而且适足以证明生命是强有力的,并没有因为这种不协调的现象而受到致命的损伤。当然,这种不协调的现象也需要更长的时间才能解决,而且我们也无法预料将以什么形式来解决。但是,尽管有这一切不利的条件,人现在却是比过去任何时候都更加是人了,他必将能够找到满足他对于美的迫切需要的方法。②

---

① 基兰.洞悉艺术奥秘[M].刘鹏,任慧,等,译.北京:北京大学出版社,2010:58-59.
② 鲍桑葵.美学史[M].张今,译.北京:商务印书馆,1985:598.

(三)学习与思考

文学修养与大学生人文素质的提升

文学就是人学。这是文学理论对文学的定义。在这种意义上,一个人的心灵世界是空洞苍白还是多姿多彩,很大程度取决于他的文学素质高低。作家王安忆就文学作品阅读能给人带来怎样的影响时发出了一番感慨:"阅读陶渊明的游记,使我自己内心增长了探险的勇气;阅读屈原的诗歌,我的内心充满了自愧不如;阅读朱自清的散文,我时常会想到温暖。"[①]她从阅读总结出来的诸如探险的勇气、自愧不如、温暖等,就是阅读文学作品之后的一种精神体验。也就是说,文学阅读者一旦对作品内容进行深入的了解,对作品内置的思想进行了一番消化,那么,自己的内心会有一种奇妙的变化,这种变化就是读者随作品中的故事人物情感的变化而出现的情绪的变化,在人物、故事的激励下,内心世界会点燃生活的激情,生命的旗帜也会张扬着崇高。

具体而言,阅读文学经典可以提升大学生以下几方面的人文素养。

第一,有助于大学生获取丰富的人文知识。

所谓人文,包括文、史、哲各学科领域的知识。丰富的人文知识是构成大学生全面合理的知识结构的基本要素,是人文素养的前提和基础。

现代社会中,大学生一方面应有某种专长,另一方面应当是通才。大学的宗旨,始终应是培养身心俱足、健康发展的全人。作为存在的折射,文学经典更加充分和自由地反映社会生活,为大学生提供多姿多彩的人文知识。巴尔扎克在《人间喜剧》里给我们提供了一部法国社会特别是巴黎上流社会的卓越的现实主义历史,人们从中所学到的东西,甚至比当时所有职业的历史学家、经济学家和统计学家那里学到的东西还要多。苏联教育家苏霍姆林斯基说:"我一千次地确信没有一条富有诗意的感情和美的清泉,就不可能有学生的全面智力的发展。"[②]文学经典就是"诗意的感情和美的清泉",是大学生获取知识的宝库。

第二,有助于大学生构筑丰富健康的情感世界。

情感是文学的本质。文学情感经过审美的提升,比日常生活情感更加具有美好素质。首先,文学经典表现了浓厚的亲情。"谁言寸草心,报得三春晖"是博大的母爱;"纸上得来终觉浅,绝知此事要躬行"是父亲对儿子的殷切期望。其次,文学经典讴歌了真挚的爱情。《牡丹亭》里,"情不知所起,一往而深。生者可以死,死者可以生"的爱情传奇,令当时少女读后深为感动,以至于怏怏而死;《红楼梦》里,贾宝玉林黛玉的爱情悲剧,令读者动容叹惋。再次,文学经典表现了纯洁的友谊。《金缕曲·赠梁汾》,是相见恨晚灼热如火的友情;《黄鹤楼送孟浩然之广陵》,是依依惜别、情思不绝的友情。

---

① 王安忆.王安忆读书笔记[M].北京:新星出版社,2007:3.

② 李范.苏雪姆林斯基论养育[M].长沙:湖南人民出版社,1984:30.

沉浸于文学经典,让人更懂爱,情感丰满充实,不再匮乏苍白。

第三,有助于大学生塑造健全的心理与人格。

美国著名心理学家艾森伯格说,一旦基本生存需要得到保证后,心理卫生在决定人们生活质量中起着重要作用。心理健康是生理健康的必要保证,是智力发展的必要条件。智力正常、情绪健康、人格完整、人际关系和谐等,都是心理健康的表现。

文学是对于人的灵魂深处的美的发掘,是人的心灵创造的自由表现。文学作品就是作家的心灵。因此,阅读文学经典首先便可使人心胸开阔、勇敢坚毅、乐观豁达、心灵纯洁、人格完善。"兴于诗,立于礼,成于乐,游于艺",君子人格的养成,始终离不开文学经典的熏陶与启迪。高尔基说:"文学的目的就是帮助人了解他自己;就是提高人的自信心,激发他追求真理的要求;就是和人们中间的卑俗作斗争,并善于在人民中间找到好的东西;就是在人们的灵魂中间唤起羞耻、愤怒和英勇,并想尽办法使人变得高尚有力,使他们能够以神圣的美的精神鼓舞自己的生活。"[①]其次,优秀的文学作品让人的内心更柔软更有弹性,具有精神疗伤的特效功能,艺术本质上是肯定,是幸福,是生存的神话,是人们的自我救治、自我保健。通过阅读经典,释放压抑,缓解压力,激发潜能,让大学生乐观面对未来漫漫人生旅途中的风风雨雨。

第四,有助于大学生培养高尚的道德情操和理想。

文学经典不是道德教科书,却比道德教科书形象生动。陶渊明的《归园田居》,让人感受到"饭疏食饮水,曲肱而枕之,乐亦在其中矣"的淡泊名利的情怀;杜甫的《茅屋为秋风所破歌》,让人对诗人忧国忧民的崇高思想境界的敬佩之情油然而生;文天祥的《正气歌》,让人深刻体验"富贵不能淫,贫贱不能移,威武不能屈"的大丈夫的浩然气概。阅读鲁迅,为半殖民地半封建社会人民宝贵的不屈不挠性格而振奋;阅读巴金,为作家敢于忏悔敢说真话的良知而感动。回顾抗战中的文学经典,激起满腔的爱国热忱;重温解放战争时期的文学经典,赞叹共产党人与广大人民群众同呼吸、共命运、心连心。阅读文学经典,可以让大学生明确价值取向,释放正能量,努力做一个有益于人民的人。

思考与练习

1. 文学理论和文学批评是怎样的关系?
2. 文学的人文性表现在哪里?

---

① 高尔基.高尔基选集.巴金,曹葆华,等,译.北京:人民文学出版社,1959:195.

第三章 艺　术

（一）原典辑录

理解艺术[①]

乔治·桑塔亚纳

（1）什么是艺术

人有时会出于对善的追求影响其环境。人生活在生命的普遍躁动中,不仅在习俗和追求中他需要一种(适应环境的)可塑性,在其生活的周遭环境中他也能发现这种可塑性。生命是一种平衡——这种平衡的获得有时来自接受改造,有时则来自将改造加于自然。由于人用以从事各种行为的器官以力学的方式与其他物质客体相联系,于是,人的生物本能就迫使他去适应或改造这些物质客体,所以,他的习俗和追求中的任何变化在其接触过的事物上都会留下痕迹。因此,人的栖息地就必然会留下许多他生活的印迹——从这些印迹中,聪明的观察者可以推知他的生活和行为。这些行为的痕迹大都是在无意识和无目的的情况下留在这个世界上的。就像脚印,一般来讲,它们本身毫无用处,但在特定条件下,一个人生命历程中的几乎每一个印迹都会引起人们的兴趣。一个脚印就会使鲁滨逊激动万分,一支大军行军留下的践踏印迹则有可能为历史学家提供许多证据,甚至是房间中无意间留下的凌乱景象,也能生动地显示出主人的生活方式和性格。

然而,某些时候人的印迹则是有用的行动的产物,这种行动改变了自然物,从而使它们与人的意愿相符合。例如,我们会发现一支箭而不是一个脚印,一个种植得很好的果园而不是一个凌乱的房间——这些东西不仅说明了行动者的(生活)习惯,而且肯定也是其个人意愿的实现和表达。存在于其习惯和想象中的恰当形式,与人赋予物质的恰当形式一样,都是理性生活的工具。因此,任何使客体人生化和理性化的行为都

---

① 节选自乔治·桑塔亚纳.艺术中的理性.张旭春,译.北京:北京大学出版社,2014年.小标题为选辑者所加,文中脚注为原注,原典文本顺序有调整。

被称为艺术（art①）。

（2）艺术与理性

凡是艺术都既根源于本能，又体现为物质，如果筑巢的鸟意识到其工作的功用性，它们从事的就是一种艺术实践——只要它们对其世代相传的目的和方法偶尔有所意识，本能便随之成为理性。因此，筑巢是一种艺术，尽管筑巢的鸟对其工作的目的并非每时每刻都有清醒的认识，但与其他劳动者一样，他会按照其例行的艺术程式来进行工作。语言是理性的产物，但这并不是因为语言总是有用的或有意义的，而是因为有时候（人们）觉得它是有用的和有意义的。与本能一样，艺术也是不受意志支配的；而且，正如亚里士多德所认为的那样，比之本能，艺术通常也不完全具有目的性。本能通过遗传而世代延续，并被嵌置在先天结构中，所以它的组织原则必须是结构简单但内涵丰富。如果本能出了大问题，它们就会成为一种无法摆脱、难以承受的负担。……因此，所有体现了理性的艺术，都是最壮丽、最圆满的。如果艺术根本是徒劳无益的，不能对外在世界进行实质性改造进而使人在此世的栖息更合理、精神世界更丰富并具有更广泛的传播性，那么，仅仅获得能够用以言说内在经验的某些范畴，或是编造出某些我们能够用以构想宇宙的类比，都不过是一种虚幻的成功。只有以物质形式将自己表达出来，精神才能使自己永恒不灭。理性行为在自然中留下痕迹，进而促成（人类的）发展进步，正因如此，自然便成为理性生活的基础；换言之，所谓进步就是能够改善人类生存条件的艺术。在艺术兴起之前，所有的成就只存在于人的头脑中，一旦个体死亡，成就随之消亡。甚至即使个人仍然活着，成就也可能在个体身上逐渐消耗而不可复得，一如梦中仙乐。艺术为人类突破其身体限制追求真正的人类生活提供了工具，并且改造了外在物质世界，从而使其与人的内在价值协调起来，这样，艺术就成为各种价值得以不断产生的基础。今天为我们挡风遮雨的茅屋明天仍将存在，并将继续庇护我们免遭风雨的侵扰；同样，曾经表达过某种思想的符号，将来还会继续为我们唤起这种思想。

因此，艺术作品不仅能使艺术功能不朽并产生一种更美好的经验艺术（创造）过程也因其可传授性而使艺术本身得以不朽。每一种动物都会从自己的生活中获得知识；但若其后代从遗传中所继承到的仅仅是他自己与生俱来的那点东西，后代们就还得从头开始从生活中获得知识——顶多再从其父母的榜样中得到一些含糊不清的帮助。但当经验的成果存在于共同的环境中，当个人获得了某种尚不为自然所知的新工具进而使其装备得到加强时，尽管他仍得自己努力去学习如何生活，他却可以在更有人情味的学校里去学习更多东西——在那里，他随时都能借助人造的条件来扩充自身能力。为了获得先人的智慧，人不再需要仅仅重复那些隐秘的内在程序；他完全可以通过模仿先人们的明显习惯而迅速获得大量相关知识；此外，先人也通过各种手段强迫他进行这种模仿。凡是有艺术的地方，一定存在着培养训练的可能性。一位父亲将其

---

① 在书本中，art 这个词在不同地方的具体所指不尽相同。根据上下文，有时候译为"艺术"，有时候则译为"技艺"。

游手好闲的儿子们从树林里揪出来,命令他们下地帮其掌扶犁耙,这不仅是要劳其筋骨,更主要的是想要儿子们观察那一垄垄翻起的新鲜泥土,留心田里刚刚破土而出的簇簇新芽。最初,儿子们会显得心不在焉、甚至会有抵触情绪,但他们最后却会全身心地充满对丰收的向往。当他们的父亲去世后,他们主动接过他的犁耙,并将他们从父亲那里学到的耕作技艺继续传给他们自己的儿子,也就不是不可能的了。艺术以具体的物质形态来体现其自身,它可以通过训练来传授和传播——就此而言,正是艺术促成了理性领域内持续的进展,这种进展是非常伟大的。人们一旦掌握通往某种艺术的手段,就能享受到创造的喜悦,此时艺术的价值最容易被认识到;然后,通过传习性或某种强迫性手段,外在传统又将这些价值的薪火代代相传。

艺术是这样一种行为:它超越肉体,将世界变成一种与灵魂相契的刺激物。因此,所有的艺术都是有用的和功利性的。一些艺术品拥有显著的美学价值,这主要是就其道德意义而言,这些艺术品的本质就是给作为整体的人类天性提供某种满足。在感觉与抽象论述之间,存在一个展开的感觉或综合表征的地带——在这个地带,事物更多是透过一定的距离被审视,而非随时发生的、近距离的(身体)感知,然而,也是在这个地带,(抽象)论述只有通过象征才能达到的经验中的朦胧部分,被重新发掘出来,并按照它们自己的本来色彩和既定关系被予以重构。这一地带常被称为想象,它所提供的愉悦比感觉更轻盈活泼、更熠熠生辉,比理智更恢弘广大、更令人欣喜沉醉。在想象、瞬息的直觉、赋有形式的知觉中所固有的价值,就是所谓的审美价值。它们主要存在于自然界和生灵万物中,但也经常存在于人类的人造作品中,存在于语言唤起的意象和声音领域中。

(3)艺术与美

从艺术史及对艺术价值的理性判断两方面来看,事物的审美功能均不能与其实用和道德功能相分离。富有想象力的民族所取得的成就,都是想象的产物;他们说过的话、创造的作品都是合理的、可爱的和优美的。或者,我们也可以从心理学视角来看这个问题:无休止的实验和痛苦的思想冲动孕育出了它所喜欢的东西,在这个过程中也产生出一些虚构之物,正是这些虚构之物的出现,才使飞扬的思想愉快地停了下来;这些美就是我们最初的知识,对这些美的捕捉就是真正有用之物向我们初步暗示的结果。我们很容易就能从玫瑰花的花瓣上撷取到玫瑰花的风致,但要从艺术的主题、时机和功用性中捕捉到美却绝非易事。所有事物都拥有某种审美的魅力;如果能够诱发人的理智或理性,这些事物也能激发人的想象;但这个中间地带是如此繁复混杂和朦胧晦暗,其界限也模糊不清,以至于我们只能从实际存在的事实(而非抽象的理论)出发,才能进行恰当的探索:即将其视为人进入世界并与世界逐渐达成和谐关系之进程中的一个阶段。如果艺术是理性生活中的一个组成成分,即它能改变生活环境进而促成其目标的实现,艺术也就能促进人类理想各个方面的全面实现,即,使我们的生活更舒适、知识更丰富、精神更愉快。由于自然界在其力所能及的范围内习惯于整个地满足这些兴趣,因此艺术在试图增加那种满足时,就会在每个理想的方面都同时发挥作用。如果它导致与所有其他兴趣相疏远,那么任一方面都不可能建立在完整的善之上，或是诱惑经过锤炼的意志。审美的善因而便与其他的善一样，都是从同一个巢穴中孵出的鸟儿，因此便不可能翱翔在另一个不同的天空中。

（4）艺术的功能

艺术的价值就在于使人们感到愉悦：这种愉悦首先来自艺术实践过程，其次来自艺术作品的收获。这一结论似乎多余——原本也的确多余。然而，如果将其与在这些问题上的通常看法加以比较，我们就不得不承认，上述观点经常不被人们认可，更多的时候根本就没有为人们清楚地认识到。幸福本该是人们追求的东西，但人们却很少追求幸福：先是愚蠢的冲动、后来是违背人性的法律，使得人们远离了对愉悦的追求。为了获得快乐，人们的行为应该是自然本性的流露，同时又对恶行保持警惕。但是人们却总是非常狂热地喜欢某种东西，一会儿是无度的自由，一会儿又是虚假的规范，这就使得人总是显得野蛮而可怜。对愉悦的合理追求（这是一种伴随进步或理性生活的事情）应该体现出自然的虔诚，这种虔诚为生活中的各色事件，如对死亡的悲悼、对爱情的歌颂、对社会传统的尊崇、对自然的讴歌和改造等，赋予了内在的价值。因此，区分出愉悦是艺术的灵魂所在：艺术应该是对经验的真实的表达，而不是对经验的歪曲，这与那些以无愉悦为最高目标的政治或玄学暴政对经验的歪曲恰恰相反。自由的心灵就像创造性的想象一样，向往并希望能够创造人与自然之间的和谐，因为这使它感到愉悦。对于人与自然之间的不和谐或冲突，自由的心灵或者竭力予以调解，或者在惊惧中无可奈何地注视和忍受。

以坦率和真诚将人类心灵组织起来的道德原则，必定包含着每一种美的艺术的成分，也必定使我们的世界充盈着美——这种充盈之美不仅显现在人工物品中，也显现在令人敬畏的雄奇自然中。我们越是接近于人类的基本需求以及能够满足这些基本需求的自然力量，我们就越是接近于美。工业、娱乐、科学，随着人们的长期交往和人们的热情，都刺激着人们不断地去创造和表达新的生命样式，并迫使人们不仅去关注这些样式，还竭力为它们赋予理想化意义。简而言之，艺术只不过是一种充分的工业。当工业被用来满足人类的全部需求时，艺术也就随之产生。在这些人类的全部需求中，也包括那些偶然产生的感官需求（我们称之为审美）。繁重而粗笨的工业无暇也无心欣赏审美，所以往往对其藐视或忽略之。

根据理性原则，以这种方式回应人类自然需求的艺术就是美的，而且这种艺术也能长久地保持着美。当诗以感觉或理性捕捉到自然的和谐时，诗性的美就会感动全世界。人们越是真诚地以愉悦感来评判人类的习俗和追求，这些人类习俗和追求就越显得美，因为在这种情况下，它们与心灵之间存在更多的契合点、进而更加深入地与心灵融合在一起。有的艺术品格低下，或者散漫嬉戏，或者荒诞不经，这种艺术绝对无法胜任评判和创造美的任务——评判和创造美的能力在本质上是一种与实用性效果密不可分的（生活）习惯。所以，我们应该从最终的兴趣和它们与人的善的深刻关联入手来评判我们所有的行动和事务。这样，艺术就可恢复荷马史诗的辉煌。这样的艺术将会深切地触及人类的命运，捕捉到人的崇高和悲怆。然而，这种艺术所怀有的兴趣追求却是热切的，因为它显然仍是动物性的和真诚的。

　　显然,无缘无故产生的而且缺乏实用功能的行为是不可能产生愉悦的。与真正的高尚艺术不同,它们既非自发产生,又无实际效用。当然,那些行为仍可带来快感,比如几近疯狂的极度激动(尽管疯狂最为无缘无故和最缺乏实用功能)。而且即使作为生活的点缀它们也并非不产生结果,有些结果还可能是非常有益的。所谓缺乏实用功能的意思是,站在某种理想的角度来看,它们是没有价值的,而且对我们关心的具体生活也无所裨益。但是,没有一种现实存在的事物能够脱离普遍的变动;把每一样事物,不管是疯狂还是生存中一切无意义的相反倾向,都包括在一般的变化过程中,并到某个地方予以排除,并非没有结果,因为这些东西一瞬间就会将实体卷入它们的小旋涡。所以,我们苍白空洞的艺术和百无一用的宗教并非不能产生真正的效果或缺乏内在的生命力。当生活处于极端混乱的状况下,我们就会发现,只有在超然物外的瞬间,也即只有在梦想的瞬间,我们才能看见蓝色的苍穹或瞥见某种类似于理想的东西。只有在这种情况下,那些为人景仰但却与实际效用无关的幻象的存在根据才真正显现出来;也只有在这个时候,我们才会认识(看似)虚幻的艺术和欺世盗名的宗教的真正价值:原来,它们是人类经验构成中最美好的成分。人们对艺术和宗教的热情只有通过情感方式才能被认可,其根本原因在于,理性生活的构想在现实中难以真正实现。

　　如果愉悦是衡量艺术的终极标准,那么反过来也可以说,艺术是获取愉悦的最好工具。与其他活动相比,在艺术中,人的自我表达的形成更为直接,这种自我表达也能得到更直接的回报,因为它改变了感觉的物质条件,使感觉迅速地变得令人愉快和富有意义。在工业中,人仍然是奴隶,为他在活动时必须使用的工具进行准备。尽管他在行动中是自由的,但是把自己的影响施加于一种活动着的、不可靠的媒介物,于是他所看到的便是,结果每时每刻都在越来越远地背离他的意图。在科学中,每一个观察者,他以另一种方式,即通过研究行动的结果和条件,来为(自由而积极的)行动做准备。而在艺术中,他既是有能力的又是自由的,因而也是具有创造力的。他不会被其材料所困扰,因为他已将这些材料完全消化吸收了,从而能够任意处置这些材料。他也不关注现实世界中的任何偶然情况,因为他的根本目的是改造世界,而不是思考这个世界过去怎样和将来怎样。因此,没有什么东西能比真正的艺术更令人愉快的,也没有任何事物能比真正的艺术使人更少感到懊丧和空虚的刺痛。艺术完全是发自人的内心,因而它使得每种事物都能以人的语言向人们倾诉(其秘密);艺术直接深入自然的核心,因而能与自然协调合作。艺术是大自然中创造性物质能量的组成部分;艺术借用大自然之手来进行艺术创造。如果世界上各种活跃的生命冲动既不相互排斥也不相互造成灾难,自然本身就堪称一个无意识的艺术家。事实上,只要某种生命冲动获得环境支持,意识就会随之产生。如果这种意识全面深刻得具有预言能力,艺术就会随之诞生。所以说,发源于本能的艺术,既是自然伟力的象征和准确的标尺,也是人的愉悦的象征和标尺。

作者简介

　　乔治·桑塔亚纳(1863—1952),西班牙裔美国著名自然主义哲学家、美学家,同时还是著名的诗人与文学家,在哲学、美学、文学创作和文学批评等诸多领域均有重大贡献。其中尤以在西方哲学、美学发展史上的开创性功绩为人称道,桑塔亚纳热爱哲学沉思与文学创作,因此他在拥有理性严谨的哲学思辨的同时也极具浪漫的诗人气质。在他的一生中,曾有那样诗意盎然的一刻,被后世传为佳话。

"五十六年前的一个春天,名哲学家兼诗人的珊达雅纳(Santayana,今译为桑塔亚纳)正在哈佛大学授课的时候,一只知更鸟飞来站在教室的窗槛上。他注视这鸟一下,回过头来对着他的学生说:'我和阳春有约(I have a date with spring)。'于是宣布下课,跟着向学校辞职,隐退著书"。①

其一生著述颇丰,堪称等身。他的主要哲学、美学论著有《美感》(*The Sense of Beauty*,1896)、五卷本《理性的生活》(*The Life of Reason*,1905—1906)、《三位哲学诗人:路克莱修、但丁和歌德》(*Three Philosophical poets:Lucretius,Dante and Goethe*,1910)、《怀疑主义与动物信仰》(*Scepticism and Animal Faith*,1923)、四卷本《存在诸领域》(*The Realms of Being*,1927—1940)。此外,还有多部文学作品以及文化评论集,例如《十四行诗及其他诗集》(*Sonnets and Other Verses*,1894)、长篇小说《最后的清教徒》(*The last Puritan*,1935)、三卷本自传《人世沧桑》(*Persons and Places*,1944)、《人到中年》(*The Middle Span*,1945)、《世界是我的东道主》(*My host the World*,1953)、文化评论集《美国的性格及观念》(*Character and Opinion in the United States*,1920)、《英伦独语及续篇》(*Soliloquies in England and Later Soliloquies*,1922)

(二)阅读要点解析

(1)艺术的本质是什么? 它是如何起源、发展的?

桑塔亚纳是美国著名的自然主义哲学家,深谙进化论。他认为人类的文化与精神是建立在自然基础之上的,人类的文化知识、社会活动及政治体制都根植于物质领域中。他的艺术思想建立在其自然主义哲学思想框架之下,他对于艺术本质问题的探索过程也充满了自然主义哲学的意味。

在前文中我们可以看到,桑塔亚纳对于艺术有过多种界定:如,"艺术是一种创造本能"②;又如,"艺术就是理性传播它自身"③;再如,艺术是"一种充分的工业"。④ 以上三种对于艺术的定义,抛开多余的修饰,可以提炼出三个关键词:自然,本能和理性。引用桑塔亚纳的原话可以总结为:"艺术的基础在于本能和经验",⑤是"任何使客体人

① 孔新峰.重新发现桑塔亚纳[R].中国图书商报·阅读周刊.2008-4-15.
② 桑塔亚纳.艺术中的理性[M].张旭春,译.北京:北京大学出版社,2014:2.
③ 桑塔亚纳.艺术中的理性[M].张旭春,译.北京:北京大学出版社,2014:9.
④ 桑塔亚纳.艺术中的理性[M].张旭春,译.北京:北京大学出版社,2014:203.
⑤ 桑塔亚纳.艺术中的理性[M].张旭春,译.北京:北京大学出版社,2014:1.

性化和理性化的行为。"①由此可以看出,桑塔亚纳认为艺术的本质就是人的"创造本能"。

桑塔亚纳将艺术的本质定义为"创造本能",可以从几个方面来理解。

第一,艺术的产生起源于本能需求。桑塔亚纳在"人有时会出于对善的追求影响其环境"一节中,详细描述了艺术的产生过程。人生活于一种普遍的躁动中并且生而追求一种生命平衡,这种平衡体现为人的生物本能和精神意识与周遭客观环境的协调统一。人通过两种方式达到这种平衡:一种是主体为适应环境对自身进行改造;一种是主体对于自然环境进行改造。人的生物本能是具有可塑性的,在追求生命平衡的过程中,通过对于自身的改造而产生了物质、思想、行为种种"印记"。例如,人类早期的原始艺术——史前壁画,描绘了众多逼真的动物形象,包括野牛、野猪、鹿等,这些动物的形象、状态、动作都极尽写实,具有极高的艺术价值。据历史学家和艺术学家考察,这些艺术产生的原因主要是人类在农耕文明发展之前,靠狩猎为生。在居住的洞穴中雕刻动物形象是为了记录动物的特点与捕杀方式,以便记忆或者将经验传授给后人,或者是为了借助某些超自然力量以得到更多猎物维持生计。在农耕文明出现之后,人类开始探索耕种的技巧,为了提高耕作效率而发明农具、培育越来越优质的种子、观察节气与耕作的关系并总结成经验,而后随着社会的发展,在农业的基础上又出现了工商业,科技、文化、政治也都逐步发展起来。这些印记,记忆着人类在追求生命平衡过程中的经验和教训,是有用行为的产物,与人类追求平衡与和谐的意愿相符合。因此这些印记便是人"理性生活"的工具,也是桑塔亚纳所说的"艺术"。

第二,艺术的形式是对本能表现的模仿。"模仿说"又叫做"再现说",一直是艺术本质论的一个经典观点。这种观点强调艺术对于现实的"模仿"特性,认为艺术是对现实世界的再现。我们在现实生活中可以举出诸多例子,"从蜘蛛我们学会了织布和缝补;从燕子学会了造房子;从天鹅和黄莺等学会了唱歌。"②古希腊哲学家亚里士多德指出:文艺"一切实际上都是模仿,只是有三点差别,即模仿所用的媒介不同,所取的对象不同,所用的方式不同。"③由于模仿对象不同、方式不同、媒介不同,而产生了不同的艺术形式与艺术种类,但其实质都是对于现实的模仿与再现。中国古代乐论也有模仿说的观点。《管子》中讲道:"凡听徵,如负猪豕觉而骇。凡听羽,如鸣马在野。凡听宫,如牛鸣窌中。凡听商,如离群羊;凡听角,如雉登木以鸣,音疾以清。凡是听"徵"声,就好像听到小猪被背走而大猪惊叫的声音;凡是听"羽"声,就好像荒野的马叫;凡是听"宫"声,就好像地窖里的牛鸣;凡是听"商"声,就好像失群的羊叫;凡是听"角"声,就好像雉鸡在树上鸣唱,声音又快又清。也就是说,"宫商角徵羽"五声也是由模仿自然界声音而来的。虽然桑塔亚纳的艺术思想带有强烈的个人特点,但我们从中隐约还能窥见一丝"模仿说"的影子。他讲道,舞蹈来源于"求爱和挑衅"的"生理本能";"音

---

① 桑塔亚纳.艺术中的理性[M].张旭春,译.北京:北京大学出版社,2014:2.

② 伍蠡甫.西方文选论[M].上海:上海文艺出版社,1979:5.

③ 伍蠡甫.西方文选论[M].上海:上海文艺出版社,1979:5.

乐"在被人注意和聆听以前就已存在——它最初的形式与其说是艺术不如说是叹息，所以"原始音乐就是哀号和分娩的呻吟"。① 桑塔亚纳认为艺术是人类对于自己本能行为的模仿，舞蹈或音乐等艺术形式的本质是人类的本能冲动的表达，借由声音与姿势的外在形式进行表现。与传统"模仿论"相比，桑塔亚纳没有将探寻艺术发生原因的触角扩展至整个自然界，而是更强调人的"本能冲动"的作用。

第三，仅仅有本能冲动并不能为艺术的发展提供足够的推动力。因此，桑塔亚纳讲"艺术就是理性传播它自身"。桑塔亚纳非常注重理性在艺术发展中的作用，但桑塔亚纳所讲的理性不是我们日常所说的与感性相对的理性，而是指筑基于生物本能冲动之上的，能指导人类达到"生命平衡状态"的能动性活动。桑塔亚纳扩大了传统"艺术"概念的内涵，将"艺术"定义为"所有使客体人性化与理性化的行为"。人类在进化发展的过程中会有种种物质创造或行为，而区分它们是不是艺术的唯一标准就是：是否有益于人类的整体性的进步。桑塔亚纳还以战争为例对这个问题进行了阐释。桑塔亚纳认为"凡是战争都有自己明确的目的，并有实现这些目标的相关手段"②，但是战争顶多算是一种"工具性艺术"，因为其虽然在一定程度上对人类的发展做出了贡献，但是它"缺乏的却是政治和道德基础"，为社会带来"新的病菌"。理性的作用就是规避此类危害，引导人类的本能冲动以理性发展。总结来说，桑塔亚纳认为艺术的本质虽然是创造本能，但是艺术的产生与发展却是理性指导的结果。

第四，桑塔亚纳同样注重创造性想象在艺术发展中的作用。在桑塔亚纳看来，创造性想象是人类所独有的，也是人区别于动物而能拥有真正的艺术的重要原因，更是"工具性艺术"向"美的艺术"进阶的重要环节。桑塔亚纳给"创造性想象"做出了具体的定义："在感觉与抽象论述之间，存在一个展开的感觉或综合表征的地带——在这个地带，事物更多是透过一定的举例被审视，而非随时发生的、近距离的（身体）感知；然而，也是在这个地带，（抽象）论述只有通过象征才能达到的经验中的朦胧部分，被重新挖掘出来，并按照它们自己的本来色彩和既定关系被予以重构。这一地带常被称为想象，她所提供的愉悦比感觉更轻盈活泼，更熠熠生辉，比理智更恢弘广大、更令人欣喜沉醉。想象是一种顷刻间的顿悟，是被赋予了形式的理智；想象的价值就是所谓审美价值。"③正是拥有了"创造性想象"的能力，人才拥有了追求"理想"的能力。也有了创造与发现艺术之美的能力。通过想象，我们可以"在踩脚踏车这样单调而又繁重的劳作里"，获得快乐。同样，也正因为有了"创造性想象"，我们才能够创作出更多的美的艺术。

在桑塔亚纳艺术思想中，艺术的本质就是人类的创造本能。在创造本质的基础之上，理性对其进行规范引导，创造性想象为其注入"美感"，才使得艺术能够发生并且逐步向理性和美的方向发展。

---

① 桑塔亚纳.艺术中的理性[M].张旭春，译.北京：北京大学出版社，2014：153.
② 桑塔亚纳.艺术中的理性[M].张旭春，译.北京：北京大学出版社，2014：31.
③ 桑塔亚纳.艺术中的理性[M].张旭春，译.北京：北京大学出版社，2014：译序.

（2）艺术的价值与作用是什么？

桑塔亚纳认为，艺术追求的最高理想是达到一种"至善"境界。从桑塔亚纳的众多表达中，我们可以看到这样一种观点，即：艺术是一种"善"，"善"走到最后成为"至善"，也就成了人类一直追求的"理性生活"。对于艺术之"善"的内涵分析，可以分为三个层面：实用理性价值、社会理性价值与审美理性价值。这也是桑塔亚纳艺术价值论由"善"走向"至善"的三个阶段。

第一，实用理性价值。在"艺术是一种创造本能，它对自己的目的有充分的认识"一节的开篇，桑塔亚纳就指出："凡是艺术都根源于本能，又体现为物质"[①]。他以鸟儿筑巢为例，认为鸟儿只要能够对于自己筑巢的目的有所总结，那么筑巢这个行为就是一种艺术，其抽象与总结出的筑巢方式便是一种艺术程式。这个观点与我们此前对于艺术的认识似乎是相悖的，但只要我们重新回顾一下桑塔亚纳关于艺术起源的说法，就很容易理解他的这一观点。桑塔亚纳认为，人以一种"可塑性"去不断适应周遭环境，在这个过程中，人还动用"理性"有"目的性"地去"占有和改造"外在"物质客体"，这就促成了艺术的生成和流衍。分析以上定义中的几个关键词：理性、目的性、占有和改造，可以得出结论：艺术行为是一种对于人类生活具有实用价值的行为。桑塔亚纳将在许多人眼中与艺术格格不入的工商业纳入艺术范畴，就是因为工商业的发展带来了生产力的进步、促进了经济与文化的快速发展、为社会的全方位良性运转做出了贡献，从而为人类带来了"自由"的生活。桑塔亚纳将语言也归入艺术的世界，语言与工商业相比似乎是无用的，因为它无法创出物质价值。但语言实则对人类的发展有巨大价值。语言根植于人类的生物基因与日常生中，语言为人类的思想交流与文化传播作出了重要贡献。我们从直立行走，到发现火种，到发明工具，再到创建现代文明，种种行为被人类以理性的态度归纳总结，并依靠教育和模仿深植于下一代的天然基因中，从而完成了人类的进化、社会的进步，语言有不可磨灭的功劳。在桑塔亚纳的观念中就可被称为"艺术"。"越是轻浮浅薄和远离实用性的艺术，就越是无所忌惮地趋向浮华和空洞"[②]。由此，我们可以看出，桑塔亚纳非常重视艺术的实用理性价值。

第二，社会理性价值。桑塔亚纳认为"艺术从属于道德评判"。在桑塔亚纳看来，事物的审美功能与其实用和道德功能是不能分开的，以前面谈到的战争为例，战争从一定程度上来讲促进了人类文明发展的进程，但是战争以其本身的残酷杀戮属性违反了道德基础，因此战争只能是"工具性"艺术，而不能称为"美的艺术"。美的艺术应该包含道德的因素，也应给予人道德的教化。通过艺术，使人形成真善美和谐统一的完善人格。孔子以"礼乐相济"的思想开创了我国古代最早的教育体系。他提出"兴于《诗》，立于礼，成于乐"。其中的"乐"指的就是歌、舞、演奏等艺术形式。诗可以使人的情志得到感发，这种感发又由礼来规范，而乐最终使人的认知、情感、德行达到和谐统一。18世纪德国美学家席勒在《美育书简》中首次提出"美育"这个概念。席勒认为现

---

① 桑塔亚纳.艺术中的理性[M].张旭春，译.北京：北京大学出版社，2014：2.

② 桑塔亚纳.艺术中的理性[M].张旭春，译.北京：北京大学出版社，2014：3.

代文明的劳动分工和社会分层将人与社会、人本身进行了分裂。"国家与教会、法律与习俗都分裂开来,享受与劳动脱节、手段与目的脱节、努力与报酬脱节。永远束缚在整体中一个孤零零的断片上,人也就把自己变成一个断片了。耳朵里所听到的永远都是由他推动的机器轮盘的那种单调乏味的嘈杂声,人就无法发展他生存的和谐,他不是把人性印刻到他的自然(本性)中去,而是把自己仅仅变成他的职业和科学知识的一种标志。"①而解决现代人的这种分裂问题,唯有依靠美育途径。审美活动中和人的"感性冲动"与"理性冲动",使其复归为古希腊人真善美全面发展的和谐健全人格。

张旭春曾这样评价桑塔亚纳的艺术观:"桑塔亚纳通过将艺术和审美定位为趋利避害的生物冲动的理性化和社会化,彻底剔除了艺术和审美中神秘的彼岸性。"②从桑塔亚纳艺术观的各个层次我们都能感知到他的自然主义观点,这也将"艺术"从形而上的缥缈彼岸稍许拉回人间。但如果我们就此将桑塔亚纳艺术观的特点定义为实用性与物质性,那也是片面的。在论艺术价值时,桑塔亚纳明确指出:"艺术的价值就在于使人们感到愉悦"。这也揭示了桑塔亚纳艺术观中"艺术"的第三层价值:审美理性价值。

第三,审美理性价值。艺术的审美理性价值首先体现为审美娱乐功能,是指审美主体通过艺术鉴赏活动获得身心的愉悦与满足。在日常生活中,我们也常有这种体会。如果我们想休息和放松,那么我们会选择看一部电影、听一首音乐或欣赏一幅画作,而不是拿起一本艰涩难读的学术著作。在这里,我们先要区分一组概念,即"美感"与"快感"。"美感与实用活动无关,而快感则起于实际要求的满足。"③快感带来的快乐是生理层面的,例如口渴时喝到水,饥饿时吃到饭。而美感所带来的"这种特殊的快乐是一种伴随着艺术的所有功能,使其别具色彩的精神享受。"④随着时代的发展,在人民物质生活得到极大提高之后,精神愉悦的获得就显得更为迫切。然而对于愉悦性的体验不是一蹴而就的。从生理层面讲,纯粹的感官享受也会产生愉悦,例如看到一幅美的绘画作品,听到一首美妙的乐曲,"因为它改变了感觉的物质条件,使感觉迅速地变得令人愉悦和富有意义。"而艺术所带来的愉悦性又决不止步于此,"理性既是艺术的原则又是愉悦的原则",艺术从精神层面带给人类一种理性的愉悦。桑塔亚纳说:"凡是艺术势必经历两个阶段:一是机械的或工业的阶段——在这一阶段,适当的质料被进行适当处理,具有妨碍性的媒介被予以清除;二是人文的阶段——在这一阶段,完美的质料被用来服务于理想,并被赋予明确的精神的功能。"这种理性的愉悦就是艺术被赋予的明确的精神的功能。在体会到艺术品带来的感官愉悦后,我们的精神受艺术之召唤"离开平凡生活的纷扰,而达到更自由更美满的活动之乐趣。"北宋艺术理论家郭熙在《林泉高致》中提出,好的山水画除了"可行、可望"之外,还要能让观者

---

① 席勒.美育书简[M].徐恒醇,译.北京:中国文联出版社,1984:51.
② 桑塔亚纳.艺术中的理性[M].张旭春,译.北京:北京大学出版社,2014:译序.
③ 朱光潜.谈美[M].南京:译林出版社,2018:58.
④ 朱光潜.谈美[M].南京:译林出版社,2018:59.

"可居、可游"。也就是说,好的艺术能够让观者的精神在其中寄居与游玩,在进行艺术观赏时可以暂时抛开现实的生活,产生一种精神的飞升,以体会到审美的理性的愉悦。

(三)学习与思考

培育人生的"艺术家"

成为一个人生的"艺术家"并非成为一个专业的艺术家。它不要求我们学习专业的艺术技巧,而是引导我们将生活过成一种艺术,将生命史谱写成一部艺术史,达到一种至高而又朴素的人生境界。成为一个人生的"艺术家"也不是要求我们将生命的形式进行装点修饰而使其极具艺术性,而是要将在艺术创作与品鉴过程中的体悟渗透到人性深处,以完善人格,达到真善美三者的完美结合。当今社会,随着市场、科技的不断发展及向存在领域的全面渗透,特别是随着互联网技术的不断进步,智能手机已经取代了电脑成为使用量第一的网络终端设备,"低头族"成为我们这个特殊时代的一个普遍的群体。有调查数据显示,现代人平均每 15 分钟就要浏览一次网络社交软件。我们接收信息的方式由之前的报刊上的文字变成了图片和视频。图片和视频对于我们的眼睛有比文字更大的吸引力,它们带给我们的是一种直观的感性层面上的刺激。但这些信息都是稍纵即逝的,我们的大脑捕捉到这些信息,却只能留下较浅的印象,不能深入的加工,无法上升到心灵的层面。长此以往,我们会形成一种习惯,仅机械地收集信息却不做深刻的思考和感悟,这就会导致我们的感知力逐渐弱化。现如今,使用手机和平板设备的群体逐步地年轻化,甚至很多儿童在四五岁就开始接触微信等社交软件,沉迷于网络游戏当中。这种情况所带来的消极影响绝不仅限于生理上的危害,更会带来心理上的危害。过度沉浸在个人世界中、缺少与他人的沟通交流,缺少对于人各种情感的体验,就会造成人与人和人与社会的一种"陌生化"。现代人缺少真实的审美体验,缺少丰富的情感交流机会。长此以往,不仅会丧失审美的冲动,更会失去创造美的能力,成为整日沉溺于利益得失,辗转于柴米油盐中的俗人。从这种意义上说,培育人生的"艺术家"已不是一个美学课题,而是一个人类学课题。

具体而言,艺术在培养"人生'艺术家'"方面具有两个重要功能。

第一,培养人对生活的感受力。

艺术因其所具备的形象性、表现性、审美性特点,使人对生活的感受更加真切与全面。

形象性是艺术的基本特征之一。艺术家以具体的、鲜活的、感人的艺术形象来表达情感、反映社会。普列汉诺夫曾讲过,艺术"既表达人们的情感,也表现人们的思想,但并非抽象地表现,而是用生动的形象来表现。这就是艺术的最主要的特点。"[①]艺术

---

① 普列汉诺夫.没有地址的信[M].丰陈宝,杨民望,译.北京:人民文学出版社,1962:4.

中的形象是主观与客观、内容与形式、个性与共性的统一，是社会现状与人类情感的集中表现。通过艺术形象，我们可以认知自然与社会。《论语·阳货》有言："子曰：'小子，何莫学夫《诗》？《诗》可以兴，可以观，可以群、可以怨；迩之事父，远之事君；多识于鸟兽草木之名。'"孔子这段话，生动阐释了艺术在社会认知方面的重要功能。以绘画为例，在西方美术史上，表现主义绘画是主观精神说的典型代表。蒙克的《呐喊》是表现主义的代表作。画面中色彩和线条艳丽诡谲，那个脑袋形似骷髅、嘴巴成卵形的苍白人做着扭曲夸张的动作。这幅作品是否昭示了作者本人真实的内心世界，我们不敢妄下定论。但作者所运用的鲜明的色彩、扭曲的线条以及怪异的人物意象生动表达了诸如焦虑、嫉妒或忧郁等强烈的情绪，使人真切地感受到了被扭曲的灵魂的"呐喊"。再如崇高与优美，当我们看到埃及的金字塔、古希腊神庙时；或欣赏《哈姆雷特》《巴黎圣母院》等戏剧与小说时；或欣赏古典时期的绘画与雕塑时；或聆听贝多芬的《命运交响曲》时，都会感受到崇高感所带给我们的心灵的震颤。在崇高面前，人类的灵魂似乎都变得渺小，而我们也只能感受着震撼，肃穆而立，更加尊重生命与生活。优美体验与崇高体验不同。不同于崇高感给人带来的压迫感，优美感给人自由的体验。当我们面对着《断臂维纳斯》的雕像，那洁白的通体、完美的比例、流畅的线条，给人以无尽的美感。"'优美'是人对自由的一种超越的领悟，表现为自由实现而产生的愉悦的心情"。[①] 我们面对她，似乎可以感受到她身体线条的自由流动和无限延长，从而使思绪和心灵也达到一种自由流动和无限延长的境界。

"悠悠的过去只是一片漆黑的天空。我们所以还能认识出来这漆黑的天空者，全赖思想家和艺术家所散布的几点星光。"[②]艺术以其形象性、表现性、审美性等特点不仅为人类拓宽了认知之路；也为人类提供了情绪表达与体验的新方式，更潜移默化地涵养着人的心性。

第二，培养人对美好生活的创造力。

人生的"艺术家"讲求对于艺术品美的欣赏，就是要从艺术和审美通向人生，将美导入生命。以艺术作途径，以人生为目的，从而达到人生的"艺术家"的境界。人生的"艺术家"要求我们以审美的眼光面对艺术和人生。

丰子恺在他的《艺术与艺术家》一文中说："在现今世界，尤其是在西洋，一般人所称道的艺术家，多数是'形式的艺术家'。而在一般人所认为非艺术家的人群中，其实有不少的'真艺术家'存在着，其生活比有名的艺术家的生活更'艺术的'。"在这句话中，他提出一组对立的概念："形式的艺术家"和"真艺术家"。梁启超曾在上海美术专门学校发表《美术与生活》的演讲中说过，人类固然不能个个都做供给美术的'美术家'，然而不可不个个都做享用美术的"美术人"。在这句话里，梁启超区分了"美术家"和"美术人"这两个概念。这两组概念虽在表述上不同，但内涵却非常相近。丰子恺的"形式的艺术家"对应梁启超所讲的"美术家"，都是指那些在公众普遍认知中拥有高超

① 李俊峰.高校艺术教育的理论视野和现实要求[J].高教研究,2014(8):36-39.

② 朱光潜.谈美[M].南京:译林出版社,2019:9.

的艺术技巧的一般意义上的艺术家。丰子恺的"真艺术家"对应梁启超的"美术人",指那些善于在艺术和生活中发现美、欣赏美的人。丰子恺的"真艺术家"与梁启超的"美术人"包含两个共同的特质:其一,他们都有一双能发现美的眼睛。里普斯曾指出,审美喜悦是一种令人愉快的同情感。鉴赏过程也必然蕴含了移情的心理活动。当我们看到洛可可绘画中,那些年轻的少女和少年,绿茵茵的草坪和娇嫩的花朵,画中的光线以及他们柔软衣物的褶皱都会牵动起我们内心的柔情。美的事物一旦进入我们的知觉,就会调节我们的心理活动,改造我们的精神。其二,他们都有一颗美的心。这颗美的心包含了想象力和知力。黑格尔曾说过,人类最杰出的本领就是想象,我们的眼睛捕捉到事物,想象力将它再次加工。知力则对这种想象加以规范和引导,使我们能够不沉溺于单纯的快感享受,而能够真正的发现美带来的意趣。看丰子恺的漫画,我们总能透过它寥寥的线条或是大片的留白寻到一股生命的鲜活的味道。这一股凝聚在作品中的鲜活的背后应是更为巨大的对于生活的热情。一颗敏锐洞察世界的心可以激起无数的好奇、激起所有潜藏在内心的感情,并促使我们去追随。

关于美的生活创造,前人多有论及。虽话语形式有别,但基本语义一致。梁启超主张通过劳动、艺术、学问、生活等具体实践,把人从"麻木状态恢复过来,令没趣变成有趣","把那渐渐坏掉了的爱美的胃口,替他复原,令他常常吸收趣味的营养,以维持增进自己的生活康健"。朱光潜主张积极入世的生活态度。在《看戏与演戏——两种人生理想》这篇文章中,他将"看戏"这种艺术鉴赏活动与"演戏"这种艺术实践活动比喻为现实中的两种人生理想:"看戏"对应为静观审美的状态,"演戏"则对应实践创造美的状态。整合梁、朱二人的思想,我们可以提炼出一个真理:高妙的人生不止会看戏,也不止会演戏,而是同时在看戏和演戏。看戏的人认为生命的最高价值在于静观,在于从最高的意义层面来观照人生。演戏的人认为生命的最高价值在于实践,在于从生命中最真实的烟火气中感受存在和创造的乐趣。第一种人在审美的过程里,只接收不输出,第二种人则只输出不接收。唯有第三种人,能同时在动和静中体会生活的热闹。这种人可以将自己在艺术和生活中的所感所得升华到人生意义层次,又能利用这所感所得再创造生活的乐趣,进而影响他人。

《谈美》一书的最后一章是《慢慢走,欣赏啊》。在这篇文章中,朱光潜提出:"人生本来就是一种较广义的艺术。每个人的生命史就是他自己的作品。"[①]在这篇文章中他还指出:"知道生活的人就是艺术家,他的生活就是艺术品。"[②]什么叫做知道生活?整日游走于金钱利益和柴米油盐中的人不算是知道生活。艺术和审美应是处在整个人生当中除去了"实际人生"的那一部分。生活里可以没有艺术和美,这并不会影响我们"存活",但确是将我们的"生活"变成了一潭死水,也确是将我们的性分和修养消耗殆尽。老子讲赤子之心,庄子讲逍遥游,李贽和丰子恺欣赏儿童,梁启超强调"为而不有"主义,朱光潜提出人生的艺术化,等等,这些艺术思想和美学概念抽丝剥茧,最后其

---

①　朱光潜.谈美[M].南京:译林出版社,2018:140.

②　朱光潜.谈美[M].南京:译林出版社,2018:140.

实都在讲一个问题：教我们如何免俗。世俗的生活确实存在，每个人都不能脱离。人生的"艺术家"就是要掌握好"出"与"入"的关系，轻松地游走在"入世"与"出世"之间，自如地穿行在世俗和艺术之间，尽享"无所为而为的玩索"所带来的乐趣。

　　"阿尔卑斯山谷中有一条大汽车路，两旁风景极美，路上插着一个标语牌劝告游人说：'慢慢走，欣赏啊！'"[①]我们人生的每一条路都像是阿尔卑斯山谷中的这条大汽车路，只要我们能静下心去细细发现，就会看见路边有美丽的风景。人生何其短暂，我们又太过忙碌。因此，人生需要学会取舍，需要学会慢下来，需要学会欣赏，哪怕体得的乐趣只是短短一瞬，日后回想起来也是一次生命的欢愉。将每次在艺术或生活中体得的感悟记录内心，长此以往，封闭麻木的内心就会慢慢敞开，审美能力也会逐渐变得敏锐。能发现美，才能创造美，在生命中收获美感会化作一种创造的动力驱使我们更多的投入实践中，在生活、劳动、做学问里释放这股欢愉与热情，将生命的美好传递给每个人。其实生命的意义就是在这一次次的发现与创造中的惊喜中构建起来的，生命的意义是在"慢慢走"中觉悟，又在这一次次的超脱中得到升华。

🔲 思考与练习

　　1. 艺术的人文精神表现在哪些方面？

---

　　① 朱光潜.谈美[M].南京：译林出版社，2018：147.

第四章　语言学

（一）原典辑录

什么是语言[①]

L. R. 帕默尔

研习语言的人一定会首先提出一个简单问题："语言是什么？"说话是如此无意识的动作，语言是说话者如此不可缺少的一部分，以至在日常生活中谁也不去想到语言的存在和它的作用有多大。可是当我们走到外国的时候，第一件引起我们注意的事就是那儿的居民用嘴发出一些我们不懂的声音；而听到这些声音，他们的行为就这样或那样受了影响。这实在就是语言的本质。语言就是发出语音，用以影响其他人的行为；反过来看，语言就是听话者对这些声音的译解，由此可以明白说话者心里想什么。"这儿立刻就发生一个问题：为什么一定要用这种办法？因为心和心之间直接交通不可能，就产生这种必要性。我们要传给别人一个信息，不能直接把我们的思想送到他心里去［"他心通"（telepathy）的证据不足，丢开不论］。为了传递信息，我们可以带一朵花、用特殊的方式贴邮票、扮鬼脸、做手势、出怪声。碰到海伦・凯勒这种例子，她又瞎又聋，老师只能利用触觉。她发明一套用手指轻轻敲击的系统，这样两个人之间就可以沟通。要是没有这一套，便不能造就海伦・凯勒的教育奇迹。因为只有用某种方式影响感觉器官，我们才能把信息传到对方的心里去。这种在心与心之间建立交流的方式构成了语言的根本问题。但是在处理语言这一特殊问题以前，必须先讨论记号（sign）的一般性质。

有人说过：我们要知道别人的心理过程，只能从观察他的行为来推论。所以，如果我脸红了，观察的人可以假设我害羞或者受窘；如果我眼睛抽动，他可以推定我激动。因为他对自己的感情跟同时发生的身体上的表现有经验，他能够做出这种推理。那就是说，他从某种观察推论出跟他自己在同样情形下相同的心境。然而，脸红和说话之间有相当的不同。脸红常常是无意的。这是神经系统发生扰乱的结果；所以心理的状态和身体的记号（脸红）之间有因果关系。但是当我们发出"我害羞"一组声音的时候，

---

① 帕默尔.语言学概论［M］.李荣等,译.北京:商务印书馆 .2013:7-10.

这动作完全在意志控制之下;这声音跟心理状态之间的关系是完全任意的。如果我们是法国人我们就用另外一组声音,如果我们是德国人则又别是一组;虽然法国人、德国人脸红的情形和我们一样。因此我们能够在记号(sign)和符号(symbol)之间画一条界线。脸红是心理状态之自然的、无意的结果,是那个心理状态的记号。发出"窘极了"一组声音却是武断的任意之事;我们故意这么说,让听者可以识解而间接知道我们的心理状态。这个东西我们叫做符号。所以烟可以说是火的记号,[faɪə]这一组声音却是火的符号。我们坚决主张语言符号的任意性;这是语言科学的基础,无比重要。如果把语言跟人类以外的动物所用的交际系统比较一下,对这个根本事实就会有更清楚的了解。

德国科学家弗里胥(K. V. Frisch)对蜜蜂的社会生活和它们的交际方法做过很多有趣的观察。把一张涂了蜜的纸放在蜂巢附近一个地方。常常要过几点钟甚至几天,那张纸才被一只蜜蜂发现。以后事情就进行得快了。那只蜜蜂把它采到的东西运回去,尽可能快地回到它有所发现的地方来。但是它不是单独回来的——没有多大工夫就有成百的蜜蜂围上那一片蜜。显然,第一只蜜蜂用某种方式把它的发现通知了它的同伴们。这种交际的事实是如何发生的呢?实验者从密切的观察中发觉:发现者回去之后,蜂巢里举行了一个极有趣的典礼。回来的蜜蜂放下负载之后,就跳起很复杂的舞来,吸引和激动巢里别的分子。它们聚集在周围,用触角去碰跳舞的蜂。它忽然停止跳舞,飞走了。现在,弗里胥观察到:别的蜜蜂并不是简单地跟随它,它们过了一会儿自己找路飞到那个地方。甚至人把蜜拿走,换上一杯糖水,它们还是找到那儿。这些蜜蜂怎么知道的呢?信息怎么传给它们的呢?弗里胥用一套实验证明:蜜蜂走进花里去的时候,有香味沾在它身上。别的蜜蜂闻到这香味,就出去搜索同样的香味。如果发现的是一碗糖水,糖水没有香味,可是它们的搜索也一样成功。弗里胥继续实验,发觉蜜蜂能够用它身上一种腺体的自然香气,在发现物上做记号。那碗糖水沾了这香味,吸引了一大片地方的蜜蜂。蜜蜂的语言就谈到这里。

跟人类言语比较起来,这样一种符号化的东西是很粗糙的。其局限性和缺点一目了然。符号与所代表的事物来自同一领域,二者的质料也相同。因此它只能适用于那些结构较简单的、物质性的对象。为达到人类交际之复杂目的,我们需要更有弹性的、不怎么笨重的符号。我们不能把一切有可能提到的实物之样品都带在身边,更不用说爱情、荣誉、服从等抽象概念了。但人的发音器官,几乎永远是想发声就能发声。对组成符号这种可能性之利用是使人类区别于低级动物的主要力量。这套系统显然拥有巨大的优越性。在语言里,符号的物质性被去掉了,它放弃了任何类似或模仿它所代表的事物之处。它们之间的关系完全是另外一种关系。我们说:把某种心理内容派给某种声音组合,那完全是任意搭配的。我们现在必须考察这种特殊的关系,就是"名"(即词)和"物"之间的关联。这种关联是怎么发生的?怎么有这种可能呢?

俄国生理学家巴甫洛夫的实验对儿童的语言符号化之发展有很多启示。巴甫洛夫用狗做实验;他给狗东西吃的时候,就吹某个调子的哨子。每餐这样重复。最后他观察到:就是吹了哨子不给东西吃,狗也表现出期待食物的所有记号,例如流涎。心理学家把这种现象叫作"条件反射"（反应）。流涎的反应是以固定调子的吹哨为条件的。现在我们来观察儿童学习母语的过程。他看见一个东西（比方说调羹），又听到〔spu:n〕一组声音。这件事重复发生。他听到"这是调羹""调羹在哪里?""调羹没了"这些话。最后这一组声音在他心里唤起一种跟实在的调羹相当的印象。这是条件反射，跟巴甫洛夫的狗对哨子的反应相同。当然，我们说的是一个英国小孩。法国小孩有不同的"条件"，有不同调子的哨子。他听到的是〔kaeje〕。德国小孩听到的是〔Iaefl〕。所以只有经过长期的复杂的训练，儿童才能理解构成其本族语的符号系统。对儿童而言，这不是自然的，也不是本能的。没有一个在英国出生的儿童自然会说英国话。如果生下来就把他送到中国去，他的中国话就跟本地人的不能分别，英国话就变成他的外国话。所以，我们得出结论：声音符号跟它所代表的事物之间的关系是完全任意的，它们中间没有自然的或者必然的关联。……

语言在本质上是人类发出的声音。这些声音是造成语言的材料。但是语言不止如此。读者必须永远记住：虽然为了叙述的目的，我们可以着重谈语言符号的这一方面或那一方面；但语言是为了影响听者的行为这一特殊目的而发出的声音，而我们假定听者能够识解他所听到的声音。事实上，语言就是有意义的声音。然而我们在讨论语言时，最方便的是先就音论音，把它们传达意义的特性放到后面再说。

作者简介

帕默尔，英国著名语言学家。作者在《语言学概论》一书中说"对现代语言学原理重新做一个简单明白的表述"。这本书出版于 1936 年，特点鲜明：第一，它务虚和务实结合得好，简明扼要。第二，它重点深入，讲的方面不多，但是讲得透；有足够的事例。第三，历史比较语言学已经被冷落多年，很多课本连提都不提了，这本书提供了初步的介绍。从这几方面看，这本书对于初次接触语言学的人还是很有用的。

（二）阅读要点解析

如何理解文中提到的"没有一个地方的语言是保持不动的"?
对于语言发展的具体表现，我们可以从读音、词汇、词义等方面的变化入手来具体考察。

1.读音发展

比较古今读音的差异是其中的一个重要方面。唐代诗人贺知章的《回乡偶书》："少小离家老大回，乡音无改鬓毛衰。儿童相见不相识，笑问客从何处来。"这里的"衰"读 cuī，而不是读 shuāi。再如杜牧的《山行》："远上寒山石径斜，白云生处有人家。停车坐爱枫林晚，霜叶红于二月花。"诗中的"斜"要念成 xiá，而不是 xié。除了古诗词的读音问题，教材和工具书中一些常见字的读音变化，如"说客"的"说"原来读 shuì，但现在碰到这个字，一般读 shuō；"粳米"的"粳"原来读 jīng，现在这个字更多的读 gěng。

读音上不仅古今之间有变化、差异，同时代之间也有较多的多音现象。例如很多姓氏：查，读 zhā，不读 chá。如著名的浙江海宁的查氏家族，武侠作家金庸原名查良镛，现代著名诗人穆旦原名查良铮。仇，读 qiú，不读 chóu。如曹禺戏剧《原野》中困惑于要不要复仇的人物仇虎。朴，读 piáo，不读 pǔ。此姓朝鲜族多见，如韩国前总统朴槿惠。单，读 shàn，不读 dān。如著名说书艺术家单田芳。

2. 词汇发展

有学者总结：现代汉语中有大量看上去并非出自本族文化的词汇，来源于三个时期：(1)魏晋南北朝时期翻译的佛教经典；(2)来华传教士的传播；(3)自晚清、五四时期开始至今的大规模的外国著作的音译或原创。我们可对第三个时期做具体分析。

中国现代文学的先行者基本上都是归国留学生，从谱系上归类，大致分为留日团体和留学欧美的团体。当时日本可称为中国学习西方知识的中转站，留日归国的现代作家的创作和翻译，对中国现代词汇的变化影响很大，比如科学、革命、共和、主义、生物、电话、物理、政府等这类现代才出现的词汇几乎都是直接来自日语。那个时候国内自行翻译的名词一般有两种，一种是如果国内以前有类似的事物就在前面加个"洋"字，如洋钉、洋灰、洋枪等；另一种就是音译，如冰激凌、吉列芬、车厘子、奇异果、榴莲等。徐志摩写过一首诗叫《沙扬娜拉——赠日本女郎》：最是那一低头的温柔/像一朵水莲花不胜凉风的娇羞/道一声珍重，道一声珍重/那一声珍重里有蜜甜的忧愁/沙扬娜拉！"，之后汉语中开始较为广泛地使用"沙扬娜拉"一词，这是按日本发音译过来的，其实就是再见的意思。但说起翻译，晚晴大致还是以意译为宗，这也可从鲁迅严格直译的《域外小说集》遭受冷遇这一反面案例得以论证。1909 年出版的《域外小说集》，几年内只卖了几十本。鲁迅后来说它诘屈聱牙，自己也似乎有不满的地方。初版时，曾有序言一篇，作者云："《域外小说集》为书，词致朴讷。"这种直译的风格与晚晴的意译风尚之间略显殊途，这也是其不被众人所接受的一个重要原因。现在总说这本书开创先河，影响深远，但其真实影响是有限的，对其赞誉有加是后人出于今日的眼光追加上去的。

20 世纪 80 年代是中国学人翻译外国学术著作最具热情的时期。当时较为著名的文化机构包括：《走向未来》丛书编委会、中国文化书院、《文化：中国与世界》丛书编委会等。除此之外，还有汉译世界学术名著丛书系列，这些大型项目致力于西方文化的大力引进和中国传统优秀文化的重新梳理，大大更新了汉语词汇的传统面貌。

网络时代，必须要提到网络用语。据有关学者定义："网络语言是指从网络中产生或应用于网络交流的一种语言，包括中英文字母、标点、符号、拼音、图标(图片)和文字等多种组合。这种组合，往往在特定的网络媒介传播中表达特殊的意义。"网络用语的产生及其流变也极大影响了汉语词汇的整体面貌。使用较广的有："粉丝"——英语 fans 的音译；"果酱"——过奖；"稀饭"——喜欢；"斑竹"(或板猪)——版主；"群猪"——群主，等等。也有用字母代替文字的，如：GF(girl friend，女朋友)、PK(来源于网游中的"player kill"一词，挑战、末位淘汰之意)等，也有数字型：520(我爱你)，886

（再见）等。另外，还有用图画例如笑脸等代替具体文字的，近年来动态图像开始流行。这些都是不可忽视的现象。

我们还必须考虑到新中国成立后展开的汉字简化运动。虽然现在通行简体字，但一定要注意，有些特殊现象，例如钱锺书的锺，他老人家自己要求不能简化成钟，所以正式的场合，我们都尊重其意见，作钱锺书书写。

3. 语法发展

语法指的是语言符号在句中的功能和关系的规则。相对于语音、词汇、词义等方面，它是较为稳定的。但在历史发展的洪流中，语法也会有相应的程度不一的变化。对语法的发展，我们可以从组合和聚合两个方面展开。这两个概念是现代语言学之父索绪尔在《现代语言学教程》一书中提出来的，他指出，语言各要素的关系和差别，都是在"组合关系"（又可称"句段关系""横结构关系"等）和"聚合关系"（也有人称"关联关系""联想关系"）内展开的，语言的运用是通过运用这两种关系实现的。比如"我看电影"这句话就是一个明显的横向组合关系，主语我，谓语看，宾语电影。在主语我那里，可以随意换成：你、他、她们等，这时候，我和你、他、她之间就构成纵向聚合关系。同样，在谓语、宾语那里也可以做同样的转换。

语序的变化是语法变化的重要内容。我们可以简单地看这样几句话。范仲淹在《岳阳楼记》中写到："微斯人，吾谁与归？"说的是："我与谁一道呢？"在现代汉语中，按语法习惯肯定是把"谁与"改成"与谁"。还有杜甫《秋兴八首（其八）》中的那句"香稻啄余鹦鹉粒，碧梧栖老凤凰枝"，这也是个明显的倒装句，严格按现代汉语的表述习惯，香稻和粒组合，碧梧和枝组合，并且，鹦鹉和凤凰都相应地要提到句首。

王力在《汉语语法史》中说道："汉语双音词的发展，是汉语语法发展的一大特点。双音词历代都有增长，五四运动以后，增长得更快。双音词的发展是对语音简单化的一种平衡力量。由于汉语语音系统逐渐简单化，同音词逐渐增加，造成信息传达的障碍，双音词增加了，同音词就减少了，语音系统简单化造成的损失，在词汇发展中得到了补偿。双音词的发展，是构词法的问题。因此也可以说，在语法发展中得到了补偿。"[①]确实，我们可以举出很多从古代汉语单音节词变成现代汉语双音节词的例子：如"三人行，必有我师焉"，古代师指的就是老师，是单音节词，现代汉语中按规范要用双音节词：老师；再比如：宰予昼寝，子曰："朽木不可雕也，粪土之墙不可圬也"，这里的寝相当于睡，也是个单音节词，现在我们一般用双音词：就寝或睡觉；类似的还有：休——休息、造——制造、声——声音、本——根本、周——周到、忘——忘记等。

4. 词义发展

词义，简单理解，就是词的意思。就词的某一个词义来说，它的发展有扩大、缩小

---

① 王力.汉语语法史[M].北京:商务印书馆,2005:2.

和转移三种可能,但就整体上来讲,这几种变化之间更多的还是呈现为交叉融合的复杂状态。我们还是具体从个例上来展开分析。

我们总说出家人"不食荤腥",荤腥现在大致指的是肉类和鱼虾之类,但在最初始的佛教里所谓的"荤"是指五荤,指恶臭和异味的蔬菜:葱、蒜、韭菜等有特殊气味的菜。腥是指的一切,不管是海洋还是陆地的动物的肉都属于腥。另外"牺牲"一词,现代汉语中经常说某某战士为了祖国和人民利益而壮烈牺牲,指失去生命的意思。而在古代,这个词指祭祀品的意思。"牺牲"一词还可以分得更细。祭祀用的牲畜,色纯为"牺",体全为"牲"。因为当时祭祀用品一般包括牛、羊、猪,因此又称"三牲"。

"不孝有三,无后为大"这句话,古今之意变化也很大。这是孟子说的,记述在《孟子离娄上》中,原文是"不孝有三,无后为大。舜不告而娶,为无后也。"意思是:不孝的行为有很多种,没有好好履行后代的责任最为不孝。舜没有告知父母就娶妻子,没有尽到后辈的职责。所以,无后指的是没有尽到后辈的职责的意思,而不是我们现在理解的:没有后代。说起"空穴来风"这个成语,很多人都会把它理解成为"无中生有"的意思,其实不然。此语是宋玉引用他的老师屈原的话:"臣闻于师:枳句来巢,空穴来风",意思是说:因为枳树(枳)弯曲(句),树枝上常招引鸟儿筑巢;由于有空的洞穴,才引来了风呢。白居易诗中准确使用过此语:"朽株难免蠹,空穴易来风。"说腐朽的树木难免招来虫子蛀咬,空的洞穴容易引来风吹。按此解释,"空穴"和"来风"是一因一果,若做比喻,应比做说法有根据、有来由。所以,以"空穴来风"比喻不存在和没影儿的事,是不妥当的;若比喻事出有因,确有来头,则比较恰当。"空穴来风,事必有因"或者"空穴来风,未必无因"这才是成语的全貌。所以有些成语一定要补充完整才能更好地理解它的意思。

另外还有:蓬荜生辉,这是谦敬之辞。是说话人自谦,用在自己身上的。而有些人对别人说:"我们去你家玩,让你蓬荜生辉",就很滑稽。门可罗雀,原指门外可张网捕雀,形容门庭冷落宾客稀少,出自《史记·汲郑列传》,并不是指通常理解的门前的麻雀多得一撒网就能抓到很多的意思。经常用错的还有"七月流火",指天气逐渐凉爽起来。现在常被人按其字面意思误解为七月的天气像空中流着火一样炎热。

虽然以上我们是从语音、词汇、语法、词义等方面分别展开论证了语言发展的具体表现,但一定要注意,这几个方面是相互配合、相辅相成地共同促进语言的变化的。也许不同的情况下,某个方面或某几个方面的影响更为明显,但任何一方面都不能脱离其他方面而独自展开语言发展之路。

(三)学习与思考

"言不尽意"现象考辩
——以冯至《十四行集》为例

言不尽意,指的是意思曲折深远,言语难以全部表达。我们这里以现代著名诗人冯至的诗集《十四行集》为例。冯至为了给某些体验、人物、自然现象一些感谢的纪念，写下了《十四行集》。但是，《十四行集》真的完美地把住了使冯至心底鼓荡难平的那些骚动的事体了吗？也就是言真的尽意了吗？

冯至在《十四行集》重版的自序中写道："1941 年我住在昆明附近的一座山里，每星期要进城两次，十五里的路程，走去走回，是很好的散步。一人在山径上、田埂间，总不免要看，要想，看的好像比往日看得格外多，想的也比往日想得格外丰富。那时，我早已不惯于写诗了——从 1930 到 1940 十年内我写的诗总计也不过十来首——但是有一次，在一个冬天的下午，望着几架银色的飞机在蓝得像结晶体一般的天空里飞翔，想到古人的鹏鸟梦，我就随着脚步的节奏，信口说出一首有韵的诗，回家写在纸上，正巧是一首变体的十四行。这是诗集里的第八首，是最早也是最生涩的一首，因为我是那样久不曾写诗了。这开端是偶然的，但是自己的内心里渐渐感到一个要求：有些体验，永远在我的脑里再现，有些人物，我不断地从他们那里吸收养分，有些自然现象，它们给我许多启示。我为什么不给他们留下一些感谢的纪念呢？由于这个念头，于是从历史上不朽的人物到无名的村童农妇，从远方的千古的名城到山坡上的飞虫小草，从个人的一小段生活到许多人共同的遭遇，凡是和我的生命发生深切的关联的，对于每件事物我都写出一首诗：有时一天写出两三首，有时写出半首便搁浅了，过了一个长久的时间才能续成。这样一共写了二十七首。"[①]这很详细地为我们呈现了他的写作机缘和部分诗歌的具体成因。在这二十七首十四行诗的最后，冯至以一个文人谦逊而又不无自诩的口吻宣称：希望这些诗作把住了一些把不住的事体。然而，这些诗中隐然出现的"什么是我们的实在？""谁能把自己的生命把定？"之类的疑虑又与自身的结论隐隐对抗，构成了多维的叙事张力。正如当年杨炼写了一首《大雁塔》，韩东针锋相对地写下了《有关大雁塔》，开门见山地反讽提问："有关大雁塔，我们又能知道些什么？"也许诗人的价值并不是在对存在本身的管理和占有，而是思索的过程和与此相关的努力。冯至的《十四行集》中充满了对人自身能力的质疑，1931 年 4 月 10 日，冯至在给友人的信中提到自从读了 Rilke 的书，使他对于植物谦逊、对于人类骄傲了。……同时 Rilke 使他看植物不亢不卑，忍受风雪，享受日光，春天开它的花，秋天结它的果，本固枯荣，既无所夸张，也无所愧恧……那真是我们的好榜样。加利树、鼠曲草、都是冯至臣服于下的精神的寄寓者。

正如学界通识的那样，冯至受里尔克的影响巨深。以至于无论是在某些诗歌的意象、主题，更不用说诗形、分段方面，都存在着里尔克的影子。中国新诗的主流本身是在对外国诗歌的借鉴下确立发展路径的，但是，如果借鉴成了简单的改写和转译，就成了必须指出的问题。例如，我们来比较一下冯至的《有加利树》和里尔克的《致奥尔弗斯的十四行诗》的第一部第一首。《有加利树》第一段第二、三两句的意象几乎浓缩了里尔克的《致奥尔弗斯的十四行诗》的第一部第一首诗。里尔克创造了一个非常丰

---

①　冯至.冯至选集(第 1 卷)[M].成都：四川文艺出版社.1985：256-257.

富的诗的意象:把奥尔弗斯美妙的歌声比作一棵大树。在冯至笔下,萧萧的玉树也像音乐不断生长,筑起一座严肃的庙堂,让"我"聆听着进入,像一个圣者,升华了全城市的喧哗。多么相似的画面!当然,冯至也有基于自身民族现实处境的处理,那就是将加利树与对民族的献身精神联系了起来。

1987年冯至在一篇《自传》中曾经这样写道:"我在留学期间(1930—1935年),喜欢奥地利诗人里尔克的作品,欣赏荷兰画家梵诃的绘画,听雅斯培斯教授讲课,受到存在主义哲学的影响。"①的确,孤独个体对生命的担当和人之间的不易交流,在《十四行集》中得以贯穿始终。即使是在《威尼斯》《我们来到郊外》这样貌似心灵相通、命运与共的气息的诗歌中,其最终的诗眼还是落在了人最终的孤独处境上。更不用说躲避着一切名称,过一个渺小的生活,默默地成就自己的死生的鼠曲草,成为一只断线的纸鸢的那名战士以及被抛弃在这个世界之外的鲁迅了。其实,存在主义哲学的孤独个体与人与人之间不易交流的观点,与百年知识分子的启蒙情结暗通款曲。冯至"对人的傲慢",不是对杜甫、梵高、歌德、鲁迅等启蒙者的傲慢,而是对"堕落子孙"的傲慢。我们可以追问启蒙情结和权力的由来。在加利树、鼠曲草、杜甫、蔡元培等人面前,冯至是受启蒙者,但在学习了启蒙之后,作为代理人的知识分子,赋予了自我再度启蒙他人的权力。这也可以管窥出启蒙这一话题本身的机制。《十四行集》并非像朱自清所说的那样是具有中年气质的哲理之作,恰恰相反,其中充满了情绪化的宣泄。也正是基于此种相似的原因,鲁迅在《中国新文学大系》小说二集序中批评了"抒情诗人"。

《十四行集》中多处可见对大众的蔑视和嘲讽。如《原野的哭声》:"我时常看见在原野里/一个村童,或一个农妇/向着无语的晴空啼哭/是为了一个惩罚,可是/为了一个玩具的毁弃/是为了丈夫的死亡/可是为了儿子的病创/啼哭的那样没有停息/像整个的生命都嵌在/一个框子里,在框子外/没有人生,也没有世界/我觉得他们好像从古来/就一任眼泪不住地流/为了一个绝望的宇宙。"冯至用鄙夷的神色嘲讽了那些没有人生,没有世界观念,只限在自己狭小的框子中无助、绝望的可怜虫,基本上没有对于命运无常、对于弱者的同情和悲悯。更不用说在《给一个战士》中不遗余力地将无辜的平凡大众都作为"堕落的子孙",在《鲁迅》中称那个大众在受苦受难的时代为"愚蠢的人们毁坏了我们的时代"。

有哲理的诗歌是好的诗歌,但是,为了言说哲理而写的诗歌就不一定是好诗歌了,因为诗歌本身成了一个承载哲理的固化的工具,失去了自身的内在审美诉求和规律。《十四行集》中充满了人生哲理,但也有几首诗有为了说理而说理的倾向。冯至自身也未能在诗歌内完美地妥帖安置、贯穿其创作的理念。这从他对几首诗的取名的随意可以看出来,《什么能从我们身上脱落》《看这一队队的驮马》《我们有时度过一个亲密的夜》《有多少面容,有多少语声》《这里几千年前》《我们天天走着一条小路》这些诗歌都是仅仅用诗的第一句作为诗名,恰恰透露了冯至对内容芜杂丛生状态的无力把握。

---

① 冯至.冯至学术论著自选集[M].北京:北京师范大学出版社,1992:507.

现代社会最明显的特征是"上帝"死了，人毫无缘由地被抛入此世当中，人对自身的孤独感和撕裂感倍加敏锐，在这样的存在前提下，现代诗歌的语言为了能尽量表达人的生存体验，也相应地充满了断裂和逻辑上的突兀，充满了悖论和多义。这是现代社会的基本状况决定的，也是现代诗歌语言对时代风尚的一种自觉呼应。但语言的表达和人类内心的芜杂体验之间，还是横亘着很大的距离。归结到本文的话题，《十四行集》可看成是冯至对其宇宙人生探索和赋形的努力，而非对存在的最终完美把握。我们也可以说，《十四行集》把不住宇宙的多元存在，也就是言未能真的尽意。

思考与练习

1. 什么叫"逻各斯"？
2. 仔细辨别语言和言语。

第五章　历史学

（一）原典辑录

1. 人类的存在是历史的存在①

姜义华　瞿林东

人类之所以要认识历史,历史学家之所以要搜集和整理历史资料来撰写历史著作,归根到底,是因为人类的存在本来就是一种历史的存在,宇宙的存在也是一种历史的存在。现实的人类,是由历史的联系、历史的发展、历史的积淀构成的存在。

（1）物质生产、精神生产、交往关系生产的历史连续性

近代自然科学的成就已充分证明,自然界的存在,是一种历史的存在。无机物也好,有机物也好,都处在永恒的运动、变化和发展之中。已知的包含着数以百亿计与银河系一样的星系,有其起源与演化的历史;包含着数以千亿计的太阳这一类恒星,有其起源与演化的历史;人类所生活的地球及其地质与地理,也有着形成和发展的历史。生物变异性的发现,生存竞争、自然淘汰学说的创立,使有机物的产生、动植物物种的变迁、生命的进化,也就是生物形成和发展的历史,获得了不可动摇的佐证。所有这些自然物的存在,包含它们的产生、演变和灭亡,通过它们的连续性与变异性共同构成了历史联系。当然,天体运动也好,地质和地理运动也好,生物运动也好,作为一种历史的存在,它们的历史联系具有极强的自在性质,可以说,完全为自然规律所支配。因此,除去专门研究宇宙演化史、天体发生史、地质史、地理环境变迁史及生物进化史者外,一般研究自然物者,如物理学家、化学家、生物学家,可以专注于自然物较为恒定的本质,而将历史的联系搁置于一边。

人类是灵长类动物的一部分,当然具有和其他生物相同的自在性质。但是,人类的活动又具有一系列新的特征,正是这些特征,使人类和其他生物的活动区别开来。这些新的特征之所以形成,就是因为历史的联系、历史的发展、历史的积淀在人类现实存在中具有决定性的意义。正是基于这种历史的存在,人类方能不断超越现状,从自

---

① 　节选自:姜义华,瞿林东.史学导论[M].上海:复旦大学出版社,2010:3-18.选辑中有删节,文中脚注为原注,小标题为选辑者所加。

在走向自为。

人类作为历史的存在,首先根源于人类能够借助制造和使用生产工具,延长和扩展自己的各种器官,将人类的现实存在确立在物质生产持续进行和不断扩大这一基础上。正如马克思所说:"人们为了能够'创造历史',必须能够生活。但是为了生活,首先就需要衣、食、住以及其他东西。因此第一个历史活动就是生产满足这些需要的资料,即生产物质生活本身。同时这也是人们仅仅为了能够生活就必须每日每时都要进行的(现在也和几千年前一样)一种历史活动,即一切历史的一种基本条件。"①根据考古发掘所发现的远古资料,240万年前产生了最初的石器工具;而按照分子生物学家对人类基因的分析,也正是这一时候,人走完了从猿到人的过渡期。两者互相叠合,并不是偶然的巧合。正是基于这两者之间内在的必然联系,工具制造被视作人类形成的主要标志。

人类的生产活动,有赖于生产工具、生产技术、生产方式世世代代的连续与传承,有赖于劳动者与管理者知识、技能、经验的不断积累与改进。一代又一代,都不是从头开始,先前世代的成就为后来者提供了基础与前提,人类生产活动由此得以在发展的基础上变革,在变革中实现新的发展。这种历史的联系,使人类从旧石器时代前进到新石器时代,再一步步前进到青铜器时代、铁器时代、机器生产时代,从采集渔猎经济逐步发展到畜牧与农耕经济,再到工业经济,从而脱离了原始与半原始状态。而当生产技术一旦失传、生产活动一旦中断时,社会就将严重倒退,文明甚至因此而毁灭与消失。

马克思、恩格斯指出:"历史不外是各个世代的依次交替。每一代都利用以前各代遗留下来的材料、资金和生产力;由于这个缘故,每一代一方面在完全改变了的条件下继续从事先辈的活动,另一方面又通过完全改变了的活动来改变旧的条件。"②古代人类的存在是这样,近代以来人类的存在也是这样,蒸汽机的发明和机器的广泛使用所代表的工业革命,使人类的存在确立在一个全新的基础之上;随后,电力的发明与普遍推广,使人类的存在产生新的飞跃,新兴的工商文明无可动摇地取代了传统的农耕文明。当今正在勃兴的信息革命,以及科学技术各领域的新成就被迅速应用于生产实际及人们的日常生活,又在将人类的存在导向一个新的发展阶段。蒸汽机的发明,电力的发明,现代信息技术的发明,以及它们的应用与推广,无一不是历史积累、历史发展的结果。人类对先前世代创造的一切加以继承,同时对这些遗存加以改变,而先前历史创造的这些东西又预先规定了新一代人的生活条件,使他们的发展和改变无法逾越一定的限度。这种物质生产的历史连续性,决定了人类的存在必然是历史的存在。

人类作为历史的存在,还根源于人类除去从事物质生产以保障自身生存和繁衍后代外,还从事精神生产以满足人自身真、善、美、健等精神的文化的追求。这种精神的生产与文化的追求,也有赖于世世代代的积累,有赖于在一代又一代的传承、变革与发

---

① 马克思,恩格斯.德意志意识形态[M].人民出版社,1961:21-22.
② 马克思,恩格斯.德意志意识形态[M].人民出版社,1961:41.

展中,不断超越原先的自在状态而走向自为。每一代人的精神生产与文化追求,也都不是从零开始。正是在一代又一代历史演进中,人们发现了自身精神生产与文化活动中的不足,要求改变现状以及造成现状的各种外在环境,在变革中实现新的发展。

语言文字符号系统是精神生产与文化活动的基本要素,它似乎可以超越时间、空间和族类各种局限,在不同个体、不同群体、不同地域、不同世代之间完成巨量的信息传递、信息碰撞与信息积累,但它同样是历史积累、历史变革与历史发展的产物。5000多年前,在古埃及和古巴比伦出现了象形文字、楔形文字,4000年前,古代印度和古代中国也出现了象形文字。后来,文字的形体逐步由繁到简,书写逐步由难到易,语言表达能力逐步由弱到强,人类的活动、思想、经验由此得以在广大范围内传播交流,并一代代传承下来。文字的形成与发展促进了远古时代辉煌的文化与文明的形成。1000多年前,印刷术的发明,使信息的传播与传承实现了一次新的大飞跃,推动了欧洲文艺复兴和工业革命的出现。从电讯的发明到电影、电视的普及,再到当今电脑、数据库、数码化的风行,人类可以用先前无法想象的速度和容量,通过文字与形象的充分结合进行信息的传播、积累与交流,它预示着符号信息系统正在爆发一场前所未有的新的革命,人类的文化与文明也正在孕育着一次新的更大的飞跃。

精神生产与文化活动包含着知识、思维、道德、审美、抒情等众多层面。无论哪一个层面,都同样是历史的连续、历史的积累、历史的发展、历史的变革过程。精神生产的这种历史连续性,再一次决定了人类的存在必定是历史的存在。

人类作为历史的存在,还根源于人类在进行物质生产和精神生产的同时,也在进行着社会关系的生产。与物质生产和精神生产是历史的过程一样,社会关系的生产也是世世代代不断积累、不断变革、不断发展的历史过程。

人类在初始阶段,以采集渔猎为其物质生产方式,以口耳相传、结绳记事、图腾崇拜为其精神生产方式,形成了以血缘相联系的原始群、氏族、部落等群体。农业与手工业相结合的农耕经济和草原地区的游牧经济取代了原始的采集渔猎经济以后,出现了专业的精神生产者和公共事务管理者,致力于生产统一的思想、统一的信仰、统一的道德和公共事务的专门管理,社会关系从原始的血缘群体转变为家庭、家族、宗族、等级、邦国、大一统国家等多层次的复合型关系,人们在新的血缘联系、地域联系、等级联系中确定了自己的社会本质。近代以来,当自由竞争、世界市场、机器大工业和生产资料私有制支配了物质生产与精神生产时,人们突破了原先的地域性联系和等级秩序局限,建立起广泛的直接的世界性联系,阶级分化与阶级对立、民族压迫与民族解放、人的自由与人的异化,赋予人的社会关系、社会本质以新的内涵。当今,信息革命和全球化进程,正在推动物质生产和精神生产实现一次历史性的飞跃,人们由此开始逐步转变为超越国家、民族、阶级的局限而成为新型的世界人,他们同世界范围物质生产和精神生产直接关联,一种以每个人自由而全面发展为最高目标,由个人、公众、社会、国家、全球化组成的新型社会关系,正引导人们形成一种全新的社会本质。

马克思在《关于费尔巴哈的提纲》中对于人的本质有一段为人们所熟知的论述:

"人的本质不是单个人所固有的抽象物,在其现实性上,它是一切社会关系的总和。"①人的社会化,或者说,社会化了的人,方才是真实的、有血有肉的、活生生的、具体的人。而人的社会化,则正是一代又一代历史演进的产物。社会关系的生产与再生产这种历史连续性,和物质生产与精神生产过程一样,充分证明人类的存在必然是历史的存在。

上述事实充分表明,自然界的存在,是历史的存在。而对于人类来说,历史的存在更具有决定性意义。德国著名历史哲学家李凯尔特指出:"我们人既是自然界,又是历史,我们的本性表现在继承中,我们的历史表现在传统中。"②继承也好,传统也好,都表现了历史的连续性在人类形成与发展中无可替代的特殊地位。从这里就不难了解,历史究竟是什么。

(2)历史是人类充满矛盾的活动与成长过程

马克思指出:"人类史同自然史的区别在于,人类史是我们自己创造的,而自然史不是我们自己创造的。"③不少人抓住人类史是我们自己创造的这一点,利用人的活动的主观性、主体性,利用历史发展进程中的多样性、变异性,以及历史发展进程的突然中断,否定人类的存在是历史的存在,或尽量削弱历史的存在对于人类的特殊意义。

"历史不过是追求着自己目的的人的活动而已。"④人具有情感,具有欲望,具有思想,具有意志。人的活动,无论个人的活动,还是群体的活动,都出自他们个别的特殊动机、特殊追求。人类活动的这种主观性、主体性或自主能动性,使人们不是被动地顺应外界环境,而是积极地利用外界环境,主动地改造外在环境,并在这一进程中不断调节、提升和实现自己的生活目标。恩格斯指出,社会发展史与自然发展史的根本不同之处,就在于在自然界中,"全是没有意识的、盲目的动力,这些动力彼此发生作用",而"在社会历史领域内进行活动的,是具有意识的、经过思虑或凭激情行动的、追求某种目的的人;任何事情的发生都不是没有自觉的意图,没有预期的目的的"⑤。人类活动的这种主观性、主体性或自主能动性,是否足以动摇人类的存在是历史的存在这一本质特征呢?

每个人都在追求自己的目标,都在努力实现自己的愿望。但是,这并不表示他们可以超越历史的联系而随心所欲地行动。实践表明,在大多数情况下,人们很难按照原先的期待而圆满实现自己所追求的目标。结局甚至与原定目标南辕而北辙,恰好相反。哪些目标可以实现,哪些目标可以部分实现,哪些目标完全不可能实现,都得看人类先前的历史给他们提供什么样的既有条件,以及他们在历史所提供的有限时间、空间范围内如何活动。

"历史的每一阶段都遇到有一定的物质结果、一定数量的生产力总和,人和自然以

①　马克思,恩格斯.马克思恩格斯选集(第1卷)[M].北京:人民出版社,1995:56.

②　李凯尔特.现代西方历史哲学[M].北京:上海人民出版社,1984:43.

③　马克思.资本论(第1卷)[M].北京:人民出版社,1972:409-410.

④　马克思,恩格斯.马克思恩格斯全集(第2卷)[M].北京:人民出版社,1957:118-119.

⑤　马克思,恩格斯.马克思恩格斯选集(第4卷)[M].北京:人民出版社,1995:247.

及人与人之间在历史上形成的关系,都遇到有前一代传给后一代的大量生产力、资金和环境,尽管一方面这些生产力、资金和环境为新的一代所改变,但另一方面,它们也预先规定新的一代的生活条件,使它得到一定的发展和具有特殊的性质。"①每个人和每一代当作现成东西继承下来的全部生产力、资金和社会交往关系的总和,以及全部精神的文化的遗产,从各个不同角度用各种不同方式制约着人们。人们的自主能动性,只能在与先前历史所提供的所有条件的互动关系中发挥作用。

事实上,人们的思想、情感、动机、追求等精神活动,人的能动性、主体性,无一不是历史连续性的产物,无时无处不存在于历史的连续性之中。正如意大利历史哲学家克罗齐(Benedetto Croce,1866—1952年)所说:"精神即历史,在历史存在的每个时刻,精神就是历史的创造者,同时精神也是一切历史的结果。"②人们所有精神活动,不能脱离先前各个世代精神生产的积累和积聚而孤立地存在,还不可避免地要受到世代积累起来的物质生产、人们的社会关系的制约。人们的价值取向、思维方式、审美方式、抒情方式、行为方式,渊源于传统的资源,受制于传统的惯性作用,同时体现着现实社会发展的水准。当以血缘关系为联系纽带的家族宗法制度占据支配地位时,唯家长独尊的孝的观念和唯君主独尊的忠的观念成为普遍的统治思想;当地域性联系及世界性联系占据支配地位时,个性解放、个性独立、个性自由则成为人们的普遍诉求。当农业和手工业相结合的自给自足自然经济占据支配地位时,人们崇尚的是少知寡欲,陈规祖礼;而当机器大工业与市场经济占据支配地位时,人们则转而崇尚争新竞智,率作兴智。道德、宗教、形而上学和其他意识形态,无一不是历史与社会的产物。

精神世界的冲突,经常是现实社会冲突的升华。它们非但不能否定人类的存在是历史的存在,反而更有力地证明了历史的存在对于人类发展来说,具有多么重要的决定作用。可以说,正因为存在着每个人单独的意图、心理、精神,存在着人的主观能动性、人的主体性,人类的存在方才超越简单重复与机械性的延续,而充满矛盾、冲突、变迁,因此特别丰富多彩,能在方向各异的错综复杂的运动中实现自身的发展。人类存在的连续性因此便不同于宇宙和自然界活动的连续性,而形成人类独有的历史。

每个人如何确定自己的奋斗目标,为实现自己的目标如何奋斗,会为形形色色的偶然因素所制约,这就是人类活动的偶然性。每一个活生生的个人,每一桩历史事件,都必然具有自己独特性,任何两个个人或两桩历史事件不可能完全相同,这就是人类活动的个别性。人类活动的这种偶然性和个别性,常常被用作否定人类的存在是历史的存在的口实。他们认为,既然每个个人的活动充满了偶然性,甚至完全为偶然性所支配,既然所有这些活动都是独一无二的个别现象,那么,历史的连续性便纯然是人们主观的臆造。

偶然性,对于单个人或单一事件来说,确实可以说是无时不在,无处不在。然而,所有偶然性的东西,其实都同样处于历史的联系之中,处于历史形成的因果关系之中。

---

① 马克思,恩格斯.德意志意识形态[M].北京:人民出版社.1961:33.
② 田汝康,金重远.现代西方史学流派文选[M].上海:上海人民出版社,1982:345.

事物的联系是多方面的。事物的形成,有其远因,有其近因,有其主因,有其助因。偶然性,无非是包罗万象的外在世界中为人们所不太了解的那些联系。恩格斯指出:"历史事件似乎总的说来同样是由偶然性支配着的。但是,在表面上是偶然性在起作用的地方,这种偶然性始终是受内部的隐蔽着的规律支配的,而问题只是在于发现这些规律。"[①]这里说的规律,即指的就是事物之间历史形成的广度不同、深度不同的各种联系,尤其是那些具有决定性意义的本质性的联系。

个别性,即每个人、每件事都有其个性或特殊性。但是,就个人而言,只要放在特定时代、特定空间和特定的阶级、阶层、群体关系之中,不同个人之间便会显露出共同性。就事件而言,只要放在特定的社会经济形态、特定的社会政治形态与特定的社会文化形态中,放在物质生产、精神生产与社会关系、社会制度生产的过程中,不同事件之间便会呈现出重复性。任何个人,任何事件,都不是孤立的存在,它们的特点之所以形成,是因为纷繁复杂的历史联系在这里形成了特殊的组合。尽管人们很难把握住全部历史联系,但抓住最基本的一些历史联系,仍可大致了解这些个别性、独特性由以形成的主要原因。因之,偶然性也好,个别性也好,它们的存在和人的主观能动性、人的主体性一样,只是进一步说明了人类活动为什么如此多样、如此多变,历史连续性或继承性具有多么丰富的内涵。

人类存在、人类活动的连续性表明,世代之间决不是简单的传承、传播和扩散,稍后的世代比之先前的世代,总会发生这样或那样的变异。人类形成之初,自然环境的影响力特别显著,人们血缘、语言、种族以及生产活动、生活方式的许多差异都与此直接相关。随后,生产力发展水准和生产方式的影响逐渐增大,人们的社会交往、社会关系逐渐复杂,他们的需要、利益、意志、感情、价值取向以及行为方式的分歧越来越大。诚然,人们很难认知多样性发展变化中的每一细节,了解历史联系中的每一线索。许多历史细节可能已完全消失,不少历史联系的线索可能已完全湮灭。但是,只要把握住人类存在的本质特征,从人类的自然存在和社会存在,特别是人类的物质生产方式、精神生产方式以及社会交往方式去观察人类的活动、人类的发展,便能透过多样性与变异性,了解历史连续性或继承性的客观存在。

不少文明的发展,曾经突然断裂,古埃及文明,在延续了 3000 年之后,被古马其顿国王亚历山大大帝发动的远征打断,并就此而夭折,无法继续其历史进程。古巴比伦文明、古印度文明、古玛雅文明、古印加文明,都有过类似的遭遇。历史的车轮常常会非常无情地将一个个帝国碾为废墟,毫不惋惜地毁灭整整一代人。一些王国的兴盛与灭亡,一些民族的产生与存在,可能已完全不再为人们所知晓,因为它们只留下零星的遗址与残骸,甚至连遗址与残骸也未能留下,或未被人们所发现。但是,仍然不能就此否定或动摇历史连续性的客观存在。依靠大量考古发现,人们逐步了解了古巴比伦、古埃及、古印度、古玛雅、古印加的辉煌文明。公元 4 世纪至 6 世纪,以日耳曼人为主

---

① 　恩格斯:《路德维希·费尔巴哈和德国古典哲学的终结》,《马克思恩格斯选集》第 4 卷,第 247 页。

的"蛮族"部落涌入罗马帝国，汪达尔人攻入罗马城以后，全面毁灭罗马文化，而人们仍然可以从保留下来的文献、文物、遗址、遗迹中，复原古罗马文明。当然，很多细节已不可能恢复，但罗马文明客观存在不容置疑。

历史的发展，很少是一帆风顺的。有曲折，有变异，有断裂，是经常的情况。人类的存在是历史的存在，不仅包含不同世代之间的传承，而且包含与传承相伴的变异；不仅包含历史的持续发展或短暂倒退，而且包含历史发展进程中的各种断裂。这一切，都是人类作为历史的存在的应有之义。

确认人类的存在是历史的存在，人们的活动因历史的连续性而必然受制于由历史形成的各种内外因素，与神学家所信奉的命定论毫无共同之处。充满矛盾的历史运动，在特定历史条件下，具有沿着不同道路、朝着不同方向前进的多种可能性。历史终究是人们自己创造的，人们作出的选择和努力，常常直接关系着哪一种可能性将变为现实性。环境造就了人，人又改造与创造着环境。人在社会实践中，将自己的意志、感情、品行、性格、能力，转化为外在于人的各种物质的、精神的以及制度化了的产品，转化为新的外在环境。人们在社会实践中逐步由被动转变为主动。人最初主要依赖自然环境，稍后发展到主要依赖人力与自然力的直接交换，再后发展到自然力的巨大开发，以及在全新的基础上重建人与自然力的和谐。外在环境制约着人的活动，而人类根本区别于一般自然物包含其他动物的地方，就是人类能够积极地改变外在环境。这就是确认人的存在是历史的存在与形形色色的命定论根本区别之所在。经由历史的发展，人在确定和实现自己的理想与目标时，变得越来越自觉，在强化自己的知识与能力时，变得越来越有效，这样，人类便在人与自然的矛盾统一中，在个人与群体、群体与群体的矛盾统一中，在人自身精神与肉体以及精神与精神的矛盾统一中，逐步确立了自己的主体性。

人类的存在，是历史的存在。历史就是人类存在的连续性。因此，历史就是人类的活动过程，人类的成长过程。李大钊在《史学要论》中指出："历史不是只纪过去事实的纪录，亦不是只纪过去的政治事实的纪录。历史是亘过去、现在、未来的整个的全人类生活。换句话说，历史是社会的变革。再换句话说，历史是在不断的变革中的人生及其产物的文化。""历史这样东西，是人类生活的行程，是人类生活的联续，是人类生活的变迁，是人类生活的传演，是有生命的东西，是活的东西，是进步的东西，是发展的东西，是周流变动的东西；他不是些陈编，不是些故纸，不是僵石，不是枯骨，不是死的东西，不是印成呆板的东西。我们所研究的，应该是活的历史，不是死的历史；活的历史，只能在人的生活里去得，不能在故纸堆里去寻。"①这里所说的"历史是亘过去、现在、未来的整个的全人类的生活"，"历史是社会的变革"，是人类生活的行程，是人类生活的变迁，是人类生活的传演，都表明历史与人类同在，与人类同步发展，历史就是人类进步，文明成长，人类活动延续、变迁与发展的客观过程。

---

① 中国李大钊研究会.李大钊文集(第4卷)[M].北京：人民出版社,1999:384,387.

2. 历史学：对客观历史的主观认知

人类所生活的外部世界是历史的存在，人类的存在更是历史的存在。人类为了生存，为了发展，必须认识自身，认识周围的世界，这就必须努力认识历史。于是，历史记忆，历史诠释，历史反思，对于历史资源自觉与不自觉的利用，由此诞生，历史学亦由此源起。

（1）族类记忆的产生

综观中外历史学发展历程，就包括历史记录、历史诠释、历史反思在内的历史记忆而言，大致都经历了族类记忆、国家记忆、世界记忆与公众记忆四个阶段；就专职治史而言，大致经历了巫史、史官、史家与公众自我参与四个阶段。

在文字产生之前，传递历史记忆与生活经验的主要方法是口耳相传。为了辅助记忆，人们还采用过结绳记事以及刻木、刻骨、刻石、磨制贝珠等多种方法。《易·系辞下》便说过："上古结绳而治，后世圣人易之以书契，百官以治，万民以察。"当时，若有大事，则结之以大绳；若有小事，则结之以小绳；不同类型的事件，用不同形态的结表现。古代埃及、古代波斯、古代秘鲁，都采用过类似的方法。印第安人则运用在地上掘穴的方法，记录部落大事。这些方法可以协助历史记忆，提示和印证各种口头传说。

研究古代非洲口头传说的一位著名专家发现："在世界各民族中，不会书写的人的记忆力最发达。"他在非洲记录了至少一千人讲述的传说，发现"整个说来，这一千位陈述人尊重了事实真相。历史的主线处处相同。分歧仅涉及一些无关紧要的细节，这主要是由于陈述者的记忆或特殊的心理"；"陈述者不允许自己改变事实，因为在他身边总会有伙伴或长者，他们会立即指出错误，当面骂他是说谎者——一条严重违法的罪状"[①]。非洲人在文字产生以前，通过存在于集体记忆之中的历史故事和各种传说，保存了历史环境、历史人物和重大历史事件的许多资料。

现存很多古代著作，便是先前口头传说的笔录。《旧约圣经》，过去多以为是神话汇集。20世纪人们利用考古学的各种成就，对它重新加以解读，发现它原是古希伯来人历史传说的记录，尽管在记录整理过程中有不少增补与加工。《创世记》《出埃及记》《利未记》《民数记》《申命记》，即所谓《摩西五经》，记录了闪族的远古历史，记录了希伯来族长亚伯拉罕、以撒、雅各、约瑟和摩西的传说，关于摩西的传说尤为详细。《约书亚记》《士师记》，记录了摩西逝世后约书亚领导希伯来人征服迦南人，以及大小士师率部征战的事迹。那个时代的环境变迁、政治冲突、种族交汇、宗教信仰、生产与生活状况、语言、音乐、美术成就等，在这些传说中都有生动的反映。

世界上许多民族都有类似的远古传说和史诗。两河流域有描写早期城邦英雄人物的苏美尔史诗，其中最著名的是《吉尔伽美什史诗》；古代印度有包含大量古代传说

---

① 这位学者即马里的 A. 哈姆帕特·巴。他撰写的《非洲通史》第 1 卷第 8 章《逼真的传说》对此有详细论述。引文见联合国教科文组织编：《非洲通史》第 1 卷《编史方法及非洲史前史》，中文本，中国对外翻译出版公司，1985 年，第 122 页。

和英雄故事的《梨俱吠陀》《罗摩衍那》和《摩诃婆罗多》；古代希腊有盲诗人荷马所传诵的《伊利亚特》和《奥德赛》。它们的性质与《摩西五经》《约书亚记》及《士师记》非常相近。大量传说之所以采取史诗形式，是因为韵文更便于传诵。在这些传说中，历史事件发生的时间与地点常常含混不清或自相抵牾，掺杂有不少想象的或虚拟的东西，但是，结合考古材料，参照众多原始、半原始民族的人类学田野调查资料，便不难发现，这些传说包含着丰富的真实历史。那些和历史真相混合在一起的神的启示或奇迹，正是这些远古民族对于历史的诠释。

在中国古代，史官必须记诵大量历史故事。《国语·周语》："故天子听政，使……史献书……瞽史教诲……而后王斟酌焉，是以事行而不悖。"《国语·楚语上》："临事有瞽史之导，宴居有师工之诵。史不失书，矇不失诵，以训御之。"这里所说的瞽史，便是专门记诵历史传说与历史故事者。先秦典籍中，记录有许多远古传说。《庄子·盗跖》中说："古者禽兽多而民劣，于是民皆巢居以避之，昼拾橡栗，暮栖木上，故命之曰有巢氏之民。古者民不知衣服，夏多积薪，冬则炀之，故命之曰知生之民。神农之世，卧则居居，起则于于，民知其母，不知其父，与麋鹿共处，耕而食，织而衣，无有相害之心，此至德之隆也。"《韩非子·五蠹》中说："上古之时，人民少而禽兽众，人民不胜禽兽虫蛇。有圣人作，构木为巢，以避群害，而民悦之，使王天下，号之曰有巢氏。民食果蓏蚌蛤，腥臊恶臭而伤害腹胃，民多疾病。有圣人作，钻燧取火，以化腥臊，而民悦之，使王天下，号之曰燧人氏。"《礼记·礼运》中说："昔者先王未有宫室，冬则居营窟，夏则居橧巢。未有火化，食草木之实，鸟兽之肉，饮其血，茹其毛，未有麻丝，衣其羽皮。后圣有作，然后修火之利，范金合土，以为台榭宫室牖户，以炮以燔，以烹以炙，以为醴酪，治其麻丝，以为布帛，以养生送死，以事鬼神上帝，皆从其朔。"这些传说描述了古人从采集渔猎到用火、建筑、居处、制作、衣服，和从原始群居而进至母系氏族社会的历史过程，那些最先发明了这些新的生产方式与生活方式的氏族和部落，因此成为部族酋长而统率周围部落。

汉代《越绝书》记有春秋末年楚国风胡子的一段话："轩辕、神农、赫胥之时，以石为兵，断树木为宫室，死而龙臧，夫神圣主使然。至黄帝之时，以玉为兵，以伐树木为宫室，凿地，夫玉亦神物也，又遇圣主使然，死而龙臧。禹穴之时，以铜为兵，以凿伊阙，通龙门，决江导河，东注于东海，天下通平，治为宫室，岂非圣主之力哉！当此之时，作铁兵，威服三军，天下闻之，莫敢不服。此亦铁兵之神，大王有圣德。"[①]这一段话，具体生动地叙述了从旧石器时代向新石器时代、从铜器时代向铁器时代推进的过程。古人将这些新的工具的发明推崇为神物，将发明和最先使用这些工具的部落推崇为圣主，是古人的历史意识使然。

古代这些传说所反映的，主要属于族类记忆，是关于氏族与部族起源及其所经历的重大事件的历史记忆。被奉为族类英雄而加以讴歌者，都是对族类发展做出重大贡

---

① 袁康、吴平：《越绝书》卷十一《越绝外传记宝剑第十三》

献者。文字产生之初的历史记录,也多属于这种族类记忆。而随着从酋邦逐步演变为古代国家,历史记忆便渐次演变为国家记忆。这时,被记述的所有人物,都属于与国家命运休戚相关者。

(2)作为国家记忆的古代史学

文字的发明和使用,产生了正式的历史记录,大量文献、文书成为了解历史过程的第一手资料,于是,出现了记述和诠释历史过程、总结历史经验的专门著作。

目前所知,人类最古老的文字系统是古代美索不达米亚的楔形文字。公元前第四千纪后期,在神庙建筑陶制圆筒印章上已有象形文字,已有用黏土制成的泥版文书。公元前第三千纪初,演变为楔形文字,运用拼音表达意义。公元前第三千纪中期,这种文字在神庙管理记录、国王碑文制作和个人契约书写中被广泛运用。古巴比伦马里王朝王宫遗址发现的 26000 多块泥版文书,其中 1600 多块为宫廷管理记录,其余 24000 多块记录了该王朝社会与政治状况。乌尔第三王朝时代编纂的《王名表》,成稿于公元前 21 世纪,是世界上最早的年代记,它最终结束了神话与传说之王的历史,而代之以人间之王的历史。其后,这一地区相更迭而起的巴比伦、赫梯、亚述等王朝与帝国,一一留下了数量可观的历史文书和年代表、王名表、编年史等作为国家记忆的历史著作。

古代埃及文字也是从起初的象形表意文字演变为后来的表音文字。文字的书写,包含圣刻书体、神官书体、民众书体三类。历史记录出现很早,至少从古王朝第四、五、六王朝开始,国王、王后、重臣、部将的墓碑上,就已镌刻了他们的生平传记。随着纸草的发明,文字书写方便了不少,各类文书日渐普遍,各类历史著作随之出现。公元前 3 世纪神官曼内托的《埃及志》,将埃及古代历史三十一个王朝划分为早王朝、古王朝、中王朝、新王朝、后王朝等几个不同的时代,给人们了解古代埃及提供了基本历史线索。这一划分方法为后世考古发现不断证实,表明埃及作为国家记忆的历史年代学已经发展到相当高的水准。

公元前 16 世纪,希伯来陶器、金属器具及石块上已有镌刻了不少字母。随后,经过几百年发展,形成拼音文字系统。文字产生以后,希伯来人不仅将各种古代传说笔录成文,而且出现了专职的史官,为君王作传,编纂国家编年史,产生了《撒母尔记》《列王纪》《历代志》等一系列史著,作为国家记忆,与先前作为族类记忆的各种作品一道,后来被编入《圣经》。

中国,最迟在商代,文字已经相当成熟。刻在甲骨上的大量占卜文辞,生动地反映了商王朝如何注重国家记忆。《尚书·多士》称:"惟殷先人,有册有典。"卜辞和许多青铜器铭文中多次叙述遣"史"作"册",表明当时已建立了记录重大事件与保存重要文书的制度。西周时,周王朝的国史称作《周书》,各诸侯国的国史或称作"书",或称作"乘",或称作"梼杌",更多称作"春秋"。孔子派子夏等访求周室史记,"得百二十国宝书",墨子也曾"见百国春秋",说明当时各诸侯国都为保存国家记忆而编有国史。

文字产生之后,有了用文字记载的历史。但是,口耳相传的历史资料,长时间中仍具有重要的历史认知价值。孔子就说过:"夏礼,吾能言之,杞不足征也;殷礼,吾能言之,宋不足征也;文献不足故也。"孔子修治《春秋》,于专职史官之外开私人修史之先河。这部著作,广泛搜集了他所见、所闻、所传闻的各种资料,结合文献记录,经过比较、清理、辨析、考订,重现了春秋时期鲁国、周王室和相关各诸侯国的历史活动。这部著作,首尾共240多年,按照年、月、日系事,以正名分、辨是非、克己复礼等为衡定是非的坐标体系,利用遣词用字,对重要历史人物和历史事件做出评价。杜预《春秋经传集解序》说:《春秋》"一字之褒,荣于华衮;一字之贬,严于斧钺"。表明这部史著虽是私人修治,仍然属于国家记忆,是为治国者总结历史经验,给统治者提供借鉴与警戒。

中国古代史学,特别是官修的史书以及被视作"正史"的各种史著,是作为国家记忆形成与发展的。当这些史著以帝王将相为中心,甚至被视为帝王将相家谱时,国家记忆与族类记忆实际上混合为一体。从春秋末年到战国时期,出现了一系列以记事为主而以年代为顺序的编年体史书,如《左传》《竹书纪年》等,一批以记言为主而以地区为中心的记言体史书,如《国语》《战国策》等,一些以记述制度、制作为主的著作,如《世本》等,适应于当时各诸侯国争霸称雄的需要。秦、汉以后,史学适应大一统中央集权国家的需要,而得到国家的大力扶植。大批出土的秦简,印证文献中所存留的秦代史家名录与图籍目录,显示秦代非常重视史学。汉代,司马迁所撰纪传体通史《史记》与班固所撰纪传体断代史《汉书》,为后来历代王朝编纂国史提供了范本。魏晋南北朝时期,400多年间统一和分裂、割据一直进行着激烈的斗争,几乎每一政权都力图通过撰述本朝国史,及时总结历史经验,为自身的存在提供合法性基础,争取正统地位,而贬斥自己的竞争者。以纪传体或编年体的国史为中心,出现了起居注、实录、家谱、杂传、方志等多种体裁的史著,南朝吴均还受梁武帝之命撰成《通史》620卷,上自太初,下终齐、梁,作为其补充。唐代重新统一后,史学更为繁荣。唐高祖李渊要求组织力量编著六代史书时明确指出,修史是为"考论得失,究尽变通,所以裁成义类,惩恶劝善,多识前古,贻鉴将来"[1]。唐太宗李世民更明确地将史书的使命确定为"览前王之得失,为在身之龟镜"[2]。唐代统治者除了照例修撰前朝纪传体断代史外,特别着意于通史撰述,李延寿主持编撰的《南史》《北史》,综合了南北朝时期各国各朝历史;此外还有杜佑的《通典》成为典制体通史的典范;裴潾的《通选》、姚康《统史》等文征体、编年体通史,纵贯古今。唐代还特别重视当代史的撰述,产生了《贞观政要》《唐六典》等名著。作为唐代史学发展突出标志的,还有对史著编撰进行综合总结与反省的理论性著作《史通》。宋、元时期,作为国家记忆的史学又有了新的发展。继承给前朝修史的传统,宋、元王朝设馆修撰了《旧五代史》《新五代史》《宋史》《辽史》《金史》,并编撰了一批带总结性的通史著作,突出的代表作是司马光的编年体《资治通鉴》、郑樵的纪传体《通志》、马端临的文献总汇体《文献通考》、袁枢的纪事本末体《通鉴纪事本末》。明、清时期,除了明代修撰《元史》、清代修撰《明史》,保持了为前朝修史传统外,还出现一系列新的特点:其一是明代编成《永乐大典》、清代编成《四库全书》,对历代史书作了总汇;其二是私人修撰野史,以填补国史修撰的不足,盛极一时;其三是或依据经世致用原则,或基

---

① 《命萧瑀等修六代史诏》,见《唐大诏令集》卷八一
② 《册府元龟》卷五五四《国史部·恩奖》

于实事求是精神,通过史论、史评与史考,对先前史学著作的批评、责疑、考据,从价值评定扩展到史实本身,产生李贽的《藏书》《续藏书》《焚书》《续焚书》,王夫之的《读通鉴论》《宋论》,黄宗羲的《明儒学案》,顾炎武的《天下郡国利病书》与《日知录》,崔述的《考信录》,赵翼的《廿二史札记》,钱大昕的《廿二史考异》,王鸣盛的《十七史商榷》,章学诚的《文史通义》等一系列名著。

　　古代中国留下了极为丰富的史著。《四库全书》所收录的史部著作十五类520种,21000卷,《四库全书总目提要》著录存目者约1120部,12400卷,加上被禁毁的书籍及本部类至晚清的史书,总数在5000种以上,卷数在9万卷以上。从中可以看出,作为国家记忆,它们具有以下一些重要特征:

　　(1)治史是重要的国家行为,由国家任命的太史令、著作郎、起居郎等史官和专门设置的修史局、史馆总负其责。为前代修史则多由宰相监修。所修之史被定位为"正史",以区别于各类别史、野史。私入修史,基本上是国家修史的补充。

　　(2)治史的目的,是维护和强化国家的统治秩序。对于统治者来说,治史是为了以古为镜,这就是周王所说的"我不可不监于有夏,亦不可不监于有殷"[1]。李翰在《通典序》中说:"君子致用在乎经邦,经邦在乎立事,立事在乎师古,师古在乎随时。必参古今之宜,穷始终之要,始可以度其古,终可以行于今。"[2]司马光主编《资治通鉴》,"专取关国家盛衰,系生民休戚,善可为法,恶可为戒者,为编年一书",为的是通过"鉴前世之兴衰,考当今之得失,穷探治乱之迹",可以"有资于治道"[3]。王夫之认为,"得可资,失亦可资也;同可资,异亦可资也。故治之所资,惟在一心,而史特其鉴也"[4]。对于广大被统治者来说,史书被用于进行社会教化,这就是《三国志》作者陈寿所说的"辞多劝诫,明乎得失,有益风化"[5],《后汉纪》作者袁宏所说的"史学之兴,所以通古今而笃名教也"[6],《史通》作者刘知几所说的"史之为务,申以劝诫,树之风声"[7]。

　　(3)修史所关主的内容,主要是关系王朝兴亡盛衰的政治、经济、社会、文化活动。这就是司马迁所说"网罗天下,放失旧闻,王迹所兴,原始察终,见盛观衰"与"究天人之际,通古今之变"[8]。修史所关注的历史人物,无论视为圣贤豪杰者,还是视为奸佞邪恶者,都以是否有利于国家兴盛为取舍扬抑的标准。

　　(4)修史所使用的方法,虽一直倡导"据事直书",反对"曲笔",要求不掩恶,不虚美,治史者因此被要求兼具史德、史学、史识与史才。但是,在很长一段时间中,史学虽然最具政治实践性,其指导思想或理论基础仍是传统经学;判断善恶美丑的标准,虽常

① 《尚书·召诰》
② 李翰:《通典序》
③ 司马光:《资治通鉴·进书表》
④ 王夫之:《读通鉴论·叙论四》
⑤ 见《晋书·陈寿传》
⑥ 袁宏:《后汉纪·序》
⑦ 刘知几:《史通·直书》
⑧ 《史记·太史公自序》

常受到道家、法家、阴阳家等思想的影响,但占支配地位的,仍是儒家伦理道德。这样,史实的采集和取舍,史料的鉴别与删汰,便都不能不完全从属于以君王为代表的国家利益。历史的诠释,历史的反思,也不能逾越这一界限。

在欧洲,作为国家记忆的史学在古希腊与古罗马时已达到相当高的水准。被称作西方"历史学之父"的希罗多德(Herodotus,约前 484 —约前 424 年)撰著的《历史》一书,记述了希波战争过程。他坦率地表白,撰写此书,就是"为了保存人类的功业……使希腊人和异邦人的那些值得赞叹的丰功伟绩不致失去它们的光彩,特别是为了把他们发生纷争的原因给记载下来"①。修昔底德(Thucydides,约前 460 —约前 400 年)撰写的《伯罗奔尼撒战争史》,记述了这场战争的过程,要让人们由此了解"过去所发生的事件和将来也会发生的类似的事件",而使他这部著作"垂诸永远"②。他们的著作和稍后色诺芬(Xenophon,约前 430—约前 355 或前 354 年)所撰写的《万人远征记》与《希腊史》,都突出地表现了希腊中心主义。古罗马史学的鼻祖是老加图(Cato the Elder,前 234—前 149 年),代表作是《起源论》;其后的代表人物与代表作为:萨鲁斯特(Sallust,前 86—前 34 年)所著《喀提林阴谋》《朱古达战争》;恺撒(Julius Caesar,前 100—前 44 年)所著《高卢战纪》;李维(Livy,前 59—后 17 年)所著《建城以来罗马史》;塔西佗(Tacitus,55—120 年)所著《阿格里古拉传》《日耳曼尼亚志》《罗马史》。这些历史学家都明确意识到作为国家记忆的历史著作所特具的功能,李维便毫不隐晦地说:历史提供的"各种教训尤为鲜明地刻在纪念碑上,从这些教训中,你可以替你自己和替你的国家选择需要模仿的东西,从这些教训中还可以注意避免那些可耻的思想和后果"③。塔西佗说:"我认为,历史之最高职能就在于保存人们所建立的功业,并把后世的责难,悬为对奸言劣行的一种惩戒。"④

欧洲中世纪,基督教在意识形态领域占据了绝对支配地位,并与政治权力紧密结合,对国家政治生活形成渗透到各个领域的全面影响。作为国家记忆的史学,为基督教传教士们所控制和主导。在这期间,大量修道院和宫廷编年史、年代记,各种教会史与圣徒、主教传记充斥于史坛。即有一些通史性世界史与世界编年史著作,亦多从创世记写起,处于极为浓厚的神学史观的笼罩之下。《圣经》成为判断事实正误的标准,各地区、各民族、各时期的历史运动,被视为实现上帝旨意的统一体系的一部分。耶稣诞生之年,成为单一的世界历史纪元方法。神学史观覆盖了世俗的国家记忆、国家诠释和国家反思,在漫长的数百年中,虽不乏一些有价值的史著,但从总体上说,欧洲中世纪的史学未能在希腊、罗马时代史学基础上继续发展,相反,在不少方面实际上倒退了。

---

① 希罗多德:《历史》上册,王以铸译,商务印书馆,1985 年,第 1 页。
② 修昔底德:《伯罗奔尼撒战争史》,谢德风译,商务印书馆,1960 年,第 18 页。
③ 见汤普森:《历史著作史》上卷第一分册,谢德风译,商务印书馆,1988 年,第 107 页注④。
④ 塔西佗:《编年史》,王以铸译,商务印书馆,1981 年,第 185 页。

作者简介

姜义华,1939年生,江苏省扬州市人。复旦大学资深特聘教授,教育部人文社会科学重点研究基地复旦大学中外现代化进程研究中心主任,教育部社会科学委员会委员。著有《章太炎思想研究》《章炳麟评传》《大道之行——孙中山思想发微》《理性缺位的启蒙》《百年蹒跚——小农中国的现代觉醒》《新译礼记读本》《现代性:中国重撰》等。策划并主持编纂百卷本《中华文化通志》,主编或合编《康有为全集》《章太炎全集》《胡适学术文集》等。

瞿林东,1937年生,安徽省肥东县人。北京师范大学资深教授,教育部社会科学委员会委员。主要研究方向为史学理论及史学史。著有《唐代史学论稿》《中国史学散论》《中国古代史学批评纵横》《史学的沉思》《杜佑评传》《史学与史学评论》《史学志》《中国史学史纲》等,发表相关论文、评论200余篇。

(二)阅读要点解析

如何理解"历史学是对客观历史的主观认知"?

想要理解这个问题,我们首先应该厘清两个概念,即历史和历史学的区别。

我们通常所说的"历史"其实并非一个严格的科学概念,而是将客观的历史与人们主观意识中的历史混为一谈的一种表述。客观的历史通常指的是所有的"过去"(既包含没有人的过去,也包含有人的过去),这是人类社会演化的客观的自然进程。这种自然的进程是无规定性的和无差异性的,即同质的。而我们所书写、论说和评判的历史,则是人类对于这一"过去"进程进行价值评判后所甄选出值得记叙的事件,并对这些事件的表述与说明,即历史学的内容。

我们所言说的历史只能是人类对所能统摄的"过去"进程的分解、整合与认识过程的活动。某种意义上讲,如果没有人的意识的参与,"过去"是不可知和没有意义的。从这个意义上说,我们甚至可以把历史的建构过程看作人类实践的"世界之夜"。

虽然存在客观的历史事实,即历史上已经发生过的事件或过程,不以历史学家的主观意识为转移,但是这种事实一旦被人们的意识所捕捉、记叙与评议,则必然成为人的主观认识和意识下的概念和产物。因而我们所能把握到的"客观存在"的历史,只具有在某种文明状态下、某种历史观念参与下的抽象意义,是以人的意志为转移的,它是"事实和解释的一种便利的混合物"。

根据"历史"生成的这一逻辑结构,我们也可以说,所有的历史都是人的主观意识的产物。特别是当我们从历史学研究的视角来看,历史更是由人的主观意识不断参与而不断生成的。意大利史学家、哲学家克罗奇在其所著的《历史学的理论和实际》中提出"一切历史都是当代史"。这里所说的"当代"不能仅仅理解为一个时间概念,它更多地指向于一种对历史做出叙述与阐释时所依赖的时代精神与意识形态。于是,对于历史问题的思考与研究就呈现为一种不断涌动的现在与过去的对话。由于人类精神绝对主观性，这也决定了所有历史都是敞开的。历史永远是当前的精神活动，是活的，而非僵死的过去。因此，在一般意义上，我们所言说的历史，都只能是此时的文明、历史观念参与下的"过去"。这也是柯林武德所说的"一切历史都是思想史""历史是过去经验的重演"的内涵。柯林武德如此阐释道：

> 历史学家不仅是重演过去的思想，而且是在他自己的知识结构之中重演它；因此重演它时，也就批判了它，并形成了他自己对它的价值的判断，纠正了他在其中所能识别的任何错误。①

这也就是说，历史学家必须在自己的思想中重演这样的思维活动。历史知识就是历史学家在自己的心灵中重演他所要研究的历史事实背后的思想。历史学家的任务就在于挖掘出历史上的各种思想，而要做到这一点，只有一种方法，就是在他自己的心灵中重新思考它们。也正因此，在柯林武德眼中，历史学是一种彻底的人文科学。"历史学是'为了'人类的自我认识。大家都认为对于人类至关重要的就是，他应该认识自己：这里，认识自己意味着不仅仅是认识个人的特点，他与其他人的区别所在，而且也要认识他之作为人的本性。认识你自己就意味着，第一，认识成为一个人的是什么；第二，认识成为你那种人的是什么；第三，认识成为你这个人而不是别的人的是什么。认识你自己就意味着认识你能做什么；而且既然没有谁在尝试之前就知道他能做什么，所以人能做什么的唯一线索就是人已经做过什么。因而历史学的价值就在于，它告诉我们人已经做过什么，因此就告诉我们人是什么。"②由此可见，历史学的价值或作用是"为了"人类的自我认识，其价值就在于告诉我们人已经做过什么，人是什么。这里认识自己意味着不仅仅是认识个人的特点，他与其他人的区别所在，而且也要认识到他作为人的本性。

（三）学习与思考

文化记忆的人文维度

作为这个物理世界物质变化的结晶体，人属于自然，随着自然界的时空延展而生生灭灭；但作为一种高级的地表存在物，人又属于历史——不仅是历史发展的产物，而且是被历史所构造。黑格尔曾经断言，人没有人性，有的只是按照精神的原则创造历史的"狡黠的理性"。从历史学的意义上说，黑格尔无疑是正确的；但从人类学意义上说，黑格尔错了。构造历史并不仅仅是理性，更重要的是"人性"，即深藏于人的身体与

---

① 柯林武德.历史的观念[M].何兆武等，译.北京：商务印书馆，1997：244-245.
② 柯林武德.历史的观念[M].何兆武等，译.北京：商务印书馆，1997：38.

灵魂之中的"历史意识"。

作为一种知识人类学范畴，虽然人的"历史意识"这个概念出现得较晚，但作为一种心理与精神内核，应该说自人的意识由混沌而至清晰之日起，它就在人身上生长并发展起来。正如希尔斯所说："关于历史的知识、对于历史的敬重和依恋、对于历史的仿效和对于历史的憎恨——了解过去，把现在的自我置入一个具有时间深度的境域，并且去解释自己的起源"，这是人的一种"心理机能"。① 所谓的"我从哪里来""要到哪里去"云云，虽然已经成为常识性的大众话语，但这种常识语言的背后，却映现了人的历史性存在这一本质。

说人是"历史性存在"，并不是说人是生活在往昔的回忆、先人的遗物以及各种历史掌故残片之中的这样一种"古董迷恋者"，而是意味着人在"过去"的诸意象中寻觅着存在的意义、价值与方法。在考古学的意义上，当然所有的"过去"都成为历史；但在历史学和人类学的意义上，被历史学家书写和普罗大众敬重、依恋的东西才是历史。如果说人是一种"文化学习的动物"，那么，人要在"过去"学习、仿效的，人所要"朝圣""凝视"的景象并非那些平庸、琐碎的东西，而是那些令人敬仰、令人迷魅和令人感慨的东西。就如荷兰历史学家 F. R. 安克斯密特所说的那样："当我们谈及过去时，失去与爱的感受奇特地交织在一起——一种结合了痛苦和愉悦的感受。"② 检视人类历史学，无论是被称为"文明的民族"还是被称为"野蛮的部落"，其历史的开端总是神话——"英雄的时代"或"黄金时代"、牧歌般的"梦幻时代"，原因就在这里：通过历史回忆和反思，人类的生命获得了一种意义感、崇高感和阔大感：生命发源于"超凡"，也以"超凡"的形式进化发展，最后达到"超凡"的崇高结局——"神话的天堂"或世俗化的理想社会。历史之所以是一种人文文化，历史知识之所以属于人类的人文血脉，是因为它的这种精神品质。"通过历史回忆，通过内心的传说，通过其内心个体精神命运归向历史命运的行为，寻求着伟大历史世界中的真正现实。他投身于无限丰富的现实，以此战胜腐朽和自身的渺小，克服自己贫乏、狭窄的视野。"③ 用德国历史哲学家卡尔·雅斯贝斯的话说，就是通过"对历史的直观创造出一个空间，我们从那里唤醒了对人性的意识——历史观成为我们意愿的一个因素。我们如何思考历史，这或为我们的潜力划定界限，或以其内涵承载我们，或诱导我们脱离现实。即使在可靠的客观性方面，历史知识也不仅仅是无关紧要的事实内容，它是我们生活的要素。"④ 恩斯特·卡西尔对于历史学的价值表述得更加直接也更加具体：

没有历史学，我们就会在这个有机体的进展中失去一个必不可少的环节。艺术和历史学是我们探索人类本性的最有利的工具。没有这两个知识来源的话，我们对于人

① 希尔斯. 论传统[M]. 傅铿，吕乐，译. 上海：上海人民出版社，2009：65-66.
② 安克斯密特. 崇高的历史经验[M]. 杨军，译. 北京：东方出版中心，2011：109.
③ 别尔嘉耶夫. 历史的意义[M]. 张雅平，译. 上海：学林出版社，2002：15.
④ 雅斯贝斯. 历史的起源与目标[M]. 李夏菲，译. 桂林：漓江出版社，2019：316.

会知道些什么呢？我们就只能依赖于我们个人生活的资料，然而它能给予我们的只是一种主观的见解，并且至多只是人性的破镜之散乱残片而已……我们描绘的人的图画将仍然是僵滞呆板、毫无生气的。我们将只会发现"平常的"人——注重实际和社会交往的日常的人。在伟大的历史和艺术品中，我们开始在这种普通人的面具后面看见真实的、有个性的人的面貌。……历史学与诗歌乃是我们认识自我的一种研究方法，是建筑我们人类世界的一个必不可少的工具。①

正是历史的这一人文品质，正是通过历史这一人文血脉的滋养，人类的人文精神才永不枯竭地存续着。为了使人更具体地了解历史的这一人文性，下面从历史文化所传递的人类生命的崇高信念这一视角做一阐述。

德国历史学家扬·阿斯曼曾认为，作为历史知识的"过去的记忆"，对它的需要，是人性的需要。它打开了时间的深度，使人能够清晰地知晓"我们"的定义。② 不过阿斯曼主要是从"历史知识"这一层面论述一个集体"过去的记忆"这一意义的。我们认为，仅仅通过知识需求并不能构成人的"历史意识"。人类对于历史的浓烈兴趣更源于它对人的人文关切。

"历史"作为惟人类独有的一种精神现象，在人类的知识谱系中，具有两种不同的内涵：一种是作为集体共享假设的"历史"；一种是职业历史学家的"历史"。前一种历史记忆即阿斯曼所说的"文化记忆"。区别于历史编纂学中的历史，共享假设的"历史"，可以解释为共同体通过神话意识、文化想象以及文化媒介生产出来的"过去"。这里的"神话"不仅指向宗教学的意义，还包括政治神话、社会神话乃至于家族神话；文化想象包括梦想、幻想、构想等认知行为；文化媒介则指那些具有历史厚度、民俗温度、艺术维度的语言文字、图像仪式等。在历史学家看来，一个集体之所以构建和回忆这些由虚构、想象和媒介生产出来的"历史"，是因为为了"实现对自我的定义并校检认同"，并将社会的秩序创造出来。③ 历史人类学通过文化传播的理论表达了这一认知：文化记忆传播过程就是强化共同体成员信仰、唤起政治参与和身份认同的过程。

在集体文化记忆的形象或"真理"景观中，"过去"基本都被表象为共同体历史上的"黄金时代"，是美德、纯真、和谐堪称典范的历史岁月，是伟大而崇高的祖先们的时代。被历史学家和文化记忆理论家作为经典案例反复提及的"冷记忆"④景观——澳大利亚宗教仪式，它的目的就是重现神话—祖先时代那神圣、吉祥的氛围，亦即澳大利亚人所说的"梦幻"年代。古希腊作为历史学家和文化记忆理论家心目中的回忆文化典型，其文化回忆的主要媒介是史诗。如阿斯曼所析，希腊人正是通过史诗《伊利亚特》进行

① 卡西尔.人论[M].甘阳,译.上海:上海译文出版社,1985:261-262.
② 阿斯曼.宗教与文化记忆[M].黄亚萍,译.北京:商务印书馆,2018:29.
③ 阿斯曼.文化记忆[M].金寿福等,译.北京:北京大学出版社,2015:148.
④ 阿斯曼.文化记忆[M].金寿福等,译.北京:北京大学出版社,2015:64.

文化回忆,并在这种回忆的基础上形成了"希腊民族"意识。[①] 我们不去讨论阿斯曼对于古希腊"史诗回忆"结果的结论是否正确,只想指认这一点:希腊人确实是通过史诗(编撰与吟诵)寻求政治认同,但希腊人史诗吟诵的目的绝不仅仅在于建构政治认同,也同样是在体验崇高——不仅是史诗文本修辞与音乐格调方面的崇高体验,还有荷尔德林小说中的许珀里翁被史诗所呈现的"古代雅典"的壮观景象惊愕得几乎晕眩的体验[②]以及他自己与过去的"黄金时光"相逢拥抱的惊艳狂喜。[③] 同样,"轴心时代"中国的孔子念念不忘复兴周礼,就是因为在孔子的"历史"记忆中,过去的周代是一个君令、臣共、父慈、子孝、兄爱、弟敬、夫和、妻柔、姑慈……这样一个秩序井然、和谐、散发着迷人的人伦美之光辉的"黄金时代"。正是这种伦常秩序,使得孔子坚定不移地"从周"。

有人可能会通过以色列集体记忆的"苦难"形象这一案例质疑这种观点。在人类文化记忆史上,以色列属于个案;但我们可以用崇高史学思想解释以色列的"苦难"回忆。在以色列集体记忆景观中,"出埃及""辗转荒野""与神盟约"构成了其主体意象。以色列集体记忆的这一意识景观,也不仅仅是阿斯曼所说的信仰与身份强化这一宗教、政治解放意识的动力,仍然有崇高经验融汇其中。作为以色列宗教记忆的主要媒介,早期的"托拉"以及《旧约》所生产的以色列人"失乐园"、出埃及以及在西奈半岛接受神选、与神盟约这一历史景观,不仅完全是悲苦的、宗教的风格,也有崇高的审美风格。有的学者认为,作为一个艺术乏味的民族,以色列人的文化记忆根本不存在美的元素。编者认为:艺术乏味并不意味美感的枯涩。犹太民族也许重视宗教而漠视艺术,耽于"圣洁的以色列"而贬抑世俗的感性快乐,但恰恰是他们的这一哲学与宗教发展出其独特的生命意识与生活意识——崇高的理念。如果哲学与宗教任由生命与生活处于浑噩状态,它们就不可能扮演灵魂的根本关怀这一角色。尤其是我们必须认识到,无论是早期的祭司还是流亡巴比伦时期的学者,其"历史"的生产不仅基于苦难记忆与信仰建立,也基于对以色列未来的圣洁想象。犹太人的圣城耶路撒冷是一幅壮美的城市景观;犹太人未来的愿景是一个完美的梦幻景观;甚至于犹太人与神盟约、在世界各处流浪,但不忘回归耶路撒冷也同样是一种崇高美学的意识景观。

这就是集体历史记忆或回忆文化动力的另一重要维度——"崇高美学"动力。人们之所以能够对那些遥远和想象的"过去"进行回忆,是因为媒介所创造的"过去"或以其和谐性的优美(黄金岁月)或以其悲剧性的壮美(苦难时代)诱引着回忆主体,与"历史"相遇不仅成为伽达默尔所说的使生命感到整体性、充实性的"奇遇",[④]而且通过历史悲剧认知情感失调的调整,使构造的未来的愿景更加完美。

到了这里,我们关于人类历史记忆的崇高经验之谈已经基本落地。为什么无论是西方民族还是东方民族、古代社会还是现代社会,历史记忆中的形象要么是田园牧歌

① 阿斯曼.文化记忆[M].金寿福等,译.北京:北京大学出版社,2015:294-302.
② 安克斯密特.崇高的历史经验[M].杨军,译.北京:东方出版中心,2011:309.
③ 荷尔德林.荷尔德林诗集[M].王佐良,译.北京:人民文学出版社,2016:144.
④ 伽达默尔.真理与方法[M].洪汉鼎,译.上海:上海译文出版社,1999:89.

般的"黄金岁月",要么是英雄主义的崇高风格,原因就在于它是人类的基本"精神习性"。满族尼玛察氏大萨满杨世昌在咏唱女神歌时端坐炕上,并用绳索将双手捆上反背着;当"妈妈耶……妈妈耶……"的咏唱响起来时,歌者听者无不因之动容,泪水纵流。① 这不仅是对神的感恩与希冀,也是一种审美冲动——当"尼莫妈妈"的这一呼唤经由听觉组织进入大脑空间时,人们的经验瞬间被激活,那是一种"失去美的痛苦"与"希望美的还乡"相互交织的复杂感受,是安克斯密特所说的"失去与爱的感受奇特地交织在一起,一种结合了痛苦和愉悦的感受",②是美国心理学家罗伯特·索尔索的"第三水平"认知模式所生产的精神现象:审美介入使我们每一个人能与古老大脑的生物性原型相联系,"表面上我们'欣赏'艺术、文学、音乐、理念与科学,而本质上,我们所看到的仅是这些深深触动了我们的美好事物所揭示的我们自己的思维。"③

综上所述,可以得出这样的结论:历史知识、历史记忆,不是为了人对过去的凭吊,而是为了人类的人文血脉,为现实人生奠基与导引——追寻人类存在的秩序与崇高的意义。用意大利历史学家维柯的话说,即我们在历史中体验到了惊奇、崇敬和强烈愿望,从而使自己和绝对的智慧融为一体。④

思考与练习

1. 如何理解钱穆先生在《国史大纲》中提出的"要对中国历史抱有深情和敬意"?

2. 如何理解"对于中国历史,认知比批判更重要"这样的观点?

3. 柯林武德认为,历史学之于个人的根本价值就在于,我们能从中了解到我们已经做过什么,并推知我们能做些什么,最终导出我们本身是什么。请分组讨论:在学习历史知识时,我们如何更好地认识自己的国家、民族和社会,更好地认识自己?

---

① 富育光,王宏刚.萨满教女神[M].沈阳:辽宁人民出版社,1995:2.
② 安克斯密特.崇高的历史经验[M].杨军,译.北京:东方出版中心,2011:7.
③ 索尔索.艺术心理与有意识大脑的进化[M].周丰,译.郑州:河南大学出版社,2018:249.
④ 维柯.新科学[M].朱光潜,译.北京:商务印书馆,2012:626.

第六章　科　学

(一)原典辑录

1. 科学:什么是科学?[①]

汉斯·波塞尔

从事科学研究,遇事问个为什么,不满足于古老不满足于古老的神话传说,而是采用一定的方法,通过一定的途径,系统性地继续提出问题,进而解决问题——这就是古希腊时欧洲理性文化的诞生。从此以后,各个时代的科学便在某种程度上囊括与代表了这个时代的知识与学问。除了满足理论思辨上的好奇心外,这些知识逐步在实践中得到了具体应用。发展到了今天,科学,还有技术,已以空前未有的程度与速度控制与决定着我们的生活,渗透与贯穿了人类生活的各个方面。

第一,科学不仅为我们的生活创造了舒适的条件,也为我们提供了可以随时使用的技术。很久以来,科学已经不再满足于为人类服务的角色。科学研究早已开始为自己寻找目的,而这些部分已经达到的目的均是事先无法预料的。也就是说,在我们的日常生活中,科学已不再是单纯供我们使用的工具,起着单纯地为我们达到某个目的而创造条件的作用。科学已开始不断地为自己寻找目的,探讨自身的可能,正在朝着这些方向阔步前进。

第二,在许多场合,科学已经代替了宗教的功能。人们今天对科学的崇拜并不亚于昔日对上帝的信仰。铁面无私的法庭上,起决定作用的不再是《圣经》中的上帝提出的律条,亦不是传统力量的约束,而是"专家们"的一纸鉴定;世俗权力,譬如国家领导人制定国策时,也不再征求神职人员的看法,不再通过占星问卜的方式探求"天意"是否站在自己一边。经过科班训练的各科"精英状元"成了更符合时代潮流的"风水先生"。

第三,科学彻底改变了我们对世界与自然的看法。对我们来说,宇宙已不是古希腊人所想象的那样,茫茫的大海上漂浮着一块扁圆形的地球,头顶上的星空如同一块

① 节选自汉斯·波塞尔.科学:什么是科学.李文潮,译.上海:三联书店,2002.选辑中有删节,文中脚注为原注,小标题为选辑者所加。

穿了几个洞的瑞士奶酪,再往上便是永不熄灭的天火。枯燥的科学认识代替了诗人的丰富想象。不仅如此。科学将《圣经》中的上帝创世论变成了自然进化论。科学改变了我们对肉体与灵魂二者之间的关系的看法。

第四,摆脱了神学与宗教的束缚。18 世纪时,欧洲启蒙运动曾寄人类进步于科学的发展。科学也确实没有使我们失望。可惜事情却并非如此简单。福兮祸所伏,有一利必有其弊。科学的发展也给人类带来了恐惧与担心。我们对科学的迅速发展感到害怕,害怕造福于人类的科学亦会给人类带来灾难。这些灾难有的已经发生,有的可能发生,有的根本不可能出现,更有甚之,我们担心对人类生存条件的破坏,最终将导致人类的自我毁灭。

鉴于以上几点,我们要提出的问题就有点燃眉之急了。这个问题是,科学,到底什么是科学?

⋯⋯⋯⋯⋯

我觉得,这是探讨另外一个问题所带来的直接后果。这个问题是,我们为什么要从事科学研究?科学研究的目的及方向是什么?很明显,上面提到的诸如科学史、科学社会学等研究范围均未直接涉及这一问题,因为在上面提到的各种研究领域内,科学均得到了某种程度的肯定与承认。

为什么要提出科学研究的目的与方向这个问题呢?提出这个问题,不仅是因为在今天从事科学研究要耗费大量的科学家的精力、纳税人的财力,而是因为这个问题被看作与人类未来的生存休戚相关的一个大问题。正是这一问题,对科学的合理性与必要性的探讨与认识,迫使我们同时思考科学的地位,进而对科学本身进行科学性的研究。18 世纪以及 19 世纪时不存在这个问题,至少还不迫切。那时候,科学进步便意味着甚至等同于人类进步。

这个看法的原因其实也很简单:随着人类对其行为所带来的后果的认识,人类将会放弃那些可能带来不堪设想的后果之行为,因为人类不会有意识地自我毁灭,趋利避害应该是人的天性,由人组成的人类亦不会做出趋害避利的蠢事。两次世界大战彻底摧毁了这一乐观主义的幻想。与 19 世纪对科学进步的设想相反,科学进步并没有带来人类道德的进步,相反,科学研究以及所带来的技术进步已经造成了威胁人类生活的后果。这同时意味着,对科学的定义及道德规范这一问题已是当代人类生存的本能要求,并不完全来自对科学认识的科学分析。

但是,什么是科学呢?康德的《自然科学的形而上学起源》第一页上有这么一个定义:"每一种学问,只要其任务是按照一定的原则建立一个完整的知识系统的话,皆可被称为科学。"这一定义对我们很有启发,因为它含有我们对科学的理解中的几个主要成分:第一点,也是最主要的一点,是科学与知识有关,而"知识"这一概念已经要求,作为知识系统,科学中的所有的表达与陈述必须是有根有据、有头有脚的,因为所谓的知识就是被证明为是真的陈述;第二点,科学并不是单一陈述的堆积,尽管堆积中的每个陈述都是正确的。在科学中,这些陈述必须共同构成一个系统。也就是说,科学可以被理解为通过采用一定的方法或程序而达到的某种结果。程序决定了陈述与陈述之间必须互相联系,此联系构成一个整体;第三,这一系统必须具有说理性与论证性,也就是康德所指出的,是个"按照一定的原则而建立的完整的"知识系统。按照这一理解,科学上的所有东西都得被证明一下,起码自圆其说。在土地测量的实践中,人们都很熟悉毕达格拉斯的勾股定理,但古希腊的思想家们却别出心裁,要"证明"一下这一原理的正确性进而使其成为公理,这便是科学的开始。不管在什么地方,人们以何种方式从事科学研究,其目的总是试图建立一套得到证明的陈述系统。这样的陈述系统亦可被称为理论。……

康德的定义给我们提供了一个非常有用的对科学的共同理解,以便我们能够进入科学,尽管康氏的定义需要得到补充与扩展。

2. 科学的价值①

M. W. 瓦托夫斯基

在《纯粹理性批判》的结尾处,康德总结道:"人类理性的法则……具有两个对象,即自然和自由,因此,人类理性的法则不仅包括自然法则,而且包括道德法则。这两种法则最初表现为两个不同的体系,但最终却归结为一个哲学体系。自然哲学探讨的全是是什么的问题,而道德哲学则探讨应该怎样的问题。"关于科学知识与道德知识之间的关系的这种经典表述立即就显示出对事实和价值标准的区分,而使这两者统一起来的计划方案便构成了哲学思想史的基础。康德把它们当作两个同样是"实在"的或客观的世界而对立起来,并用他严格的理性主义的全部力量去分析这两种知识的状况以及可以把这两种知识综合起来的观念。按照康德的观点,这两个王国,即自然王国和人类自由王国,都服从理性的法则;它们两者都可以在规律的面貌下而被人们所认识,因而各自都是科学的研究对象。自然科学知识对人类的价值标准和人类自由的关系,是一个普遍的和困难的问题,这个问题本身也表现为一个关于"科学"(康德所认为的、在广义的人文意义上的作为批判的和系统性知识的科学)的问题。不过,这个问题是不明确的,同样不明确的是,它一直是一个为公众所深切关注的问题而不单纯是一个哲学的疑难问题,它也一直是一个使公众和个人深感混乱的问题。事实与价值标准这两个"世界"的分离提出了诸如科学在道德方面的中立性、目的与手段的关系、对价值标准的科学研究的可能性这样一些问题。事实和价值标准这两者的综合则提出有关是和应该的关系以及我们所说的价值的确切含义等更尖锐的问题。

……

我们可以最广义地把科学定义为理性活动;这种活动的根源可能就是需要、智力冒险活动,或个人的满足,而在一切事物中,它的行动指南和判断则是批判和反思的理智。这种理智所判断的不仅是意向而且是结果,不仅是直接的成败,而且还有想象力和洞察力的品质。这种批判的理性、这种理性的智能同时也一直是苏格拉底、柏拉图、

---

①　节选自 M. W. 瓦托夫斯基. 科学思想的概念基础:科学哲学导论[M]. 北京:求实出版社,1982. 选辑中有删节,文中脚注为原注,小标题为选辑者所加。

亚里士多德、康德、杜威以及其他人在他们的伦理学理论中所寻求的理性信念和理性活动的模型。作为理性活动的指导,科学与伦理学具有共同的渊源和共同的利益;它们的区分,从实质性的而不仅仅是智力劳动的分工上说,是一个深刻困境的象征。

但是,基于这些根据去确立科学与伦理学的一些模糊的、虔诚的同一性,是不够的。需要的倒是对科学理性与人类自由之间的关系作某种冷静的分析,即是康德那么虔诚地追求的那种完美性。这是一个可分开来探讨的课题。但是,科恩在前面我们引用过的那篇演说中,简洁地勾划出科学这种理性活动所表现出的民主伦理学的某些内容:

"科学的生命、当我们都忠实于科学的不受阻碍的追求知识的目标时彼此相处的方式,是可以用一种具有明显的积极特征的伦理学来加以描绘的。我们形成了一个民主社会,它的公民们决定着将要采取的政策,即公认的指导公共财富的真理……我们科学家并没有形式上的选举,更不用说正规预定的选举了;但是我们确实具有一种真正的民主实践的似乎有理性:我们提出一种思想,或一种理论,或一种技术,一种试验;我们选定某些人及他们的建议,让他们管理我们的日常事务,过一段时间后,我们便用我们的经验来检验他们,确定他是对还是错,是聪明还是愚蠢,成功的可能性是最大还是最小。通常我们总是更换他们……显然,爱因斯坦是怀着对牛顿的最崇高敬仰而取代了牛顿的;但在态度上仍存在着某种心理学的意义,科学出于积极目的便靠此而利用着青年一代对老一代的反叛。总之,这种科学的民主还具有另一种需要尊重的品质。我曾强调过的社会协作是同对个人工作的特别尊重结合在一起的。假如古典资产阶级个人主义和古典社会主义的冲突性主张将在一个完全健康的社会中得到调和,那么我相信,它将反映出科学内部的独立性与相互依存性的这种美妙的合法性……在科学中,我们把主观态度同客观需要结合起来,例如,把美的喜悦同需要的合理性结合起来。我们把美丽同实用结合起来。我们把骄傲同谦逊结合起来。我们的把权威与领导同个人的判断与持续的个人批评结合起来。我们彼此互相尊重。尽管有傲慢及其他弱点的干扰,国际性的科学家共同体的伦理学是尽人皆知,持久永存的。科学伦理学就是一个合作的共和国的民主的伦理学。"[①]

科恩还进一步对科学作为一种权力的附属工具和一种带有人类共同弱点的共同财富的这些社会功能所引出的理想的理性实践做出了详尽的刻画。但是科学作为一项人类活动已经贡献出了一个理性的和自由活动的模型,并且是把它作为科学的最高成就之一而加以显现的。

考察科学思想的起源与发展,它的结构与方法论以及它的一些基本概念,目的在于把它当作一种人文的研究。但是这样一种人文研究确切地说又是什么呢?哪种理解可称为对科学的人文理解呢?不单是把科学理解为一种人类活动,虽然它是这种理解的一个方面,而且也是科学社会学、心理学和科学史中的正当的科学研究课题。对

---

① 　关于对这种观点及对默顿的观点的尖锐批判,参见前述 Daniel A. Greenberg 的未发表的论文。

科学的理解不单是学艺①中的一种,这类学艺的特点就是探求理性知识和真理,远远超出了它们的实用性和技术意义。一种人文理解也不意味着以某种肤浅的总观点对普遍性的理解。而且它确实意味着一种普遍的观点,它同时体现着科学的方向与特性、它们的相互关系、它们与外界的关系这样一种深刻的意义。因此它不是探讨普遍性,而是探讨科学的深刻结构,作为通达科学基础的事业这种意义上的智力领悟。这些基础并不是像豌豆在豆荚中那样存在于具体的科学之"中";但它们唯有在科学中才能得到例证,如同人性只能在具体的人及其具体活动中得到例证那样。为了认清一个人的人性,就不仅是认识他是如何行动的,甚至也不仅是知道如何去判断或估计他的行动。这就要掌握他的性格,掌握其人性的来源;如同认识自己一样把他当作人类之一员去认识他。因而,达到对科学的人文理解就是在自身中实现和认识到由科学本身所例证的那种概念理解的模式;去影响一个人自己的理解与科学所显示出的那种理解之间的和睦关系,这就使得有可能认识科学思想的充分的人文主义。

这决不是一件突然的直觉的事情,而是研究和发现的事情;发现时常是对研究的酬报。这种发现只是点点滴滴地得来的,因为科学是一个复合的而不是一个简单的"整体"。科学的统一性的意义产生自对其方法和基本思想的概念分析,而其本身就是复合的。从哲学的最美好最深刻的意义上说,对科学的人文学理解,就是对科学的哲学理解。

作者简介

汉斯·波塞尔(Hans Poser,1937—),当代德国著名的哲学家,主要研究莱布尼茨哲学、科学哲学、技术哲学和17—18世纪欧洲哲学史。德国哲学界称誉波塞尔教授是一位屹立在人文科学、自然科学和技术科学之间交叉位置上的学者,视野开阔,学识渊博,科学哲学和技术哲学是其主要研究方向之一。

M. W.瓦托夫斯基(Marx Wartofsky,1928—),当代著名的科学哲学家和社会科学家。他和著名哲学家R. S.科恩合编的《波士顿科学哲学研究》文集收集了当代著名科学哲学家的大量重要论著,探讨了科学哲学中一系列重大问题,在国际哲学界有重大的影响。作为一位自然科学与社会科学的哲学家,研究兴趣广泛,学识渊博,说理透彻。他的长期合作者R. S.科恩称他为"一位哲学家的哲学家,但又是一位大众的哲学家"。1968年他发表了科学哲学代表作《科学思想的概念基础——科学哲学导论》,1979年,又出版了科学哲学论文集《模型——表象和科学的理解》,提出了许多独特的见解,奠定了他作为英美科学哲学界代表人物的地位。

---

① 学艺(liberal arts),在中世纪大学指文法、伦理、修辞、算术、几何、音乐、天文七科。在现代则包含语言学、科学、哲学、历史等。

(二)阅读要点解析

(1)如何理解科学已开始不断地为自己寻找目的,探讨自身的可能?

波塞尔在《科学:什么是科学》引言部分指出:"很久以来,科学已经不再满足于为人类服务的角色。科学研究早已开始为自己寻找目的,而这些部分已经达到的目的均是事先无法预料的。也就是说,在我们的日常生活中,科学已不再是单纯供我们使用的工具,起着单纯地为我们为了达到某个目的而创造条件的作用。科学已开始不断地为自己寻找目的,探讨自身的可能,正在朝着这些方向阔步前进。"①

我们应该如何来理解"很久以来,科学已经不再满足于为人类服务的角色。科学已开始不断地为自己寻找目的,探讨自身的可能"呢?

这触及了科学的本质——自由的学术。自由的学术有两个基本特征:一、科学纯粹为"自身"而存在,缺乏功利目的、实用目的;二,科学不借助外部经验,纯粹依靠内在演绎来发展"自身"。

我们首先从古希腊的科学和技艺说起。

西方科学文化源自古希腊的科学传统。古希腊的科学和技艺并不具有当代科技发展所具有的经济驱动力,它们是不与经济相关的。在古希腊,科学和技艺是区分开的。古希腊科学本质上是一个非功利的科学,是没有什么实际用处的。

亚里士多德最早在《形而上学》中区分了经验、技艺和科学。经验是关于个别事物的知识,技艺是关于普遍事物的知识。技艺高于经验,因为有经验者知其然而不知其所以然,而技艺者知其所以然,故技艺者比经验者更有智慧、懂得更多。但是技艺还不是最高的"知",最高的"知"是"科学"(episteme)。② 因为多数技艺只是为了生活之必需,还不是最高的知,只有那些为了消磨时间,既不提供快乐也不以满足日常必需为目的的技艺,才是科学。

为什么在"技艺"这种理论性知识之外还要增加"科学"这样一种纯粹知识? 亚里士多德说:"在各门科学中,那为着自身,为知识而求取的科学比那为后果而求取的科学,更加是智慧。"③"如若人们为了摆脱无知而进行哲学思考,那么,很显然他们是为了知而追求知识,并不以某种实用为目的。"亚里士多德多次强调科学是一种自由的探求,是既不提供快乐、也不以满足必需为目的的。他说:"显然,我们追求它并不是为了其他效用,正如我们把一个为自己、并不为他人而存在的人称为自由人一样,在各种科

---

① 波塞尔.科学:什么是科学[M].李文潮,译.上海:上海三联书店,2002:17.

② 亚里士多德.亚里斯士多德全集(第7卷)[M].苗力田,译.北京:中国人民大学出版社,1993:30.

③ 亚里士多德.亚里斯士多德全集(第7卷)[M].苗力田,译.北京:中国人民大学出版社,1993:30.

学中唯有这种科学才是自由的,只有它才仅是为了自身而存在。"①纯粹的科学必须是为着求知本身的目的而不是任何其他目的而存在,这种指向"自己"的"知",才是纯粹的科学。这样的科学,就是"自由"的科学。

对科学来说,它与生俱来的天性在于寻求客观的知识,这是科学在任何时代和环境都应该持守的精神特质,这种精神特质在科学产生之初就得到了充分的体现。求知在古希腊不仅仅作为人的本性而存在,还是精神寄托和求善的重要方式。知识的最高目的不在于应用与实践,创造实际的物质财富,而在于知其所以然并寻求最高和最普遍意义上的善。科学自身的目的就在于求善,与物质利益不会产生任何的实际关联,它不是作为人们生存的手段,而是作为人们生活的目的;科学在求知的过程中,体现出了自由的本性,因为科学可以纯粹为寻求普遍客观的知识去自由地按事物的本性进行认识,而不是去考虑外在的要求和利益纠葛;"希腊人认为没有用处的科学越是纯粹,越是真正的科学,越是自由的科学"。

为什么希腊学者强调自己知识的非实用性呢?希腊人以"自由"为理想人性,以"科学"为人文教化的手段。"科学"就是希腊人的"人文"。作为自由的学术,希腊的理性科学具有非实用性和内在演绎两大特征。自由的科学为着"自身"而存在,缺乏外在的实用目的和功利目的。自由的科学不借助外部经验,纯粹依靠内在演绎来发展和展开"自身"。

无用的知识何以是知识呢?希腊人认为:一切真知识都必定是出自自身的内在性知识,来自外部经验的不算真知识(episteme),只能算意见(doxa)。希腊人提出知识的本质是非经验的,从而发展了独具特色的演绎科学。演绎科学注重内在"推理",不重解决具体应用问题。希腊人看重的推理是内在推理、演绎推理、必然正确的推理。演绎推理的根本特征是保真推理,即只要前提正确,结论必定正确的一种推理形式。三段论是最基本的保真推理。它由大前提、小前提和结论组成。希腊人的知识构建是通过推理、证明、演绎来进行的,而所谓证明、演绎,只是顺从"自身"的内在逻辑而已。

科学精神是一种特别属于希腊文明的思维方式,源于希腊自由的人性理想。科学精神就是理性精神,就是自由的精神。

(2)如何理解科学的发展也给人类带来了恐惧与担心?

当代世界,科学已经成为一种被全民崇拜的新意识形态,尽管我们如此相信科学,但是却鲜有人真正理解科学是什么,去追问一下,"我们为什么要从事科学研究?科学研究的目的及方向是什么?"

自从培根以来,科学及其发展被看作人类进步的保障,那时候,科学进步便意味有甚至等同于人类进步。近代以来,科学经历了几个世纪的辉煌,它所引发的思想观念的变革,以及通过技术在社会生产的广泛应用,充分显示了科学之于社会发展的强大推动力。但是,科学的进展带给人类的是一种悲喜交加的体验。在经历了"化学家之

---

① 亚里士多德.亚里斯士多德全集(第 7 卷)[M].苗力田,译.北京:中国人民大学出版社,1993:31.

战"(一战的"气体战")、"物理学家之战"(二战的"原子弹之战"),及至面临与新技术革命相伴而来的"人与自然之战"(20世纪70年代以来的"生态危机"),特别近来人工智能、生命科技、虚拟现实等技术引起了广泛的关注,如今科技已经融入了我们生活的方方面面,科学已愈来愈深地进入全面、深刻的价值反思阶段。

波塞尔指出:"18世纪时,欧洲启蒙运动曾寄人类进步于科学的发展。科学也确实没有使我们失望。可惜事情却并非如此简单。福兮祸所伏,有一利必有其弊。科学的发展也给人类带来了恐惧与担心。我们对科学的迅速发展感到害怕,害怕造福于人类的科学亦会给人类带来灾难。这些灾难有的已经发生,有的可能发生,有的根本不可能出现,更有甚之,我们担心对人类生存条件的破坏,最终将导致人类的自我毁灭。"[①]

波塞尔认为,科学的发展给人类带来的恐惧与担心主要来自以下几个方面。

第一,科技成为谋利的重要知识形态。现代人常说"科技改变生活",人们普遍认为"科学是个好东西"或者说"好东西都是科学的""科学已经成为我们是非价值评判的标准"。现代人更加倾向于把"科学"混同于"科技",这与实用主义的文化传统有关。

当科学技术化和技术科学化时,科学和技术逐渐与经济相关,尤其是当科学、技术、生产一体化时,科学和技术与经济的关系更加紧密。随着科技发展在现实生活中与利益的关系越来越紧密,科技知识作为人类知识构成的重要部分已经失去了以自身存在为目的的品质,而成为谋利的重要知识形态。它通过转化为生产力而谋取利益,推动经济发展。科技知识具有了商品属性,不仅与利益相关,而且具有可收买性。它在商品社会中具有另外一种价值形式,即商品关系。科技知识的供应者与使用者的关系类似于商品关系中的生产者与消费者的关系,它们的商品关系是靠利益来维持的。只有科技知识能提供具有价值的商品,能够转化为生产力,能推动经济的发展,为人们谋取利益,科技知识才具备有用性,成为可流通的商品。它也将成为现实生活中的重要的权力话语形式,在人们的生活中发挥着越来越重要的作用。

科学探索和研究已经远离了纯粹的本着惊奇的求知本性,成为被利所驱动、具备可投入实践应用的可行性和有效性之手段,用以指导技术应用,以此产生经济效应。技术的有用性被大大拓展,其目的不再是满足人类生活所需,而是拓展人类的需求,它被发展为与利益直接相关的专门技术。科学家、科研机构的研究方向往往致力于创造巨大的经济价值,技术专家表现得更为明显,其任务就是让某项技术发挥它最大的功效,推广到社会应用中,以此产生巨大的经济效益。实际上,"他们跟其他的利益共同体一样,也是一个利益共同体"。

第二,科学参与了破坏人类生存环境的活动。科学的功能与价值实质上具有两面性:一半是天使,一半是魔鬼。科学既可以给人类带来幸福,又可能给人类带来灾难。可以说,近代科学的产生是人类历史在近代世界最大的成功,同时也可能是最大的失

---

① 波塞尔.科学:什么是科学[M].李文潮,译.上海:上海三联书店,2002:15.

败,因为近代科学为人类生存和发展所带来的问题同它对人类生存和发展问题的解决一样引人注目。

20世纪以来,科学技术得到突飞猛进的进步,然而,在科学理性失去价值导引的情况下,人类蒙受极大的灾难,如世界大战、法西斯残暴、灭绝人性的种族屠杀、愈演愈烈的生态危机、环境灾难、资源枯竭等。我们在处理人与自然的关系时,不止一次遭遇挥霍理性带来的厄运,这造成了科技对自然的践踏,导致人与自然的疏远,以及普遍的生态危机。值得注意的是,克隆技术的应用带给人们从未遇到的生命伦理学困惑,这些由科学理性自负带来的后果,值得我们对科学理性进行反思。科学理性在信息社会的泛化对人类文化带来极大的消极影响:电脑的人化直接导致了人的异化,人的精神世界遭到极大的摧残,导致了另一种意义上的人类生存危机,即"精神文化空间的危机"。发达的科学理性、先进的信息技术无法挽救生命价值的流失、生活理想的衰竭。系统论的创始人贝塔朗菲说:"我们已经征服了世界,但是却在征途中的某个地方失去了灵魂。"①在知识经济时代,人们不仅要运用科学理性创造新知识与新技术,更为重要的是,要对科学理性进行合理定位,对其进行正确的价值引导,掌握引导知识技术的人类智慧。

当代人类面临的能源危机、环境污染、核战争威胁等全球性问题,是同现代科学技术的迅猛发展及其广泛应用有着密切联系的。高度文明的20世纪,曾一度猖獗的军国主义和法西斯主义利用现代高科技,用流血的战争,使千百万人失去生命,大规模的军备竞赛,把世界引向灾难。自然界和人类社会的冲突日益严重。在西方,科学有时成为"潘多拉盒子"。迅速发展的科技成果造成了自然资源的枯竭,使空气、水、土壤遭受了严重的污染。因此可以说,科学参与了破坏人类生存环境的活动,同样由于应用科学的发展使现代战争威胁着人类的存在。这都是科学不应当有的社会功能。瓦托夫斯基说,我们"一方面知道科学是理性和人类文化的最高成就,另一方面又害怕科学业已变成一种发展得超出人类的控制的不道德和无人性的工具,一架吞噬着它面前的一切的没有灵魂的凶残机器。"②他强调对科学的人文主义理解,实际上是对这种"现代人的困惑"的理论反应。

科学是一把双刃剑,科学技术负面作用的出现是避免不了的。我们只有充分利用科学技术的正面效应,发展更先进的科学技术来缩小科学负面作用的影响,才能使其成为社会发展的助推器。

第三,科学进步并没有带来人类道德的进步。现代科技以其显而易见的有效性和实用性,以技术为手段为人类带来极大的收益,为人类带来长足的进步,从而使人类树立起对技术的优越感。并由此断定,科技不仅可以促进人类财富的增加、智慧的丰富,而且促进人性的完善、推动自由的实现。科学主义唯科学至上,为科学罩上一层神性

---

① 贝塔朗菲.人的系统观[M].张志伟等,译.北京:华夏出版社,1989:19.

② M.W.瓦托夫斯基.科学思想的概念基础——科学哲学导论[M].范岱年,译.北京:求实出版社,1982:9.

的光环,在神圣的科学大厦前,非科学只有顶礼膜拜的自由。正如欧文所讲:"把科学地位提高的结果在某些方面使被认为是全知全能的人类救世主而逐渐受到崇拜。"①

近代科学的产生,直接推动了工业革命,使资本主义生产力获得空前的大发展。人类对科学的崇拜,一度使科学主义颇为流行,似乎人类一切问题均可以用科学来解决。但事实并非如此。两次世界大战,人类大规模的自相残杀,科学是其中的帮凶。科学主义的迷梦开始破灭。人们发现,科学并不能解决人的伦理道德等精神层面的价值问题。英国历史学家汤因比认为:"近代科学曾提出了异常重要的道德问题,但是它不曾、而且也无力促使这些问题获得解决。"②同样,法国年鉴学派创始人马克·布洛赫对此有着非常痛切的感受:"这个可悲的世界尽管可以为科学的进步而自豪,却并没有为人类自身创造多少幸福。"③科学不是万能的,科学的负面效应因此而越来越受到人们的警醒与反思。在现代化造福人类的同时,能源危机、环境恶化以及紧张的人际关系等诸多现代性问题则直接威胁了人类自身的生存与发展。

现代社会对技术理性、经济理性、金钱的狂热追求直接导致了价值、道德的失落。利益集团为了追求剩余价值不但不断提高劳动的强度,甚至不择手段,无视法律、道德,无视人的生命,不惜发动战争。而专家则仅仅追求技术的发明、改进,无视技术的后果。资本的贪欲使现代科技变成了疯狂攫取利润的工具,使人成为物、金钱的奴隶,使人的智力被物化、道德更加败坏。

科学是物的逻辑,价值是人的逻辑,人类只有在价值的正确指导下,合理运用科技,才能达到理性与价值的和谐统一。只有成功地将科学的社会功能置于严格的人道主义控制之下,才能使灾祸得以避免。事实上,科学自身"既不是善,也不是恶",一切都是由它起作用的社会条件决定的。正如哲学家马尔泽内所言"科学在伦理道德上是中立的"。因为在做出伦理方面选择之后,科学只不过作为一种手段表现出来。

人类是强大的,凭借其科学理性精神和人类自身的智慧,逐步从愚昧走向文明,从原始走向现代;人类又是脆弱的,人类经不起自然的报复和文明的负效应,更不可丧失"精神的家园"。在现代科技日新月异的时代,人类要摆正自己的位置,既不可夸大人类的能力,又不可放纵人类的欲望,也不能亵渎人类的灵性,抹杀人类的功绩,而应在探讨人与科技等其他对象的关系时,在寻找人的世界坐标的过程中,认识自己,回到自己,重塑人之为人的尊严。

(3)如何理解"对科学的人文学理解,就是对科学的哲学理解"?

瓦托夫斯基在《科学思想的概论基础》中指出:"从哲学的最美好最深刻的意义上说,对科学的人文学理解,就是对科学的哲学理解。"④

---

① 郭颖颐.中国现代思想中的唯科学主义(1900—1950)[M].南京:江苏人民出版社,1989:16.

② 汤因比.历史研究:下册[M].曹未风等,译.上海:上海人民出版社,1987:120.

③ 布洛赫.历史学家的技艺[M].张和声,程郁,译.上海:上海社会科学院出版社,1992:11.

④ M. W.瓦托夫斯基.科学思想的概念基础[M].范岱年,译.北京:求实出版社,1982:588.

　　瓦托夫斯基认为,康德把"人类理性的法则"分为"自然法则"和"道德法则",并提出探讨自然法则的自然哲学回答"是什么"的问题,探讨道德法则的道德哲学回答"应该怎样"的问题,由此构成了科学与道德、事实与价值、自然科学与人文科学的对立。它是现代西方哲学的科学主义思潮和人文主义思潮长期以来双峰对峙的深刻理论根源。从理论上消解这种对立,不仅必须重新探索"理解科学的哲学是什么"和"哲学理解的科学是什么",而且需要以某种富于创见性的理论去阐述如何达到对科学的人文主义理解,即对"理解"本身做出系统的理论解释。

　　瓦托夫斯基在其著作《科学思想的概念基础》中,明确地提出了"对科学的人文学理解"之命题。瓦托夫斯基的论述可概括为以下三个要点:其一,对科学的人文理解即是"对科学的人文学理解",目的在于把科学当作一种"人文的研究";其二,对科学的人文理解"有可能认识科学思想的充分的人文主义";其三,对科学的人文理解并非对某种设定的普遍性的理解。

　　第一,对科学的人文理解是"对科学的人文学理解",旨在将科学当作一种人文的研究,就是运用人文学的观念和方法对科学进行研究;而"对科学的人文学理解,就是对科学的哲学理解",就是运用哲学的概念和方法研究科学这个对象。**理解科学有两种不同的方式:一种是对科学本身的学习,即掌握科学的研究方法、思维方式和概念系统;另一种则是对科学思想的概念基础的研究,即把科学思想作为反思的对象进行批判性考察。前一种是理解科学思想的科学事业,后一种是理解科学理解的哲学事业。**

　　瓦托夫斯基说:"达到对科学的人文理解就是在自身中实现和认识到科学本身所例证的那种概念理解的模式;去影响一个人自己的理解与科学所显示的那种理解之间的和睦关系,这就使得有可能认识科学思想的充分的人文主义。"①在瓦托夫斯基看来,"对科学的人文理解"就是认识科学所拥有的"概念理解的模式",这种理解模式同一般人所采用的理解模式在对科学的人文理解过程中达到了一种和睦一致的关系。这时我们"有可能认识科学思想的充分的人文主义"。这里谈论的中心是科学与人文的共性,这共性不是指二者知识内容的性质或样式,而是指二者思想活动的方式。因此这里的"科学思想"显然不是指作为科学活动成果的科学思想(即科学知识),而是指作为科学活动本身的科学思想活动。而是将科学视作人的活动,从科学思想活动中洞察到一种"概念理解的模式",这种活动方式同人文主义相关,或同人文学科的研究方式存在类同之处。因为科学认知——创造活动确实也运用形象的、非理性的思维方法,亦体现出主体的欲望、追求、偏好、终极关怀,因而真正的、超脱个人和有限功利追求的科学创造同一般创造一样,也是人性的丰富性之充分自由的实现。科学与人文融通,其核心意蕴即在这里。不过应当看到,科学除了运用与人文类同的研究方法外,还突出运用数学的、逻辑的、实证的思维方法,这却是人文学科所欠缺的。

　　第二,考察瓦托夫斯基在这里所使用的"人文主义"一词的含义,确切地说应该是

---

　　①　M. W. 瓦托夫斯基. 科学思想的概念基础[M]. 范岱年,译. 北京:求实出版社,1982:588.

充分的人性。科学作为一种人的活动，它和人的其他一切活动一样，必然蕴含着人的活动目的、动机、欲望、激情，以及隐藏在这些情感和意志背后的价值标准和行为规范，从而显示出人性的丰富性。瓦托夫斯基所指的"对科学的人文理解"一语与人文主义的关系在于：科学借助于人文（学科）的观念和方法，实现对科学所内含的人性之揭示，体现着当代人文主义思潮的人性泛化的倾向。

第三，"对科学的人文理解"并非对某种设定的普遍性的理解。瓦托夫斯基写道：对科学的人文理解"不意味着以某种肤浅的总观点对普遍性的理解，而且它确实意味着一种普遍的观点，它同时体现着科学的方向与特性，它们的相互关系，它们与外界的关系这样一种深刻的意义。它不是探讨普遍性，而是探讨科学的深刻结构，作为通达科学基础的事业这种意义上的智力领悟。"① 由此我们可以看出科学和人文的关系，看出从人文理解科学的方法论原则。

瓦托夫斯基从人文理解科学的方法论原则采取"智力领悟"的方式，去"探讨科学的深刻结构"。这是一种自下而上的认知路线：从科学的具体结构、功能的实例出发，把握"科学的概念理解的模式"，通过"智力领悟"，通达科学的深刻基础，从而认识"科学思想的充分的人文主义"。

瓦托夫斯基认为，对科学进行人文主义理解的根基，在于理解科学思想的概念基础。人类用以把握世界的最根深蒂固的概念，并不是那些高度专业化和高度精确化的科学概念，而是那些在思想中构筑我们经验世界的、具有高度概括性的常识概念。它们构成人类思想的基本框架。瓦托夫斯基认为，这种从科学与常识的联系中去理解科学，并从这种理解中发现科学与人文学的共同根源，就不是对科学本身的理解，而是对科学理解的理解。

瓦托夫斯基的"对科学的人文理解"，是借助于人文学的观念、概念和方法研究科学，将科学当作一种人的活动的特殊形式，当作一种创造性劳动的形式去研究，这时科学展现在我们面前必定是充满人性的。这正如马斯洛所指出的："科学是由人类创造、更新以及发展的，它的规律、结构以及表达，不仅取决于发生的性质，而且取决于完成这些发现的人类本性的性质，因此科学是人学。"②

瓦托夫斯基的"对科学的人文理解"，有助于化解两种文化的尖锐对立，实现两种文化的融通，从而使二者在人性的整体性中实现统一。从人文的广阔视野研究科学，这就要从科学与其他文化形式的关系中看待科学，要以哲学普遍理性为指导，从科学的内在本性揭示科学的人性、价值和意义，这极有助于发现科学和人文在人性内涵上的共性、在人性之完满实现中相互关联又各具特色的地位、在人的终极价值实现上的自然融通。这样一来，两种文化的对立便能得到消融和化解，它们的统一也能自然地得以实现。

---

① M. W. 瓦托夫斯基. 科学思想的概念基础［M］. 范岱年，译. 北京：求实出版社，1982：587-588.

② 马斯洛. 人的潜能和价值［M］. 林方，编. 北京：华夏出版社，1987：258.

当然,两种文化的统一不能仅仅依靠"对科学的人文理解",还须辅以对人文的科学理解。可以说,没有自然科学的概念、方法和工具,便不可能有现代社会学、法学、经济学、政治学、管理科学等的出现。人文学求助于科学,人文中含有科学的成分。且不说社会科学(包括哲学)的研究越来越离不开自然科学,就是伦理学和美学也要借鉴科学的精神、概念和方法,要吸取科学中的积极因素。无可怀疑的是,科学对人文的渗透要比人文对科学的潜移默化影响广泛和深入得多。人文中含有科学的因素或属性,其表现主要有:客观性、确定性、普遍性、必然性、定量化、结构性。人文不能少了这些成分,人性中也不能缺少客观性、确定性、普遍性、必然性这样一些作为科学的特征性内涵的成分或特性。"对人文的科学理解",将有助于更深入全面地理解人文思想。

考察"对科学的人文理解",其更深远的意义在于揭示科学价值的实现途径。科学和人文一样,其价值实现的理想目标均在于对人性之完满实现作出其特有的贡献。这里两种文化贡献不一,所遵循的途径亦不相同。对于科学来说,它所遵循的途径应当是:"从科学自身的本性出发,立足于自主,辅之以社会控制,把握终极价值目标,去实现为人性之完满实现所能做的贡献。"①这个出发点和目标的认定和确定,必须在哲学普遍理性引导下,借鉴人文学的概念和方法,通过揭示科学所富含的人性之意义和价值而实现。由此可以看出"对科学的人文理解"对于科学价值之理性的完满实现具有根本的意义。

对科学的人文主义理解,就其实质而言,并不是一般地理解科学,而是对科学理解的理解。瓦托夫斯基提出,"可以把科学哲学描绘成是一种理解科学理解的事业"。

"从哲学的最美好最深刻的意义上说,对科学的人文主义理解,就是对科学的哲学理解。"瓦托夫斯基要求科学哲学超出对科学问题的哲学解释而扩展为对科学理解的理解。它是对盛行一时的科学主义思潮的反动,是促成科学与人文两大思潮合流的一种努力。从瓦托夫斯基的科学哲学观,我们可以窥见并探索当代西方哲学的发展趋势。

(三)学习与思考

美学视角下科学的人文品质

在常识性思维甚至于一般性理论思维中,科学文化与人文文化被看作两种不同的知识系统和精神文化现象。科学是以理性、逻辑、实验等专业语言、符号构成的知识系统,而人文文化多是以感性、情感、想象、意象等构成的另一种知识系统(如艺术)。总之,科学是通过各种不同的概念系统和理论模型探索自然和人类精神的奥秘,从而获得关于世界和人类进化的规律性的认识,并进而改造世界和人类;而人文文化尤其是

---

① 杨耀坤.科学理性的沉思(下卷)[M].合肥:安徽教育出版社,2006:752.

艺术、美学主要是通过意象、情感和形象思维的方式来表现自然、社会和人类精神的美感,从而升华人们对世界的感受与体验。至少从目前人们对于科学与人文文化二者的这种认识而言,科学文化与人文文化不仅在活动旨趣,而且在活动方式上都相去甚远,甚或处于一种对立的状态。

但这不是事实。

人文文化与科学文化不仅不是毫无关系的两种知识现象,不是两种对立的人类精神活动,而且还具有同一性。关于科学与艺术、美学、历史的相通性,受本节主题所限,不在此进行系统论述。这里只就科学文化人文性的一个维度——美学性这个范畴做一诠释:人类科学活动的心理动力学源于美;科学所探寻的是宇宙的终极真理——美,并将这种美展示、播撒给天下。因此,科学所承担的使命不仅是发现自然现象,把握自然规律,还包括传递人类的人文精神——爱美、求真、自由、创造。

我们不妨从科学文化之源始开始运思。

什么是科学?著名科学哲学家瓦托夫斯基在《科学思想的概念基础——科学哲学导论》一书中这样写道:

科学是认识世界的一种方式,就如它也是一种知识体系一样。它的特性可以描绘为一种探究的过程,一种对真理的探索。①

比较客观地说,瓦托夫斯基的这种科学观还是比较传统、比较朴实的。但即便如此,我们仍可以从中理解科学活动的本质特征:科学不仅是对世界奥秘的探索,也是一种对人类智力能量的探险,或者说是人类更高级的精神游戏。"世界的探索"也好,"智力的探险"也好,它们的意义也许并非我们所想象的那样仅是为了世界"真理"的获得,或者为了达到什么道德和社会的目的,它们本身就自成目的,就能给人带来极大精神享受,或者说给人一种幸福感。想一想有些科学家沉醉于微生物学、基因生物学、粒子物理学以及纯粹数学中的那种乐趣,也许我们就能更加真切地理解这一点。如果不是出于乐趣,就只能是受虐狂的自我压抑。也正鉴于此,我觉得,科学也可以理解为人类为了存在的幸福而展开的一种以探索世界奥秘为内容的智力游戏。

把科学探索这样一种"神圣"的事业诠释为一种"智力游戏",是否有些轻浮?

这里没有任何的轻薄。我们认为"游戏"观念恰好揭示了科学活动的本质特征。物理学家狄拉克就曾经这样说过,"将它(指物理学,也就是科学)描述成一种游戏,一种非常有趣的游戏,这种说法是很恰当的。"②化学家卢瑟福在回答别人说他总是处在事业的波峰之上时也这么说:"我自己创造了这个波,难道不是么?""自己创造",即他

---

① M. W. 瓦托夫斯基. 科学思想的概念基础——科学哲学导论[M]. 范代年,译. 北京:求实出版社,1982:17.

② 钱德拉赛卡. 莎士比亚、牛顿和贝多芬[M]. 杨建邺,译. 长沙:湖南科学技术出版社,1995:95.

自己创造的一个精神世界,他沉迷于其中自由游戏并从中体验到了精神的乐意。也正因为像游戏一样全身心地投入,忘我的工作,科学家才能取得科学上的伟大创见和发现。我想,这也就是狄拉克所说的"二流的物理学家能够做出一流的工作"的原因吧。

如果按照这一观点,科学研究的目的并非都是获得真理或某种道德、经济、社会的等实效性目的,它本身就是生命或人生的乐趣。那么,科学与人文便结下不解之缘,或者说在科学世界的建构中,人文精神发挥着极为重要的心理动力学作用:科学本身就是一种趣味性很浓的精神游戏形式,而游戏恰恰是人类人文精神的根本,即美的活动;正是科学工作以其美的形式使人完全沉迷其中而达到一种"忘我""忘物"的精神境界。由此我们导出了第二个观点:正是由于美的活动,使得科学的目的成为一种人文目标——美的世界的发现与构造。于是,人类科学文化由古至今的延续与发展,便成为人类人文血脉流传的方式。为了将人文精神尤其是审美意识与科学文化之关系解释清楚,下面将具体探讨这样三个问题:其一,科学活动的动机;其二,科学活动过程中人的存在状态;其三,科学活动的终极诉求。

1. 科学的缘起:世界秩序之美的探索

如果说人类科学活动的动机源于对世界的认识,那么,接下来我们必须面对的一个问题是:人为什么要认识世界?

人与世界打交道,认识这个世界,最朴素地说,有三种目的:一是纯粹享受智力游戏的乐趣;二是为这个世界所惊异、所吸引;三是掌握世界的规律,使其为我所用。就一般的科学文化而言,出于纯粹享受智力游戏乐趣的当然也有,但不普遍。第三种目的者较多,但大体上属于应用科技。大多数科学家的认识活动属于第二种情况,即因世界存在之庄严秩序所迷魅,于是产生了探索的欲望,希望通过揭示其奥秘而体验存在的愉悦。海德格尔曾说:惊异是哲学思索的开始。其实,不止是哲学,人类所有的形上之思都是源于对所思之物的惊异。惊异是人类一切精神探险活动的心理动力学。关于人类形而上学活动产生的这一起因,早在2000多年前,古希腊的亚里士多德就做出了朴素的阐释。在《形而上学》一书中他这样写道:

古往今来,人们开始哲理探索,都起于对自然万物的惊异;他们先是惊异于种种迷惑的现象,逐渐积累一点一滴的解释,对一些较重大的问题,例如日月与星辰的运行以及宇宙之创生,作成说明。①

亚里士多德这里所说的"哲理探索"并非专指哲学活动,而是人类的一切形而上学活动,当然包括纯粹科学活动在内。不过,人们对世界的惊异,并不仅像亚里士多德所理解的那样是因为其神秘,更在于这个世界具有一种美的属性——和谐的秩序;或者

---

① 亚里士多德. 形而上学[M]. 吴寿鹏,译,北京:商务印书馆,1959:5.

说，是因为他们为这个世界的秩序美感所惊异、所感动、所魅惑，于是才产生了探索的动机。"对自然秩序的信念使科学得以成长起来"，所谓"自然秩序的信念"就是"这种事物体系包含着逻辑理性的谐和与审美学成就的谐和——逻辑谐和在宇宙中是作为一种无可变易的必然性而存在的，但审美的谐和则在宇宙间作为一种生动的理想而存在着，并把宇宙走向更细腻、更微妙的事物所经历的残缺过程融合起来。"[①]特别对于宇宙现象的宏观研究（如天文学、理论物理学，量子力学等），其科学探索的动机在很大程度上就是被理性谐和与审美谐和所激发起来的。彭加勒的一段话道出了科学家进行科学研究的精神动力。他这样写道：

> 科学家之所以研究自然，不是因为这样做很有用。他们研究自然是因为他们从中得到了乐趣，而他们得到乐趣是因为它美。如果自然不美，它就不值得去探究，生命也不值得存在……我指的是本质上的美，它根源于自然各部分和谐的秩序，并且纯理智能够领悟它。[②]

在彭加勒的眼中，宇宙与其说是一个物理世界，还不如说是一个美的世界。也正是它的审美秩序，让人类产生了进行科学探索的精神动力。英国著名物理学家保罗·戴维斯也说过："所有伟大的科学家都被他们要试图理解的自然界的精巧和优美所感动。"[③]有所感动才能有所倾心，才能投入心智。甚至于爱因斯坦也坦白地承认，他的科学研究是因为他被自然界向我们显示的数学体系般的简洁性和优美性强烈地吸引住了。德国 19 世纪著名数学家魏尔斯特拉斯说得好："如果一个数学家不具备诗人的某种气质，他就永远休想成为一个大数学家。"[④]所谓"诗人的气质"，也就是美学家的气质，就是对美的感受、挚爱与追求。也正是从这种意义上，我们可以说，人类科学文化的精神原型是美——美的发现、创造和传播。

2. 科学活动的审美特征

在科学研究中，主体处于一种极度兴奋、愉悦、忘我的状态中，他把全部身心投入他的精神活动而几乎忘记了世界的存在。这不仅因为他的活动是一种趣味性极强的智力游戏，更主要的还因为他所认知的客体以其独特的审美魅力深深吸引了他。他同研究对象的游戏实质是一种审美游戏。我认为，只有这种审美游戏的超功利心态，才可能做出重大的科学发现。

1983 年诺贝尔物理学奖获得者、美籍印度天体物理学家 S. 钱德拉赛卡在谈到科

---

① 怀特海.科学与近代世界[M].何钦,译.北京:商务印书馆,2016:24-25.

② 钱德拉塞卡.莎士比亚、贝多芬和牛顿[M].杨建邺,译.长沙:湖南科学技术出版社,1995:68.

③ 戴维斯.上帝与新物理学[M].徐培,译.长沙:湖南科学技术出版社,2002:241.

④ 赵鑫珊.科学、艺术、哲学断想[M].北京:三联书店,1985:56.

学家科学研究的艺术游戏或审美游戏特征时曾这样说过：

> 有人认为科学家努力工作是因为他们对追求真理有一种"神圣的激情"或对于解开自然界的"奥秘"有一种"炽烈的好奇心"，这种看法我也不能接受。我不相信每天沉浸于工作的科学家，与放弃帝王生活而沉思对人生有意义的伦理和道德价值观的释迦牟尼之间会有什么共同之处。而且，我认为科学家与马可·波罗也不会有什么共同之处。……科学家试图做的工作就是选择某一领域、某一方面或某一细节，来检验它们在具有一定形式和连贯性的总体框架中是否占有适当的位置；如果它们的位置不当，科学家的工作就是做进一步的探索以使它们占有适当位置。①

他在解释他所说的"适当"的含义时指出，这就是一种艺术或美的标准。② 说得直白一些，科学的宗旨就是力求使认知客体成为"审美谐和"的事物。

也许有人认为 S. 钱德拉赛卡的观点只是他个人的体会，而不具有普遍性。然而并非如此。我们可以再看看另几位大科学家对这个问题的表述。

彭加勒这样说道：

> 正因为简单和深远两者都是美的，所以我们特别刻意于寻求简单和深远的事实，我们醉心于探求恒星的巨大轨道；我们热衷于用显微镜寻觅极为细小的东西，我们欢欣于在遥远的地质年代中寻觅过去的痕迹，都是由于这些活动给我们带来了欢乐。③

彭加勒说得十分明白，科学家之所以沉醉于纯粹理性思维中，是因为他体验到这种活动是一种审美游戏；也就是说，他的认知行为是一种对于美的意象的知觉加工，他和研究对象之间是在游戏。也正是由于这种"审美游戏"，使科学家的科学活动超越了"主—客"对峙或者功利主义的框架而进入一种忘我的境界；而"忘我"恰恰是科学研究取得重大成就的关键。正如迈克尔晚年在回答有人问他为什么花这么多年时间去测量光速这个问题时所说的那样："它太有趣了！"不是"有用"而是"有趣"。"有趣"就是审美游戏的心态。在科学研究中，"有趣"起了重要作用④，S. 钱德拉赛卡这样解释说。数学家 G. N. 华生证明印度数学家拉马努扬留下的几百个恒等式，花费了几年的时间。当他回忆当时的研究过程时这样说道：

① 钱德拉赛卡. 莎士比亚、贝多芬和牛顿[M]. 杨建邺，译. 长沙：湖南科学技术出版社，1995：14.

② 钱德拉赛卡. 莎士比亚、贝多芬和牛顿[M]. 杨建邺，译. 长沙：湖南科学技术出版社，1995：14.

③ 钱德拉赛卡. 莎士比亚、贝多芬和牛顿[M]. 杨建邺，译. 长沙：湖南科学技术出版社，1995：68-69.

④ 钱德拉赛卡. 莎士比亚、贝多芬和牛顿[M]. 杨建邺，译. 长沙：湖南科学技术出版社，1995：28.

研究拉马努扬的工作和由此提出的问题,不禁使我想起拉梅在读埃尔米特关于模函数的文章时的评述:"令人惊心动魄。"而我无法用一句话说明我的感受,像下面的公式……给我心灵的震撼,恰如我走进美第奇教堂的圣器室,见到米开朗琪罗放在 G. 美第奇和 G. 美第奇墓上的名作"昼""夜""晨"和"暮"所引起的震撼一样。这两种感受是无法区分的。①

正是拉马努扬留下的恒等式的和谐、匀称以及音乐般的节奏之美感吸引了华生,使他沉醉其中而忘记一切,最终证明了这些恒等式。确实,正如钱德拉赛卡所说,没有美的感受,没有游戏的愉悦,科学家不顾一切地思辨某种事物,这是一种多么可怕的行动!英籍以色列量子物理学家戴维·多伊奇在谈到科学家面对人类的时间旅行即宇宙的终结这一结局而仍然保持一种乐观的心态时这样说道:

他们的思维,也像我们的一样,是这些计算机执行的虚拟现实描绘。的确,在宇宙结束的最后一秒,一切复杂机器都将被摧毁。但我们知道,在虚拟现实里人主观感到的时间间隔并不取决于流逝的时间,而取决于在那段时间里能完成多少计算。如果计算步数无限多,则将有足够时间作无数次思维——足够思想家把自己置于喜欢的虚拟现实环境中。如果他们对某个环境感到厌倦,他们可以换到任何其他环境中去,或他们精心设计的任何数量的其他环境中去。从他的角度看,他们并不是处于生命的最后阶段,而是处在最初阶段,他们并不需要着急,因为主观上他们将永生。虽然只剩下一秒或一微妙时间,他们仍然拥有"全世界的所有时间",可以做更多的事情,体验更多的感觉,创造更多的知识——无穷多,比多重宇宙中任何人在此之前所曾经做的一切都多。他们将有充分的动力全神贯注地管理好他们的资源。②

作为一名量子计算专家,戴维·多伊奇深谙宇宙的奥妙。在他看来,科学家之所以面对人类时间旅行的终止、人类文明的进程将划上休止符而不动声色,是因为他们并不是生活于真实的物理时间流程中,而是生活于一个虚拟世界——一个趣味很浓的游戏世界中。对游戏的全神贯注和游戏不断变换的乐趣,是他们战胜"原始焦虑"的精神基础。从这个角度看,科学家全神贯注于科学事业,与其说是为了献身于真理,还不如说是委身于美。我们再来看著名物理学家海森堡发现量子力学时的心理感受:

……在短短的几天内③,我明白了在原子物理学中,只有用可观测量才能准确取

---

① 钱德拉赛卡.莎士比亚、贝多芬和牛顿[M].杨建邺,译.长沙:湖南科学技术出版社,1995:70.

② 多伊奇.真实世界的脉络[M].梁焰,黄雄,译.桂林:广西师范大学出版社,2002:301-302.

③ 指海森堡在赫尔果兰岛休假期间对量子理论的研究。

代玻尔-索末菲的量子条件。很显然,我的这个附加假设已经在这个理论中引进了一个严格限制。然后我注意到,能量守恒原理还没有得到保证。……因此,我集中精力来证明能量守恒原理仍然适用。一天晚上,我就要确定能量表(能量矩阵)中的各项……计算出来的第一项与能量守恒原理相当吻合,我很兴奋……当最后一个计算结果出现在我面前时,已经凌晨3点了。所有各项均能满足能量守恒原理,于是,我不再怀疑我所计算的那种量子力学了,因为它具有数学上的连续性与一致性。刚开始,我很惊讶。我感到,通过原子现象的外表,我看到了异常美丽的内部结构;当想到大自然如此慷慨地将珍贵的数学结构展示在我眼前时,我几乎陶醉了。我太兴奋了,以致不能入睡。天刚蒙蒙亮,我就来到这个岛的南端,以前我一直向往着在这里爬上一块突出于大海之中的岩石。我现在没有任何困难就攀登上去了,开始等待着太阳的升起。[①]

海森堡的这段文字向我们展示了科学家开展科学活动的心灵体验:美的创造和惊艳。由此我们不难断言:科学活动不单是与枯燥的数学公式或数字打交道,而是像审美一样游戏于各种符号。"是事物的艺术和美让人感到震撼,感到兴奋",这几乎成为许多大科学家对自己科学研究动力的表达。最后,让我们以希尔伯特纪念闵可夫斯基的一篇致辞中的一段文字来结束本论:

我们无比热爱的科学,已把我们团结在一起。在我们面前它像一座鲜花盛开的花园。在这个花园熟悉的小道上,你可以悠闲地观赏,尽情地享受,不需要多大力气,与彼此心领神会的伙伴同游尤其如此。但我们更喜欢寻找幽隐的小道,发现许多意想不到的令人愉悦的美景;当其中一条小道向我们显示这一美景时,我们会共同欣赏它,我们的欢乐也达到了尽善尽美的境地。[②]

3. 科学研究的最终目的,是发现和传播科学的真理。

这几乎是所有科学活动的终极诉求。但是,在科学家的观念中,这个所谓"真理"不是一个抽象命题、理论、模型或枯燥的公式和冷冰冰的物理世界图像,它还应当是一件艺术品,具有美的属性,比如凝练、匀称、和谐、简妙等,就是说,它应当像音乐、像诗歌、像建筑一样具有美感。"没有'美','真'则沦为平庸。"[③]没有美感,这个真理就不会为自己所认可,为人们所接受,甚至怀疑它的合理性。保罗·狄拉克曾这样说道:

让方程式优美,比让方程式符合实验更重要……因为差异可能是由于未能适当地

---

① 钱德拉赛卡.莎士比亚、贝多芬和牛顿[M].杨建邺,译.长沙:湖南科学技术出版社,1995:62.

② 钱德拉赛卡.莎士比亚、贝多芬和牛顿[M].杨建邺,译.长沙:湖南科学技术出版社,1995:61-62.

③ A. N. 怀特海.观念的冒险[M].周邦宪,译.贵阳:贵州人民出版社,2007:248.

考虑一些小问题造成的,而这些小问题将会随着理论的发展得到澄清。在我看来,假如一个人在进行研究工作时着眼于让他的方程式优美,假如他真有正常的洞察力,那么他就肯定会获得进步。①

在这里,狄拉克向我们表白了一个科学家之所以献身于科学理论的两个原因:其一,科学理论是美的,如果不具备美的属性,真理性就会受到怀疑;其二,只有具有审美洞察力,科学研究事业才能进步。玻姆表述的更直率:"物理学是洞察力的一种形式,因而也是艺术的一种形式。"②也正因此,一个科学真理应体现出美的意蕴。对于这一点,曾为牛顿和贝多芬等写过优美传记的沙利文给予了肯定。他说:

由于科学理论的首要宗旨是发现自然中的和谐,所以我们能够一眼看出这些理论必定具有美学上的价值。一个科学理论成就的大小,事实就在于它的美学价值。因为,给原本是混乱的东西带来多少和谐,是衡量一个科学理论成就的手段之一。我们要想为科学理论和科学方法的正确与否进行辩护,必须从美学价值方面入手。没有规律的事实是索然无味的,没有理论的规律充其量只具有实用的意义。所以我们可以发现,科学家的动机从一开始就显示出一种美学的冲动……科学在艺术上不足的程度,恰好是科学上不完美的程度。③

由于科学家将其科学活动宗旨视为"美"的发现和创造,故他的心智活动就不仅是与毫无生气的人工符号打交道,也是一种审美活动,其研究结果自然是艺术或美的作品的创造。正是因为这种科学理念,在科学界对于一种理论和一个科学真理的评价上,美的尺度成为一条重要的标准:不美的不能说是一种坏理论,但绝不可能是完美的理论。科学研究的重要的学术规范,其中之一就是:"单个陈述或者整体理论的表达方式,亦即美感与简单性。"④正如保罗·狄拉克在谈到爱因斯坦的广义相对论之所以受到科学界的接受与认同时所说的那样:"是什么使物理学家们这样乐于接受这一理论的呢?那就是它伟大的数学美,尽管它违背了简单性的原则。"⑤甚至于出现这样的情形:当科学家面对自己最终提出的若干科学理论或模型而要做出选择时,通常选择的是美的而不一定是真的。弗里曼·戴森曾引用魏尔的话总结自己的研究工作说:"我

---

① 戴维斯.上帝与新物理学[M].徐培,译.长沙:湖南科学技术出版社,2002:241.
② 戴维斯.上帝与新物理学[M].徐培,译.长沙:湖南科学技术出版社,2002:241.
③ 钱德拉赛卡.莎士比亚、贝多芬和牛顿[M].杨建邺,译.长沙:湖南科学技术出版社,1995:69.
④ 波赛尔.科学:什么是科学[M].李文潮,译.上海:上海三联书店,2002:159.
⑤ 钱德拉赛卡.莎士比亚、贝多芬和牛顿[M].杨建邺,译.长沙:湖南科学技术出版社,1995:162.

的工作总是尽力把真和美统一起来；但当我必须在两者挑选一个时，我通常是选择美。"①戴森在介绍魏尔的引力规范理论确定时这样描述道：魏尔曾经承认这个理论作为一个引力理论是不真的，但它显示出来的艺术气质和美感又使他不愿放弃它，于是为了美的缘故，魏尔没有抛弃这个理论。（多年以后，当规范不变性应用于量子动力学时，魏尔的直觉被证明完全是正确的。）②这类例子在科学史上很多，如雅可比的《动力学讲义》、玻尔兹曼的《气体理论讲义》、索末菲的《原子结构和光谱》、狄拉克的《量子力学原理》等，既可说是科学理论的重大发现，也可说是美的世界的创造和展示。

对科学研究活动的最终成果即科学真理——定理、模型、理论——选择上的审美尺度，我们也许不宜仅仅从美与真的内在关系这样的角度来理解，尽管一些科学家表达了类似的观点。（如保罗·狄拉克；S.钱德拉赛卡的观点也很有代表性，他认为，一个具有极强的美学敏感性的科学家，他所提出的理论即使开始不那么真，但最终可能是真的；因为人类心灵最深处感到美的东西能在自然界得以成为现实。③）美的东西是否就一定是真的，或者凡是科学的东西就是否一定是美的，可能在科学认知上我们永远也言说不清，至少在现在，人类的科学研究还没有验证这个事实（魏尔的引力规范理论由美而为真具有偶然性）。我想，它也仅仅是一种信念，就像著名天体物理学家A.S.爱丁顿所说的信念一样。④ 也许它并不为真，但它作为一种信念，却激活了科学家精神远游的动力。"美的一定会是真的"也正是基于这样的信念，使得许多科学家在进行理论最终确定时选择艺术或美的形式。托马斯·库恩甚至认为，人类科学革命"美学上的考虑的重要性有时却是决定性的。"⑤

这并不意外。科学活动的终极目的就是创造一个融真、善、美为一体的世界，就是把人类心灵深处最渴望的东西、人类存在最有意义的事件——美创造出来。正是这一理念使得科学研究成为S.钱德拉赛卡所说的，通过个人努力，检验所研究的对象（无论是天体世界还是生命世界，是数字世界还是量子世界）是否合适、和谐，或者说"形式""连贯性"，如果它们还没有达到这一点，科学家就通过进一步的探索使它们达到这个境界；或者像戴维·多伊奇所说的那样，通过在虚拟环境中的计算游戏，使得"宇宙的终结"这种"丑恶"的现象消除掉，而创造一个"永恒"的世界、和谐的世界这样一种人

---

① 钱德拉赛卡.莎士比亚、贝多芬和牛顿[M].杨建邺，译.长沙：湖南科学技术出版社，1995：75.

② 钱德拉赛卡.莎士比亚、贝多芬和牛顿[M].杨建邺，译.长沙：湖南科学技术出版社，1995：75.

③ 钱德拉赛卡.莎士比亚、贝多芬和牛顿[M].杨建邺，译.长沙：湖南科学技术出版社，1995：75.

④ 爱丁顿曾说过："拒绝信条与保持生活信念并不矛盾。科学没有信条，但并不等于我们对信念漠不关心。我们的信念并不在于相信已有关于宇宙的全部知识永远正确，而是确信我们仍在前进中。"转引自钱德拉赛卡.莎士比亚、贝多芬和牛顿[M].杨建邺，译.长沙：湖南科学技术出版社，1995：106.

⑤ 库恩.科学革命的结构[M].金吾伦，胡新和，译.北京：北京大学出版社，2012：130.

文活动。正是由于科学家对于真、善、美的理想世界的追求，才使得他们所创造的科学世界不仅符合真的标准，也符合美的理念；不仅是一个逻辑的世界，也是一个美的世界；不仅是一种关于自然的文化，也是一种人文文化。

最后，用爱因斯坦在《我的世界观》一文中说过的一段大家耳熟能详的话来结束本题的讨论：

照亮我的道路，并且不断地给我新的勇气去愉快地正视生活的理想，是善、美和真。……要不是全神贯注于那个在艺术和科学工作领域里永远达不到的对象，那么人生在我看来就是空虚的。

思考与练习

1. 对于"科学精神就是理性精神，就是自由的精神"，如何理解？

2. 科学是一把双刃剑。瓦托夫斯基说，我们"一方面知道科学是理性和人类文化的最高成就，另一方面又害怕科学业已变成一种发展得超出人类的控制的不道德和无人性的工具，一架吞噬着它面前的一切的没有灵魂的凶残机器。"请分组讨论，以小组为团队，结合历史与现实，形成一篇关于"科学是一把双刃剑"的研究小论文或调查报告。

3. 瓦托夫斯基说："从哲学的最美好最深刻的意义上说，对科学的人文学理解，就是对科学的哲学理解。"请结合现实问题，谈谈自己的理解与认识。

4. 瓦托夫斯基提出用"科学判断"代替逻辑——以数学程序作为理性标准来说明科学发现中的创造性思维。这种新的理性模式不同于传统的数学理性模式，它把"科学解释"这个概念扩大了，更进而把原来意义上的理性和理性标准修改了。请例举科学发展史上相关的发明创造来说明科学发现中的创造性思维。